U0274201

哲学的本质

是逻辑

王路教授访谈录

刘新文 ◎ 编

清华大学出版社

北 京

内 容 简 介

王路教授是我国著名的逻辑学家、哲学家，也是亚里士多德和弗雷格研究专家。他提出逻辑就是"必然地得出"，相关认识推进了国内现代逻辑观念的传播，影响了几代人；他提出应该在系词的意义上理解 being，并且把这样的理解贯彻始终，他的观点颠覆了传统认识，被称为一"是"到底论，引起国内西方哲学界持久的热烈讨论；他提出句子图式，为哲学讨论提供了一种理论工具，展示了一种解释和讨论哲学问题的方式；他提出"哲学是关于认识本身的认识"以及"加字哲学"等一系列新的认识，引起学界的热烈反响和讨论，在国内学界产生重大影响。

本书收录了国内学者过去二十年间与王路教授围绕上述论题的学术访谈。它们与学术论文不同，涉及从亚里士多德到康德到弗雷格等众多哲学家，涵盖对逻辑与哲学的深刻认识，论题广博，史料丰富，充满人文关怀，而且口语化，通俗易懂，既适合哲学工作者专业阅读，也适合普通读者的一般性阅读。

版权所有，侵权必究。举报：010-62782989，beiqinquan@tup.tsinghua.edu.cn。

图书在版编目 (CIP) 数据

哲学的本质是逻辑：王路教授访谈录 / 刘新文编.

北京 : 清华大学出版社, 2024. 8. -- ISBN 978-7-302
-66777-3

Ⅰ. B81-53

中国国家版本馆CIP数据核字第202487DC02号

责任编辑：梁 斐
封面设计：傅瑞学
责任校对：薄军霞
责任印制：丛怀宇

出版发行：清华大学出版社
　　　网　　址：https://www.tup.com.cn, https://www.wqxuetang.com
　　　地　　址：北京清华大学学研大厦A座　　　邮　编：100084
　　　社 总 机：010-83470000　　　　　　　　邮　购：010-62786544
　　　投稿与读者服务：010-62776969, c-service@tup.tsinghua.edu.cn
　　　质量反馈：010-62772015, zhiliang@tup.tsinghua.edu.cn
印 装 者：涿州汇美亿浓印刷有限公司
经　销：全国新华书店
开　本：165mm × 235mm　　　印 张：17.25　　　字 数：280千字
版　次：2024年8月第1版　　　　　　　印 次：2024年8月第1次印刷
定　价：88.00元

产品编号：105419-01

堂堂正正的学习和研究

刘新文（以下简称"刘"）：王老师您好，我在编辑这部访谈集时，发现您谈的都是学术问题。现在我和马明辉想对您再做一个访谈，作为这本书的序。我们希望提问宽泛一些，这样您可以说一些关于学术之外的话题，便于读者对您的学术历程和思想有更好的了解。您觉得可以吗？

王路（以下简称"王"）：可以。

刘：您1978年到中国社会科学院读研究生，开始从事逻辑和哲学的研究工作。您能谈谈从大学时代到研究生阶段的求学经历吗？

王：那时跟现在不太一样。我上大学是1973年到1977年，当时我们叫工农兵学员。大概是1970年，大学重新开始招生。根据前两届经验，认为工农兵学员基础太差，到我们那一届要增加半年文化补习课，所以我们那一届读了三年半。我上大学读的是英语专业。我们那时专业不是报考的，都是分配的。我上大学被分到北大西语系英语专业，所以没什么选择。而且上大学之前已经定好了去哪里工作。1977年3月，我大学毕业后分配到一机部标准化研究所当翻译。到了1978年，全国开始招研究生，我就报考了。读研究生的这段经历，我曾经在《寂寞求真》里边写过一些。我读研究生最开始报考的并不是逻辑专业，而是英语专业，后来因为没考上，被分配到逻辑专业。1978年，我们那一届考生在社会上很受重视，虽然考不上本专业，但是还有其他专业来要。当时有三个单位让我去面试，我选择了社科院。我觉得自己看了很多书，文史哲都可以学。这样我就学了逻辑。逻辑我一点都不懂，当时就是冲着"哲学系"这三个字来的。读研究生以后，才发现是真不懂。逻辑是专业，那就老老实实地学。别的本事没有，经过在农村那几年的锻炼，吃苦耐劳的精神还是有的，所以就好好地学，从做习题入手，从一个门外汉逐步建立起关于逻辑的认识、关于哲学的认识、关于学术的认识。

刘：您在中国社会科学院哲学研究所工作21年，做过逻辑室主任，也担任过哲学所学术委员会副主任。您能简单谈谈当时的学术氛围以及对您的影响吗？为什么您说从此走上"堂堂正正的学术研究之路"呢？

王：话说来比较长了。我到哲学所工作是1981年研究生毕业。我们那批研究生毕业时，留所工作大概是第一选择。那时候跟现在不一样，现在好像首选都是去高校，没辙了才来哲学所。我们那时首选都是到哲学所，如果到不了哲学所，会觉得很失败。我能留所还是很不容易的。当时逻辑专业还有王小平和李树琦，他们是沈有鼎先生的研究生，就没有留在哲学所。社科院在我们心里就是"翰林院"，在这儿学习是非常正规的。我当时学逻辑，认为就是一种正规的学习、科学的学习。那时我对科学这两个字认识不是很深，只是觉得有"规矩"了：老师上课，课后要做习题，习题还有对错，每个学期还有考试，考试还打分。我上大学时从来没考过试，没有考试概念。但是到了研究生以后，开始有了考试的概念。经过这样的学习训练，再到哲学所工作，我觉得就是要老老实实的，老先生怎么说就怎么做。那时觉得周围都是老先生。周礼全先生头发是白的，张尚水先生头发也是花白的（他那时才40多岁），沈有鼎先生头发几乎没有了。看到这些老先生就觉得肃然起敬，就觉得要老老实实的，当时的印象就是这样。

在学习和工作过程中我认识到，逻辑研究室是金岳霖先生建立的，于是慢慢就有了"金岳霖"这个概念。"金岳霖"是一个什么概念？金岳霖的学术地位竟然这么高！？原来不知道，读研究生以后才知道。金岳霖当年在清华创立哲学系，有了金岳霖学派或者清华学派之说，后来他建立了逻辑研究室。在这样的氛围下，会耳濡目染一些东西。比如有一种自豪感，能成为逻辑室的一员，很自豪。为什么？因为金先生在中国的学术界地位非常高。能在他身边工作，还有一种感觉就是谨小慎微：在老先生面前就得老老实实、规规矩矩的。那时我确实感觉到自己有差距，一定要老老实实做人。当时在哲学所就是这样。为什么我会说走上一条堂堂正正的学术之路呢？因为这里真没有那种道听途说的东西，没有那种风花雪月的东西，没有那种随便看一本书就可以口若悬河的东西。学术讨论是常事，但是说的话都是有根有据的，说出的认识都是从看书或者从老先生教导得来的。身边的老先生都是学界有崇高威望的，自己看的书都是经典著作，心里很踏实。特别是我刚工作没多久，周先生就跟我说要准备出国，然后我很快就出国了。记得我是1983年出国的，那时在学界是很早的。我到德国去学习，就发现人家都是这样的。以前在哲学所的时候，可能觉得金先生好（其实我和金先生没说过什么话，课也没有上过），我跟周先生读书，他给我讲金先生怎样教他读书，告诉我要怎样读书。出国了，发现人家都这么干，我认识到一种学术的方式和标准，这是一种做学问的方式。有了出国的经验再来看哲学所，觉得逻辑室就是这个样子。放眼望去，哲学所还有一些很好的团队，比如贺麟先生所在的西方哲学史室。我跟贺先生来往不多，但是跟梁存秀先生、叶秀山先生、王树人先生来往很多，我发现他们都是这样的，都是认认真真读书，老老实实做学问，一板一眼。这些人骨子里都很"狂"，眼界很"高"，才情很"大"。但是在做学问上，他们都是老老实实的。做学问就是要这么做的。这种做学问的方式可能说不清楚，但是我认为有一点是清楚的，就是要规规矩矩。这就叫堂堂正正。哲学所对我的影响，我觉得大概就是这样。一个是金岳霖、贺麟传统，一个是哲学所的氛围，还有一个就是出国之后建立起来的一种做学问的方式和对这种方式的认识。就是要规规矩矩做，按照学术经典和学术规范做，按照前辈们的榜样来做。我把它总结叫作"堂堂正正"。简单说，就是不要投机取巧，不要搞那些花拳绣腿、哗众取宠的东西。

马明辉（以下简称"马"）：您在社科院跟周礼全先生学习时，研究了亚里士多德逻辑。您能谈谈当时为什么要研究亚里士多德吗？这对您以后的研究工作有什么影响？

王：研究亚里士多德其实是一个非常偶然的事情。我读研究生时应该说没有任何学术基础，只是学了英语。头一年除了在研究生院见了周先生一面，后来就没怎么见过。基本上就是跟着老师读逻辑。一阶逻辑（或者叫一阶谓词演算）学完之后，我才开始到周先生家去读书，周先生让我读亚里士多德。我不知道这是不是因为周先生那几年在研究亚里士多德，因为周先生写了《亚里士多德关于推理的学说》和《亚里士多德论矛盾律和排中律》这两篇文章，我看到了油印材料。我不知道具体原因，反正周先生带着我读亚里士多德。周先生说，你读亚里士多德，以后可以从中找一个题目做论文。所以，当时研究亚里士多德应该说是非常偶然的。但是，我认为你的第二个问题问得好，我也考虑过。你问这对我以后的研究工作有什么影响？我认为这个影响太大了。我后来在带学生的时候曾经说过，做论文的选题是非常重要的。第一，这个选题应该使你在读书期间得到比较大的进步；第二，这个选题应该对你今后的研究发展有持续性的帮助。所以，选题非常重要。我觉得亚里士多德恰恰是这样一个选题。这就是后来我总跟你们说的"要找富矿"。什么叫"富矿"？就是大伙都去找的"矿"才叫"富矿"。亚里士多德的研究者这么多，2000 多年下来，今天人们仍然研究他，说明这就是"富矿"。研究这样的东西应该是比较难的，至少会觉得比较难。但是我当时写论文研究亚里士多德的时候，也没觉得这么难。因为那时候对"研究"的概念也不太懂，无非就是读了他的《工具论》《形而上学》《修辞学》等著作，最后集中写《论辩篇》里的一个问题。问题确定了，我再把我读的一些资料串联一下、分析一下，写成论文。（哲学所书比较多，我借了很多，全是外文书。）答辩的时候，那些老师说你论文写得怎么怎么好。当时我也不明白，后来我明白了，因为他们没看过我看的那些文献，当然就觉得我写得好。真正觉得难是出国以后，我发现有那么多文献，特别是论文，那么多深入细致的讨论，我才感到难。特别是在研究了弗雷格以后，回过头去再去研究亚里士多德，特别是从研究他的逻辑转而研究他的形而上学之后，并且把亚里士多德跟弗雷格联系起来，把亚里士多德与弗雷格之间的人，比如笛卡尔、康德、黑格尔、胡塞尔这些人串联起来之后，就发现不一样了。这时才有了难的感觉。但也正是这时才真正有了学术的认识，也享受到学术研究的乐趣。我认为，亚里士多德研究对我这一生都有影响。比如最近这些年我提出一个新的观点，就是借用亚里士多德的说法。他说，有一门科学，它研究"是本身"。我把它改成"哲学是关于认识本身的认识"。

我跟你们说过，导师要求学生读书要仔细、要认真分析，是个老师都会这么说，我教你们时也这么说。但是我认为还有一点：导师要把学生带入正道。我觉得周先生对我最大的指引，就是当年让我做亚里士多德。假如周先生像很多老师教学生那样让我去填补空白，找一个犄角旮旯的东西做一下，或者找一个所谓"冷门"做一下，今天不知道我会是什么样子。所以，我认为研究亚里士多德对我是非常重要的。

马：亚里士多德既是形而上学的创始人，也是逻辑的创始人。您在研究亚里士多德时写过《亚里士多德的逻辑学说》这部著作，后来您谈论亚里士多德的《形而上学》。那时您对《工具论》和《形而上学》的关系有什么认识和研究成果吗？

王：我对亚里士多德《工具论》和《形而上学》之间关系的认识应该说是后来才有的。当年做论文的时候，我读了亚里士多德的《工具论》，也读了《形而上学》。老实说，我一点也没读懂亚里士多德的《形而上学》，我读的是英文本，我读不懂他说的 being qua being 是什么东西。在上学以前我读过很多哲学书，主要是马克思主义哲学，我们那时候写文章，头几句话一定写这些东西，所以总认为自己懂哲学。可是一读《形而上学》就觉得真读不懂。当时写论文的时候，《形而上学》我没敢引用，好像就引了一段关于定义的说明，因为《形而上学》中亚里士多德谈到本质，谈到定义，我就引了一段，其他一点都没敢引用。但是，《形而上学》太重要了，我又要研究亚里士多德，所以后来又回过头去重新研究《形而上学》。真正读懂《形而上学》大概是很多年以后了。这么说吧，从出版物看，写《"是"与"真"——形而上学的基石》那本书时我应该读懂《形而上学》了。那本书是 2003 年出版的，实际上是 2001—2002 年完成的。我在哲学所写完这本书，2002 年底调入清华大学。所以，应该说在 2000 年左右我对《形而上学》已经有认识了。1999—2000 年左右是我的学术观念、我关于逻辑与哲学关系的认识的成熟期。那几年我写了几本书，一本是《走进分析哲学》，最后一章我谈的就是"逻辑与哲学"；另一本是《逻辑的观念》，最后一章写的也是"逻辑与哲学"。谈论逻辑与哲学的关系就涉及亚里士多德的《形而上学》。这说明，我对它的认识大概用了 20 年。

关于二者关系的认识，我觉得简单地说就是，亚里士多德是逻辑的创始人，他是形而上学的奠基人，他的逻辑思想不可能不应用到他的形而上学当中去。所以，读不懂他的形而上学，说明哲学的功力不够，或者说逻辑的功力不够。最开始我读不懂，说明我的逻辑跟哲学还是两张皮。后来读懂了，我发现就是我把逻辑读懂了，把哲学也读懂了，而且把逻辑和哲学结合在一起了。为什么？因为我开始谈逻辑与哲学了。你们知道，我不是今天才谈逻辑与哲学的。《逻辑的观念》和《走进分析哲学》最后一章都是"逻辑与哲学"。2007 年，我还专门出了一本书叫《逻辑与哲学》，里边也谈亚里士多德。敢这么去谈，或者说能够白纸黑字写下这些认识的时候，说明我对《形而上学》有认识了。所以我认为，那时候我已经认识到逻辑与哲学是融为一体的，逻辑对哲学非常有用，逻辑的应用在哲学中是必要的。那时候我已经认识到这一点了。至于说应用到什么程度，融为一体到什么程度，那时可能还是一个直观的认识，还不能从理论上说清楚。我那时候谈的大多是逻辑在哲学中的应用，逻辑对哲学的作用，融为一体的思想应该说那时候是一种比较直观的感觉。今天就不一样了，我能够从理论上把它说清楚了。

马：亚里士多德的《形而上学》是哲学史上第一部体系化的哲学著作，它的汉译版本也比较多。您能谈谈对这部著作的翻译和理解吗？

王：这个比较麻烦。这么说吧，这些年讨论 being 问题，我说这不是简单的翻译问题，而是如何理解西方哲学的问题。实际上对亚里士多德的《形而上学》同样也有这个问题。把它里边的 being qua being 翻译成"存在之为存在"，或者"作为存在的存在"，注定理解不了形而上学。为什么？这里有几个关键的东西。一个是亚里士多德说，我们只有认识一事物是什么，我们才能最充分地认识它：to know it most fully。另一个是在《形而上学》第五卷第七章，亚里士多德解释 being 的含义时明确提到"这是这"（tode einai tode）。特别重要的一点是，亚里士多德逻辑本身是基于"S 是 P"这样的句式，他的逻辑是他的形而上学的基础，比如他说矛盾律是一切证明的出发点，而矛盾律则是：一事物不能既是又不是。这些都属于亚里士多德的形而上学。它们与 being qua being 字面上就是相通的。把它翻译成"存在"，所有这些论述就都脱节了，注定是理解不了的。在我看来，最为关键的是，"存在"这一翻译使亚里士多德的逻辑和他的形而上学彻底脱节了。

苗力田先生的《形而上学》翻译很出名。这里可以以他为例说几句。苗先生很有意思，他把 being qua being 都译成"存在之为存在"，但是他把亚里士多德的"本质"这个词译成"是其所是"。这个词的希腊文是 to ti en einai。苗先生对这个词非常在意，在几个地方谈到它，还专门写了文章。苗先生讲的都是亚里士多德研究中一些常识性的东西，和一些德文、英文注释家说的一样。但是，他把它译为"是其所是"还是有道理的，也是我赞成的。但是有一个问题，这与他翻译的"存在之为存在"不一样。所以我说他很有意思。既然这么在意甚至得意"是其所是"这个翻译，为什么不深入细致地想一想与它相关的 to on hei on（being qua being）呢？亚里士多德在第四卷提出有一门科学研究 to on hei on（是本身），第五卷解释 on（是）的意思时给出 tode einai tode（这是这），第七卷探讨 on 的时候进而讲到 to ti en einai（是其所是），这难道不是自然而然的吗？换句话说，为了说明"存在"的含义，给出"这是这"又有什么用呢？从"存在"怎么能够进而谈到"是其所是"呢？苗先生谈到"是"，但是没有贯穿始终，他在大多数地方的翻译还是"存在"。我认为，很可能苗先生看到外国注释者关于 to ti en einai 的一个解释和说明以后觉得有道理，因此采用了"是其所是"这个翻译，并作出相应的解释。但是他没有把这种正确的认识扩展到对整个形而上学的理解。所以我说要"贯穿始终"。当然，做到这一点是很难的。这需要对亚里士多德的形而上学有非常全面和深刻的理解。Being 是亚里士多德《形而上学》的核心概念，这个概念的理解和翻译有问题，《形而上学》的翻译和理解就一定是有问题的，而且还不是小问题。

马：2005 年春天，我在清华上您的研究生课，读您翻译的《弗雷格哲学论著选辑》。我们每周读 1 篇。为便于理解，我还找了英译本对照读。您能谈谈这部选辑的编译过程吗？

王：这部译著是我编译的，花了非常大的功夫。我最开始的研究计划是先研究亚里士多德，然后研究中世纪，再研究弗雷格，然后研究现代。当时是这样。当然这个计划显示出我最开始研究的时候还很幼稚，对研究还没有一个很好的认识和理解。先研究什么后研究什么，好像按照历史时间顺序，好像井井有条，好像自己按部就班能把整个哲学、西方哲学史给研究一遍似的。其实这是不切实际的。今天我认为，能把亚里士多德研究好就已经很不错了。但是，既然有这个想法，就说明弗雷格在我的思想中一直是有地位的。正因为这一点，我很早就读弗雷格了，也很在意与弗雷格相关的东西。我读研究生的时候读逻辑史，读了涅尔的《逻辑学的发展》和波亨斯基的《形式逻辑史》。我读的是英文本，那时候中文本还没出。看到对弗雷格评价那么高，脑子里就有了印象。出国以后在德国选课时，我就选了两门关于弗雷格的课。一门是大课，一个老师就讲弗雷格的《思想》，他一段一段地讲，我觉得挺好玩的，听了一个学期。还有一个讨论班，讲弗雷格的《论涵义和意谓》，我没有拿学分，旁听一个学期。旁听也是要读书的，随手还翻译了一点东西。我读了弗雷格关于晨星和昏星的论述，觉得很有意思。回国以后，有一次武维琴先生给我看商务印书馆的选题，说我可以找一个合适的翻译。我看到有一个弗雷格的选题，就说我翻译这个好不好？他说行。因此我就开始翻译了。

我在德国念书的时候，买了帕兹西（G. Patzig）编的两个弗雷格读本，一个是把《函数与概念》《概念和对象》这几篇文章编在一起，另一个是把《思想》《思想结构》等文章编在一起。此外，我还收集了《概念文字》等文献，包括遗著选。现在为了翻译，我又读了弗雷格的几个不同文集，包括 Blackwell 的英译本，还读了《算术基础》和《算术的基本规律》。我对现有的译本不太满意，觉得有些散，不太集中。虽然它们各自有一些特点，但是我认为它们不能比较好地反映弗雷格的主要思想和工作，因此我决定自己编一个本子，想尽量做得全一点。坦白说，我把所有这些东西读了一遍之后，觉得从整体上对弗雷格有了一个认识，所以我想我编的文集应该对弗雷格有一个整体的把握和交代。因此我从《概念文字》选了一些东西，从他发表的论文和遗著中选了一些文章。比如，在收入 1892 年前后的三篇重点文章以后，又补充了遗著中《对涵义和意谓的解释》一文，它们是相辅相成的。也有些文章是重复编的，比如《逻辑》和《逻辑导论》，它们都是遗著，内容也有重复，但是我都选了。我这样做是有想法的。因为我在研究过程中发现，弗雷格的思想有一个发展过程，《概念文字》是最基础性的东西。他的许多思想是从《概念文字》衍生出来的，这在其脉络当中是有体现的。有些东西弗雷格发表出来了，有些东西没有发表出来。当时我想弗雷格的著作只能编一本，量也不能太大，还是要尽量反映他的思想。逻辑当然是弗雷格思想中最重要的东西，所以我宁愿重复，也要把这两篇全选进来。还有一点，当时我有一个直观的认识，今天看来是对的。《逻辑》在先，《逻辑导论》在后，内容有所重复。可我为什么都要选呢？这是因为《逻辑》一上来就说"'真'这个词"，而《逻辑导论》就不这样说了。当年我直观上认为这个说法非常重要，这与《概念文字》的说法不一样，但是与晚年 1918 年《思想》那篇文章说的"'真'这个词为逻辑指引方向"却非常一致。我当时印象非常深刻，觉得非常重要。所以都选了。我认为这些论文大概能从整体上比较好地反映弗雷格的思想。另外还有弗雷格关于数学的研究，也有很多东西，包括《算术的基本规律》，这是他一生心血的著作，选取很难。怎么办？后来我就选了一篇《数学中的逻辑》。这篇文章很长，我觉得大体上能反映弗雷格关于逻辑与数学的一些看法。当然还有《算术基础》，篇幅不大，可以单独翻译，所以就不用选了。至于《概念文字》，虽然篇幅不大，也有取舍问题。我的选择是只到对当方阵的表达。《概念文字》讲的是一阶谓词演算，这是现代逻辑的基础。我觉得能够把它讲清楚，并且能够把对当方阵表达出来就可以了。因为到了这里，现代逻辑与传统逻辑的区别就显现出来了。这是很多年以前的事情了，现在只能大致讲一下，也不成系统。我的一个最主要的想法就是尽可能在一个不太大的篇幅里把弗雷格的主要思想呈现出来，尽量把他的思想中我认为有价值的东西展现出来。

刘：顺便问一下，您翻译了许多哲学和逻辑著作，包括奎因、达米特、戴维森、奥卡姆等人的著作，对国内逻辑学和哲学研究产生了重要的影响。为什么后来您就不翻译了呢？是因为翻译被认为是吃力不讨好的事情吗？您能谈谈对学术翻译的看法吗？

王：我做翻译跟国内很多人翻译大概是不一样的。我是学外语出身，可能觉得翻译好玩，可能开始时就是觉得应该翻译。回头来看，我基本上都是翻译一些比较薄的东西，没翻译很厚的东西。记得当年上海译文出版社的张吉人让我给他推荐翻译选题，我推荐了达米特的《弗雷格：语言哲学》《分析哲学的起源》等等。他当时还非要让我翻译《弗雷格：语言哲学》，我推辞了。我心想，那么厚一本书，要是翻译，两年就什么事都别干了。我是做研究的，很多时候我是觉得翻译好玩。当然，一开始好像也有结合翻译进行研究的想法。比如我翻译罗斯的《亚里士多德》，起初就是觉得通过翻译能帮助我研究。我后来发现，翻译对研究没什么帮助。很多人都说翻译对研究有帮助，一些人还把这看作是研究经验教给自己的学生，我不这样看。我认为翻译对研究没什么帮助，而且翻译花的精力太多，还会影响研究。有人说翻译对研究有帮助，我觉得可能是因为他们的外语水平不行，实际上不能拿外语工作，他们误以为通过翻译会对著作有更好的理解。我说这话可能会得罪人。国内目前很多哲学著作译文质量差，实际上和外语水平直接相关。有人以为，一些著作读不懂，翻译会迫使人借助字典把所有生词都查出来，会一句一句把所有看不懂的地方都搞明白。我不这样看。我认为，语言水平没有达到那个程度，翻译的东西肯定是读不懂的，借助字典也没用。国内很多哲学著作都是这么翻译出来的。为什么我不翻译了？我觉得翻译太费工夫了，自己能看懂就可以了。小马知道，我带学生读《弗雷格：语言哲学》那本书，每个人都要报告。我记得张立娜是第一个报告的，她就把她报告的那一章都给翻译出来了，后来报告的人也这样做。有人就说，我们把这本书翻译一遍吧，王老师您最后给统个稿，咱们把它出版。我跟他们说，你们翻译可以，你们愿意出版也可以，我不参与。为什么？你读英文，做翻译，做报告是一回事，你翻译出书是另一回事。翻译有两个要求，一个是外语水准，一个是专业水准，缺一不可。哪里是那么容易的事情？！

从目前的学术评价体制来看，翻译是吃力不讨好的事情。我们现在的评价方式是工科体制的，论文优先，专著没有价值，所以翻译更没价值。我认为这种评价机制是错误的。对于工科来说论文重要，而且工科的论文有时效性。工科为什么没有专著？你写本专著得花多少时间？工科的东西有时效性，发表还有版权，还有应用，社会效益等等。所以工科教材多，一些学科教材更新也快。文科不一样，一本专著要花时间和精力，而且它要传世，它的学术水准要高，它的作用就是比一篇论文的影响力要大。现在文科不重视专著，这是不对的。当然，现在有很多专著的水平是非常差的。每个人都要写博士论文，写完博士论文以后，只要有出版基金就可以出版了，就有了专著。很多专著也很差。在我们哲学专业中，有些人本科阶段不是读哲学的，甚至硕士研究阶段也不是读哲学的，最后到博士阶段来考个哲学专业，3~4年写出博士论文，最后发表，也评了教授。这样的专著水平能高吗？确实很差。怎么办？目前的状况就是这样。所以我说，不能单一地说专著好还是不好，论文好还是不好，译著好还是不好，不能一概而论。

就哲学翻译来讲，我认为是很有价值的。有些人一辈子就是搞翻译，比如我认识的梁存秀先生、王炳文先生，人家一辈子就是搞翻译。贺麟先生和王太庆先生主要也是搞翻译。他们在翻译中求精求细，把翻译当作一项事业。他们的译著影响了一代人甚至几代人。他们是值得尊重的，他们的学术水准也是高的，他们提供的译本也是好的。王太庆先生去世以后，别人给他编了一个文集，你从那里可以看他对翻译的反思。他对自己早年的翻译提出批评，真正站到了理解西方哲学的高度。按照他的批评，他早年的翻译是有问题的，他同时代的学者、他的老师们的翻译，都是有问题的。当然这个问题主要与关于 being 的理解有关。这个问题我们不谈。一句话，应该尊重翻译，应该认识到，学术翻译对于思想文化的发展是非常重要的。

马：弗雷格在《概念文字》中提出了开创性的思想和观点，还构造了逻辑演算，因此弗雷格被称为现代逻辑之父。您对弗雷格有多年的研究，您对弗雷格在逻辑方面的贡献是怎么看的？您的看法有什么发展变化吗？

王：应该说没有什么变化。在这部访谈中，很多地方都谈到弗雷格。我认为弗雷格对逻辑的贡献是有目共睹的，很多人对他评价非常之高，有白纸黑字为证。比如说认为他的《概念文字》是里程碑式的著作，他被称为现代逻辑之父。我的这些看法没有什么变化。但是最近这些年来我有一个看法，这是我研究弗雷格的一个收获。我认为弗雷格最初的贡献是他在 31 岁的时候写出的《概念文字》。后来他的所有贡献，包括在哲学上的贡献，引领和推动分析哲学发展的贡献，主要都是在阐述他的概念文字的思想的过程中阐发出来的。他的《概念文字》出来之后不被接受，就只好不断去阐述他的概念文字，说明其中的思想怎么好，怎么有道理。但是他在阐述过程中，不仅要讲解概念文字的思想，还要以一种人家能听懂的方式讲。他后来的那些文章都是这么写出来的。比如《论概念文字的科学根据》，比如《函数与概念》《概念和对象》《论涵义和意谓》，这些都是哲学文献，其实都是在讲他的概念文字中的思想。比如，对一个句子中的一部分代之以意谓相同的部分，整个句子的意谓保持不变，这种想法就是组合原则。他在用一种与《概念文字》不同的方式，他认为大家能听懂的方式，把这些思想讲出来。至于别人到底听懂没听懂，那是另外一个问题。我也是这些年在研究中才有了这个认识，我觉得他很了不起。所以我认为他的逻辑跟哲学是一体的。我的很多认识也是这些年来在阐述我关于逻辑与哲学的观点时不断进步的。比如句子图式，你知道，这在你们读书时基本上就已经有了，我在黑板上经常写句子图式，但那时候还没有一个完整的东西，后来慢慢搞出来了。大概是 2014 年，我发表了文章。到 2016 年，我把它写在书里，成为体系性的东西。我这个东西跟弗雷格的贡献是没法比的，但是我觉得它很直观，也是个挺好玩的东西，挺有用的。所以这些年我不断地讲，在讲的过程中我的一些认识也得到阐发、得到深化。我认为弗雷格的思想发展有一个过程。为什么到了晚年他会写《思想》？这篇文章有一个副标题"一种逻辑研究"。实际上这就是弗雷格思想发生的一个变化：他把自己构造的逻辑叫"概念文字"，然后他一直围绕概念文字阐述他的认识，最后他把他的工作叫"逻辑研究"。今天我认识到，其实我的工作和思想发展过程也是这样的，只不过我不仅用弗雷格的概念文字，还用亚里士多德逻辑，我总是借助亚里士多德和弗雷格的逻辑来进行哲学研究。所以我认为，弗雷格的东西确实非常好、非常重要，它们确实对我帮助非常大。

马：弗雷格被称为分析哲学之父，他对分析哲学的影响是无与伦比的。这方面您在三十年前就有专著。我知道您对弗雷格的研究一直没有中断，最近您对弗雷格的思想有什么新的认识吗？

王：最近这些年，我对弗雷格的思想的认识，应该说没有什么更新的东西。

要说有新的，就是刚才谈的那一点。很多年以前，大概是 2007 年，我曾经想围绕意义理论写一些东西，我认为应该能够阐发出一些认识来。但是这个工作没有做。因为我转过来继续讨论 being 问题了。本来我都说了，being 问题的研究可以暂告一段落。后来听到有人说王路是搞逻辑的，不懂哲学，于是我只能继续讨论 being 问题，结果一直讨论到今天。现在我觉得我已经没有劲头再写一本关于意义理论的著作了。2016 年我出版了《语言与世界》那本书，它表达了我关于语言哲学的看法，也应该表达了我关于意义理论的一般性看法。我的认识基本是按照弗雷格的思想体系来写的。当然，书中的内容超出了一阶逻辑的范围，因而超出了弗雷格思想的范围。弗雷格的贡献很大，我觉得还可以这么说：放眼今天西方哲学的研究，除了一些专门的哲学问题研究以外，也依然有一些具有哲学史意义的研究，比如关于亚里士多德、康德、笛卡尔、黑格尔、胡塞尔等等的研究，都在使用弗雷格的这种方法。也就是说，过去人们认为弗雷格的贡献是在逻辑、在分析哲学和语言哲学，但是今天我们发现不是这样。弗雷格的逻辑，他这种探讨问题的方式和方法，已经贯彻到整个哲学研究领域。比如在康德研究中，有人就认为他说的 Funktion（国内译为"功能"）是函数，而这一讨论就是借鉴了弗雷格关于 Funktion（我译为"函数"）的论述。前些日子我去复旦做了一个系列讲座，题目叫"哲学的方式"。其实"哲学的方式"就是弗雷格给我的启示。弗雷格为我们提供了一种哲学的方式，这是一种逻辑的方式，而且是现代逻辑告诉我们的方式。这种方式是什么？这种方式就是"对语言进行逻辑分析"。什么叫逻辑分析？就是应用逻辑的理论和方法从事哲学研究。这套方法是弗雷格告诉我们的，这种方式是他在不断阐述他的概念文字的过程中告诉我们的。不仅如此，弗雷格还给我们提供了重要启示，这就是我们也可以回过头去看传统哲学。亚里士多德也提供了一种逻辑，他运用他的逻辑理论进行研究的同时，也为我们提供了一种哲学的方式。所以亚里士多德逻辑和弗雷格逻辑是不一样的，由此形成的哲学形态也是不一样的。但是他们有完全一样的地方，这就是应用逻辑的理论和方法进行哲学研究。

马：2003 年，您出版了《"是"与"真"——形而上学的基石》这部著作。亚里士多德关于"是"的研究和弗雷格关于"真"的考虑无疑是这部著作的核心。您能谈谈当时写这部著作的想法吗？ 20 年后的今天，您对这部著作的看法有变化吗？您还有什么新的看法吗？

王：我记得 2000 年去哈佛一年，成天就在图书馆里读书。那一年我听了一些讲座，读了很多书，思想经常处于高度活跃的状态。当时的情况是，我在去哈佛之前正好刚刚写完了《走进分析哲学》和《逻辑的观念》，所以已经形成了关于逻辑与哲学的想法。我当时在哈佛找很多人聊天，就谈这些东西。我记得很清楚，周先生住在新泽西，我专门去看周先生，跟他谈 being 问题。当时我关于 being 这个问题的想法已经成熟了。周先生是非常聪明睿智的，思想非常活跃。每次我跟周先生聊天，周先生经常插话，经常打断我。那一次我跟周先生谈时发现，他有时候还是插话，但是我谈黑格尔的时候，他竟然一句话也没有插。黑格尔我大概谈了很长时间，有三四十分钟，因为我知道周先生对黑格尔是有研究的。但是周先生安静地听我说，没插一句话。我当时跟周先生谈的时候很兴奋，因为自己思考成熟了，从亚里士多德开始讲起，然后讲康德。康德我谈得比较少，因为我知道周先生对亚里士多德和黑格尔深有研究，所以我就多谈亚里士多德和黑格尔。周先生对黑格尔竟然没有插话！事后我终于明白了，我谈的这个问题引起周先生的重视。在我谈黑格尔的时候，他一定在认真思考，在与他讲过的黑格尔进行对照。当时我认为我关于 being 的认识是有道理的。我从周先生的反应当中也认为我的认识是有道理的。回国之后我立刻就写了《"是"与"真"》。这本书我写得很快，三个月就写出来了。我觉得我读懂了形而上学，读懂了西方哲学。

后来我又写了很多东西，比如《读不懂的西方哲学》《解读〈存在与时间〉》。今天我认为我的看法没有变。假如把我这些书看成是一系列著作，我认为开创性的认识就是在《"是"与"真"》里提出来的。我很看重这本书，用时髦的话说，它是具有开创意义的著作。后来的书都是在这本书的开创性的观点下做了一些细化工作。我经常说，后面这些工作是些"力气活"，无非多分析一段少分析一段而已。当然，在细化的过程中，认识也在不断深化。比如关于系词的认识，关于真的认识，关于如何在逻辑的意义上把是与真结合起来的认识。客观地说，最初提出"是"与"真"，有些认识只是直观的，论述也比较随机。比如当时没有谈柏拉图，柏拉图是后来才谈的，也就是说，最初主要是从亚里士多德往后写。可是在亚里士多德之前，在亚里士多德逻辑还没有产生之前，人们的认识是什么样的？系统化的研究有一个好处，就是把漏洞补齐：我就写了柏拉图。在亚里士多德逻辑产生之前，西方哲学有一个向着逻辑的发展过程，写柏拉图就是要把这个过程揭示出来。这个研究工作的时间很长，最后是在 2019 年《逻辑的起源》中完成的。今天人们称我关于 being 的看法为"一'是'到底论"。他们这么说我也接受吧。但是，我自己的说法是：在系词的意义上理解 being，并且把这样的理解贯彻始终。"一'是'到底论"有一个缺点，它很容易把问题引到语言翻译上。我认为这主要是一个理解的问题，而不是翻译的问题。

刘：2016 年您出版了《语言与世界》这本书，它延续了您的弗雷格研究，又自成体系。这本书与《"是"与"真"》完全不同，但是最后部分谈到亚里士多德。请问这两本书有什么联系吗？

王：这两本书还是有联系的。记得有一年我出差，小马在我房间里看到《语言与世界》的书稿，当时好像大概有 10 万字，内容就是句子图式，关于专名、谓词和量词的内容都有了，一阶部分完成了。小马翻阅手稿之后问，这是什么？我说，算是分析哲学吧，写完就搁那了。他说，挺好的，您把它写出来呀。他这句话起了作用。后来我重新考虑，把句子图式从一阶部分扩展到模态、内涵部分，比如认知。因为要使它成为方法，具有普遍性，就必须有一个体系性的东西。刚才我说，弗雷格的思想不仅对当代哲学有帮助，它也可以对传统哲学提供帮助。句子图式这种方法是基于弗雷格的思想做出来的，因此它绝不会仅仅局限于分析哲学。它对传统哲学也是有帮助的。所以，那本书的核心是句子图式，最后一章就写到亚里士多德，说明传统哲学也有语言与世界的问题。也就是说，对语言进行逻辑分析，不仅现代哲学有，传统哲学也有。借助现代逻辑的理论和方法去看传统哲学，对许多问题可以看得更清楚。所以，是与真的讨论也显示出对一种思考方式的认识。最简单地说，我们可以认为 being 是句法方面的认识，truth 是语义方面的认识。那么世界是什么呢？世界就是与句子图式第二行对应的东西，就是与思想、与语言所表达的东西对应和相关的东西。当然，世界还可以再分为外在世界和内心世界等等，那是进一步细分的问题。

马：2008 年 11 月，约翰（Johan van Benthem）首次到清华讲课。那时我与他有很多交流。他讲的内容是动态认知逻辑，一开始讲了公开宣告逻辑，后来又讲了 DEL（动态认知逻辑）。大概从那时起，动态认知逻辑开始在国内传播，后来许多学生和研究者进入这个领域。您对动态认知逻辑有什么样的看法？

　　王：约翰是清华邀请的，他跟清华合作很多，我和他很熟。约翰跟我也讲过他的东西。他第一次来讲动态认知逻辑，我还专门去认真听了他的课，徐明也来了。约翰在晚上讲座，是刘奋荣组织的，很多人听。那次我大概听了四五讲，明白了动态认知逻辑是怎么一回事。2022 年我在《哲学研究》上发了一篇文章:《逻辑与哲学——亚里士多德和弗雷格给我们的启示》。其中我谈到，应用逻辑的理论和方法是共同的，但是研究的问题和所得到的结果会有不同。有一种研究，它的问题是非逻辑的，它研究的方法是逻辑的，最后的结果也是非逻辑的，我认为哲学研究就是这样的。还有一种研究，问题是逻辑的，研究的方法是逻辑的，结果也是逻辑的，我认为这是逻辑研究，最典型的就是模态逻辑。弗雷格说，逻辑关系到处反复出现，可以选择具有特殊内容的符号，使它们适用于概念文字就可以了，也大致体现了这样的意思。就是说，一阶逻辑是我们共同使用的理论和方法，应用范围不同，所得到的结果也会不同。我的说法应该是非常明确的，相当于把弗雷格的说明具体化了。从这种观点出发来看动态认知逻辑，我们就会发现，应用现代逻辑的理论和方法是最基本的。不同之处仅仅在于，动态认知逻辑所考虑的问题是什么？所得出的成果是什么？在我看来，动态认知逻辑把模态逻辑作为基础，然后用他们称之为动态认知算子的东西来替换模态逻辑的"方块"，从而做出不同的说明。当然这样说过于简单了，细节上有很多工作要做，并不那么容易的。我认为，模态逻辑是应用一阶逻辑而取得的成果，所以借用模态逻辑来工作也可以看作是一回事。关键在于动态认知逻辑所给出的"算子"是什么？所得到的成果是什么？是逻辑的？还是哲学的？我还认为，即使不考虑逻辑和哲学也没有关系，只要动态认知逻辑所取得的成果能够推动与它所研究的问题相关领域的研究的发展，它的研究就是好的，就是有益的。这是我对动态认知逻辑研究的一个基本看法。

　　除此之外我还有一个看法，约翰到中国对我们有很多帮助，他来中国很久了，对中国逻辑学界的帮助很大，他对中国逻辑的发展是有贡献的。刘奋荣在跟约翰读博的时候我曾跟他直接说，希望你能帮助中国多培养几个逻辑学家。他在国内讲学过程中所表现出来的那种对逻辑的热情，对逻辑的向往和执着，以及他那种认真、科学、严谨的讲课方式，我觉得对我们不仅是有帮助的，也是有教益的。但是我觉得我们现在做动态认知逻辑的太多了。我参加过一些学生的论文答辩，发现他们的工作就是找一个算子，然后把它放在一个逻辑框架上，做一个说明或证明。许多论文最后对完全性做一个直观说明，并不提供证明。我有一次在答辩时就直接问：你考虑过它的完全性可以证明吗？它有完全性吗？我的提问可能有些不太留情面，但确实反映出我的一个认识。我的认识没有变，还是我最开始跟约翰说的话，做逻辑专业的逻辑研究就是要培养逻辑学家。现在的情况与我所向往的还是有一些差距的。

马：2009 年 11 月，我到阿姆斯特丹大学逻辑、语言与计算研究所（ILLC）学习。这个研究所由哲学家、语言学家和计算理论研究专家组成，动态认知逻辑那时几乎占据主流位置。您曾多次到访这个研究所。您能谈谈对它的印象吗？

王：ILLC 我去过很多次，这个所里有很多很好的专家学者，我和一些人也很熟，比如约翰、马汀、弗兰克、迪克，但是这个所研究和讨论的很多东西与哲学没有什么关系。当然我可以理解，既然叫"逻辑、语言与计算研究所"，研究方向里没有哲学也没有什么不对。我只能说它的研究方向和我喜欢或者从事的研究方向有点远。我在 ILLC 听过一些报告，看到一些人从语言中找一些东西来谈论，写出蕴涵符号，然后把语言中看到的东西以符号的方式放到前件和后件上进行讨论。我感觉这样的研究与真正的逻辑研究是有很大距离的，充其量只能算是逻辑对语言学的应用。语言学我研究过多年，后来我放弃了，因为我认为那是经验的，与哲学有根本的区别。弗兰克、迪克这些人不同。他们是 ILLC 的，但是我们有共同的兴趣和话题，我们讨论逻辑和哲学。我和约翰交流也很多，重点是逻辑，也讨论讨与动态认知逻辑相关的问题。我跟马汀交流最多，我们谈逻辑与哲学，谈逻辑对哲学、语言学的应用，谈弗雷格、维特根斯坦、戴维森等人的著作。

让我谈对 ILLC 的印象，我觉得，阿姆斯特丹大学不是很大，所以有约翰这样一个大牌教授，为他专门成立这样一个研究所当然是可以的。约翰是逻辑学家，很明显，仅靠逻辑是搞不成一个很大的研究所的。所以必须把逻辑跟其他东西结合起来。约翰结合的就是语言学和计算。现在国内也有一些学校想学习人家这个东西，比如中山大学有一个研究所，就是把逻辑与认知结合起来。现在山西大学也成立了一个所，把逻辑与人工智能结合起来。北大曾经设置过逻辑专业，想搞纯逻辑，搞数理逻辑，如集合论、模型论、递归论等等，最后没成。清华刘奋荣也成立了一个中心，因为是和 ILLC 合作，所以类似阿姆斯特丹的模式，跟语言学和计算机相结合。你们可以观察一下，ILLC 不在哲学系，国内这些研究所却都在哲学系。这还是有一些区别的。国内哲学系的师生对它似乎并不大关注，这是我不太满意的地方。这样的状况与我的学术理念是有距离的。亚里士多德既是逻辑的创始人，又是形而上学的创始人，弗雷格既是现代逻辑的创始人，又被称为分析哲学之父。逻辑的两个"father"不是这样的。我是他们的"follower"，所以我觉得，也许这些研究所都很好，水平也很高，但是似乎它们不是在亚里士多德和弗雷格的方向上。

刘：最近几年我们比较多地接触了一些来自荷兰的逻辑学家和分析哲学家。您曾经多次去过荷兰和德国，还去过英国、法国，也去过哈佛，您觉得这些访问研究对您的逻辑研究和哲学研究工作影响大吗？您觉得欧陆哲学和英美哲学的区别大吗？

王：访问这些国家对我的影响当然是很大的。首先，我刚才说了 1983 年我就出国了。那时出国主要是学习，通过那样的学习学到了一种学术研究的方式。无论是研究逻辑，还是研究哲学，都是要那么做的，不那么做就不行。这是一种学术的方式，一种具有普遍性的方式。那是我进入研究领域的初期，对我一生都有影响。后来我一直都是这样。上课要这么上，书要这么读，论文要这么讨论，我就是这么做的。第二点，在我交流的国外学者中，很多是著名哲学家。我出国多次，积累了一个经验：只要到一个地方，就会去听教授的课，到他们办公室去和他们讨论，时间长了甚至还会成为朋友，可以走出办公室，坐下来喝着咖啡、啤酒进行讨论。这种学术交流对我的帮助特别大。当年在哈佛的时候，我跟 Hintikka 教授讨论了 10 次，对我的帮助真的非常大。他是一流哲学家、一流学者，非常睿智聪明。他对我所谈的问题几乎都能回答，个别回答不了的，他会给出建议。和他交谈，常常会有那种"洞见"的感觉。第三点，即使在一些具体问题上，这些讨论也是有帮助的。我访问达米特时跟他一起待了 4 小时，讨论了很多东西。最大的一个收获是，即使一个具体问题也要放到哲学史上去认识。很多人老说哲学史没用，认为哲学就是问题研究。达米特谈问题就不是这样的。我记得特别深刻。当时谈到对象和概念，达米特说，我们英国人都在谈，洛克、休谟、贝克莱都在谈，但是 they are all muddleheaded（他们都糊涂）。我至今记得那个谈话场面，他说话时显示出轻蔑。他说，直到弗雷格才第一次说清楚对象和概念这个问题。那次访问是 1992 年。这一认识对我影响至深。此外还有一点，就是在交流的时候，他们能听我谈。近年来我跟马汀交流很多，每次马汀都会说你最近有什么新的想法，写了什么东西。我也会这样问他。他每次都要问这话，我都会给他讲。我们的交流直奔主题，就是自己最近新考虑的东西。这是一种双向的交流，这种交流对自己是一种刺激。我在国内很少找到交谈的对象，写了那么多东西，很少有人来问过我这个问题怎样，那个问题怎样。我在清华待了近 20 年，没有人到我办公室来和我讨论学术问题。我当年在哲学所有机会就会往老先生那里跑，去问问题。赵敦华说，王路总说北大好。北大哲学系确实好。别的不说，北大哲学系和外哲所为我的新书专门开了两次讨论会，这是对学术的重视，这样的讨论会对我有极大的帮助。这两年我非常愿意出去讲学，因为讲学也是学术交流：老师和学生们会给你提问题，会促进你思想活跃，深化你的认识，产生新的想法。学术交流在国外是非常自然的事情，这对自己的学术研究是一种促进。

至于英美哲学跟欧洲哲学有什么区别，我认为这是一个说法，可以不必在意。如果真要区别一下，比如弗雷格与胡塞尔有什么区别，也是可以说的，比如胡塞尔谈意向性，弗雷格谈涵义和意谓。我的区分是，一个是应用传统逻辑的理论和方法，一个是应用现代逻辑的理论和方法，因此导致了不同的形态。胡塞尔是应用传统逻辑的理论和方法进行研究的，所以他的研究方式跟康德是一类的。弗雷格应用现代逻辑理论方法进行研究，它的形态是另一类，比如今天的意义理论、真之理论都是应用弗雷格的理论和方法。今天，现代逻辑的方法应用非常普遍，前面我们说了，即使在哲学史的研究中，比如关于康德、黑格尔的研究中，人们也都是在使用现代逻辑的方法。

马：我也听过一些语言学方面的讲座，但很快就失去了兴趣。乔姆斯基句法、蒙塔古语法、兰贝克演算等等，看起来都与逻辑有些关联，实际上有很大的距离。国内学界把这类研究叫作语言逻辑。您是如何看待语言逻辑的？

王：这里有两个问题，一个是语言逻辑系统。语言逻辑就是构造与语言相关的逻辑系统，比如说条件句逻辑、概称句逻辑。我把这叫语言逻辑，对它没什么看法。按照前面的说法，这就是应用逻辑理论方法进行研究。至于它的问题和结果是什么，那是另外一个问题。还有一个问题涉及乔姆斯基句法、蒙塔古语法等等这样的东西。我早年在德国读过语言学，后来一直研究语言学，包括蒙塔古语法、乔姆斯基句法、范畴语法等等。我研究过很多那样的东西。后来我发现一个问题。语言学是经验的，而我们所说的逻辑和形而上学是先验的，二者有本质的区别。所以我大概是从1996年起放弃了语言学研究。一个人没有那么大精力，也没有那么大本事，不可能什么都研究。

马：我曾多次与约翰探讨他在20世纪70年代对模态逻辑的贡献。约翰曾对我说，做逻辑就要做开创性的研究。这些年，我一直热衷于模态逻辑研究。记得您曾说过，做研究一定要找"富矿"，越是往基础上做，越能取得有价值的成果，"细枝末节"是不值得做的。在您看来，我们应该做什么样的逻辑研究？

王：约翰早期的模态理论我看过，我觉得就是这样的研究，很好。记得我当时还跟你说过，去阿姆斯特丹之后要做这方面的研究。"富矿"是一个比喻的说法，前面也谈过，不用再说了。至于应该做什么样的逻辑研究，这个问题比较大。我认为，我们在一阶逻辑上是有共识的，研究逻辑的人在一阶逻辑上都是有共识的。因此我觉得你的问题相当于问：在一阶逻辑的基础上，我们应该怎样做逻辑研究？我自己的认识和做法是：应用一阶逻辑的理论和方法去做哲学研究。我研究哲学中最根本的问题，比如"是"与"真"的问题。结果我发现了一个问题，应用逻辑的理论和方法对语言进行分析是哲学史上贯穿始终的工作，由此形成一种哲学的方式。这与其他研究形成区别，比如"加字哲学"。"加字哲学"是我提出来的，它们有一个共同特点，就是在"哲学"前面"加字"，比如中国哲学、马克思主义哲学、道德哲学、政治哲学，还有今天各种各样的东西，比如工程哲学、动物哲学、休闲哲学等等。我可以明确地说，我不研究这样的东西。至于说逻辑做什么样的研究，我认为大概是与逻辑相关的东西吧。弗雷格当年给我们做出这个逻辑，他的"小碗"（指弗雷格关于全称量词的符号）就是"普遍性"。也就是说，弗雷格已经把逻辑做到普遍性上去了。这是弗雷格对逻辑的一种认识。那么今天我们手里拿着这样一种逻辑，该如何做？这个逻辑是一种达到关于普遍性的认识的东西。如果说还可以再往普遍上去做，那就说明弗雷格的工作做得不够好，或者他的说法不太对，他说的"普遍性"还不是那样普遍。如果说弗雷格的说法没有问题，值得信任，那么就按照弗雷格的说法去做，就是说，把这种具有普遍性的东西应用到其他不是那么普遍的东西上。模态逻辑是成功的范例，显然它不是具有普遍性的。很多年以前我在报告中说，模态逻辑不具有普遍性。当场有人就问，为什么模态逻辑不是普遍的？我说，很简单啊，数学就不需要用模态词。这里当然涉及对逻辑的认识和理解。或者换一种说法，我们可以像弗雷格说的那样，去找具有特殊内容的概念和符号，然后把它嫁接到一阶逻辑。或者用我们的话说，寻找特殊的算子，借助一阶逻辑的方法来刻画它的性质。还有就是寻找与逻辑最相关的东西，然后应用一阶逻辑的理论和方法进行研究。在我的认识里，与逻辑最相关的就是认识本身。我这方面的研究时间比较长，可以说出一二三来。其他的我一直没有研究，所以给不出什么建议。

马：2011 年，在武汉大学召开现代逻辑学术研讨会，康宏逵先生对《逻辑百年》的评价令人印象深刻。当时我去拜访康先生，在他家里他曾说，"年轻人要做难一点儿的问题"，比如模态逻辑的不完全性就是值得研究的。您赞同康先生的看法吗？您对年轻人从事逻辑和哲学研究有什么样的建议？

王：我同意康先生"难"的说法。我的理解就是不要投机取巧。年轻时精力充沛，应该肯花大力气。徐明是康先生的学生，他当年有一个说法，他说要出国去学逻辑，"一定要脱一层皮"。如果不难，怎么能脱一层皮呢？康先生说的"难"可能还有另外一个意思，这就是做别人搞不了的东西。但是这样的东西一定要有一个前提，就是学界公认有价值的。说年轻人应该这样？我觉得康先生对你说这样的话，是对你的一种期望，也是一种鞭策。其实我说到要找"富矿"，也有"难"的意思。为什么？富矿是大伙都在找的矿。因为一旦找到，可以挖很多年，所以不容易。因为是富矿，所以大家都在那里挖。你是后加入进来的，想挖点东西当然就更难了。这个说法是比喻。比如研究亚里士多德，可能一时半会写不出东西来。为什么？要学的东西太多了。希腊语得学，逻辑得学，哲学得学，很多东西得学，它相对来说就是难。做康德也难，得读德语，得学逻辑，得读康德文献。不仅如此，关于他们还有那么多二手文献，都要读。所以这样的研究在我看来就是难。但是年轻人有优势啊，"年轻"就是资本，就是优势。若是不用比喻，我会说，年轻人要好好学习一阶逻辑，要好好学习模态逻辑，要好好学习集合论，然后在此基础上再进行逻辑研究。就从事哲学研究来说，要好好学习一阶逻辑，要建立起一个比较好的知识结构，使自己在未来的发展中有比较大的空间和可能性。就逻辑与哲学的研究而言，关于认识本身的认识应该是一个研究基点，以此为出发点，也许可以找到一些比较有意思的问题来。

刘：您刚才也提到，在过去 20 多年里，国内各大高校陆续建立了与逻辑相关的研究所，清华大学与阿姆斯特丹大学建立了逻辑联合研究中心。对当前我国逻辑教学和研究的情况，您是如何看待的？

王：国内研究现状整体上来说还是不错的。所谓不错是和当年相比。我记得 1986 年在承德开会的时候，我在大会报告中说，如果不搞现代逻辑，混饭吃可以，但要想搞好我国的逻辑教学和研究是不可能的。当时我这话得罪了不少人。今天再看，我们逻辑的博士生已经那么多都毕业了，走上工作岗位。到处都在教逻辑，水平也比当年高了，所以我说整体上是不错的。但是具体到逻辑教学，问题还是不少的。我认为一阶逻辑并没有成为国内各高校，特别是哲学系的必修课。有的学校做到了，大部分学校没有做到。现在教得最多的还是传统逻辑。逻辑教学搞不好，哲学研究的水平就上不去。所以我一直重视和强调哲学系的逻辑教学。造成目前状况的原因很多。比如有些学校的逻辑课哲学系的学生是不来上的，一些逻辑课教的东西，哲学系的学生也不感兴趣。许多老师怪学生不重视逻辑，我不太赞同这个说法。按照我的理解，一些人在教逻辑的时候就没有为哲学系的学生着想。更麻烦的是现在有人提倡一些与逻辑做法相悖的东西，比如像搞批判性思维之类的东西。现在很多高校的逻辑老师都去教批判性思维了。批判性思维若是作为课程确定下来，大概只能挤占逻辑课的时间。思维本身就是批判性的，没有什么人是通过学习批判性思维而有批判能力的。那些提倡批判性思维的人就不想一想，他们又有哪一个是学过批判性思维的？！这个话题我已经说过很多次了。还有，我们现在逻辑专业的博士生越来越多，工作是不是难找且不说，做逻辑论文也是有麻烦的吧。哪里会有那么多逻辑题目可以做呢？！结果是只能加字：过去搞辩证逻辑，现在搞人工智能逻辑，还有语言逻辑、哲学逻辑、中国逻辑史等等。所以我认为总体上我们还是有进步的。用周先生当年的话说，慢慢来吧。

马：今天我们学习逻辑、研究逻辑，总会遇到各种说法，如数理逻辑、形式逻辑、符号逻辑等，还有各种各样的逻辑，如模态逻辑、哲理逻辑、认知逻辑、信念逻辑、偏好逻辑、动态逻辑等。您刚才说到"加字"，这几年您提出"加字哲学"，影响甚大。在逻辑研究中我们是否也有"加字逻辑"现象？您对"加字逻辑"

研究有什么看法？

王：我认为，逻辑是可以不加字的。加字逻辑最初是康德搞出来的。读康德就会知道他为什么搞加字逻辑。他想说出一套与逻辑不同的东西，同时又想把他说的东西叫逻辑。怎么办？他先给逻辑加字，说那是"形式"的逻辑，然后他把自己搞的东西叫"先验"的逻辑，从那以后，各种各样的加字逻辑就出来了。这种现象我们做逻辑研究的人都知道。还有一种现象，就是在逻辑研究中，以一阶逻辑为基础形成了一些不同类型的逻辑，比如模态逻辑、道义逻辑、弗协调逻辑、认知逻辑等等。在我看来，它们都属于逻辑的应用，就是应用一阶逻辑的理论来研究具体的问题。由于是按照逻辑的方式做，比如建立演算系统，因此叫作逻辑。逻辑与加字逻辑是不一样的。也许康德觉得逻辑太弱了，满足不了他想探讨的那些问题，所以想把逻辑范围扩大一些。也许由于康德承认逻辑是科学，所以他想在逻辑的基础上进行工作，把自己的研究说成是科学。总之，他给逻辑加字是有一些想法的。至于结果，那就是另外一个问题了。我对于加字逻辑没什么看法。你看我谈加字哲学，但是不谈加字逻辑。加字哲学我谈了很多年了，在学界影响很大。为什么我要区别形而上学跟加字哲学呢？因为我说形而上学是先验的，加字哲学是经验的，这个区别是根本性的。相比之下，加字逻辑歧义要大得多，意义也不是那样大。所以我不讨论加字逻辑的问题。

马：逻辑研究既有观念方面的，也有技术方面的。做逻辑技术问题的研究不能脱离观念，需要新的思想、观点等方面的考虑，这也与您常说的研究动机相关。您在20多年前曾写过一木《逻辑的观念》，今天您对这部著作还有什么样的看法？

王：这是一个非常好的问题。其实今天我对这本书仍然是看得比较重的。人们总说什么代表性著作、开创性著作。我认为，我的具有开创性观点的著作大概是《逻辑的观念》和《"是"与"真"》。我相信后来写的书比前面写的书是有进步的，因为学术观点和认识在不断延伸，学术水准在不断提高。但是一些基本观点，却是在这两本书里提出来的。今天我看《逻辑的观念》这本书，我认为当年写的时候基本看法是正确的，但是在论述过程中，有些看法还是比较直观的，还没有从理论上完全阐述清楚。这些年下来，经过细致的深入的研究，我觉得可以从理论上把那时一些直观的东西阐述得非常清楚。这是进步。但是当初能够提出那些观点，本身就是有意义的。我给你们讲一个故事。当年政法大学的王洪教授跟我说：你这本《逻辑的观念》影响太大了！你提出"必然地得出"。我们学校老师跟我说，现在我们知道什么是逻辑了，逻辑就是"必然地得出"，"这是王路说的"。我说，我哪有那么大的本事啊，那是亚里士多德说的。王洪说，人家不管，人家说就是王路说的。当年确实有很多人谈论这本书，也有很多人和我谈过这本书，当然也有反对意见，也有一些反对的故事。"必然地得出"是亚里士多德的一句话。我用这句话提纲挈领地把逻辑的观念刻画出来。新文研究金老，金老谈逻辑，他是用"必然"来谈的。他说的"必然"是倾向，是流向，是最自然省力的走向。金老的说法和亚里士多德的说法在思想上是一致的，但是他有一个缺点，就是没有说出那个"得出"。有了这个"得出"，就把前提和结论的结构说出来了。只说"必然"，还是会有歧义的。当年我提出这个认识，今天我仍然没有变。如果说今天我有什么新的看法，大概就是以理论的方式说清楚你说的那两方面的东西。今天我明确地说，逻辑有两个方面，一个是观念，一个是理论。没有逻辑的观念，逻辑的理论是出不来的。有了逻辑的理论，我们才能让人家知道逻辑的观念是什么意思，什么叫"必然地得出"。学界有一个很大的问题：很多人没有逻辑的观念，因此也不会去考虑逻辑的理论。很多人不懂逻辑的理论，所以也不知道什么是逻辑的观念。但是谈论逻辑的人却很多，说逻辑重要的人很多。实际上他们谈论逻辑的时候根本就不知道什么是逻辑。所以我认为，逻辑的观念和逻辑理论是非常重要的两个方面。我教逻辑的时候对学生说，学逻辑的时候，要树立起逻辑的观念，考试的时候要运用逻辑的理论；将来可能逻辑的理论忘了，证明方法也忘了，但是逻辑的观念却会保留下来，在知识结构里有这么一块叫作逻辑的东西，这就可以了。但是对从事理论研究来说，不管是进行逻辑研究，还是进行哲学研究，逻辑理论都是非常重要的。没有理论和方法，怎么进行研究？比较一下亚里士多德和弗雷格，就会看出亚里士多德的重要性。重要在什么地方？他提出了逻辑的观念，同时又相应于逻辑的观念搞出一套理论。弗雷格的重要性在于，他提出了一套理论，也就是说，他不用给出逻辑的观念，只提出一套理论就可以了，因为亚里士多德已经给出了逻辑的观念，弗雷格不用在观念上摸索，他只要在这个方向上做就可以了，只要在技术理论方法上摸索，形成突破就可以了。我一直记得我的导师 Schepers 教授对我说的话，印象非常深刻。他说：Frege ist sehr wichtig。而在说亚里士多德的时候，他加了一个词。他说：Aristotles ist immer sehr wichtig。他加了一个 immer，就是"永远"（总是）。因为我在 Schepers 教授身边，交流比较多，所以最开始说的时候，我记住了，但是没有过多体会。后来随着研究的深入和自己的进步，我对这话有了更深的认识和体会。亚里士多德永远是非常重要的，因为很多开创性的思想是亚里士多德提出来的。逻辑的观念是亚里士多德提出来的，形而上学的思想也是亚里士多德提出来的。最初我研究逻辑，所以只重视亚里士多德的逻辑的观念，我借助他说的"必然地得出"来谈逻辑。今天我研究哲学，提出"哲学是关于认识本身的认识"，这同样是亚里士多德的观念，同样是亚里士多德提出来的。亚里士多德在《形而上学》中说，有一门科学，它研究"是本身"。我只是借用了他的说法。《逻辑的观念》这本书的最后一章是"逻辑与哲学"。在我看来，从逻辑到哲学是一个自然的过程，这是亚里士多德和弗雷格的学术过程，也是我自己的研究历程。所以，我的认识是有进步的，但是我的看法没有变。

刘：非常感谢您对我们这些问题所做的详细阐述。这部访谈集将要面世，它很有特点，以访谈的形式把您的思想和观点阐述出来。我自己从这些访谈中收获很大，有时候甚至一句话就让我豁然开朗，希望读者也能从中获得一些启发。

刘新文，哲学博士，现任中国社会科学院哲学研究所研究员、博士后合作导师、中国社会科学院大学教授、博士生导师，兼任清华大学-阿姆斯特丹大学逻辑联合中心研究员、北京市逻辑学会副会长。主要研究方向为哲学逻辑与逻辑哲学，兼涉中西逻辑史。出版专著《图式逻辑》《可能世界的名字》等，在《哲学研究》《清华大学学报》《文史哲》《哲学动态》和 *Logique et Analyse* 等刊物发表论文 70 余篇。

马明辉，哲学博士。曾到荷兰、日本、法国、芬兰等国访学。现为中山大学哲学系教授、博士生导师。主要研究方向为哲理逻辑（模态逻辑）、逻辑与形而上学、逻辑史等。主持 3 项国家社科基金项目，担任国家社科基金重大项目首席专家。在 *The Review of Symbolic Logic*，*Studia Logica*，*Journal of Philosophical Logic* 等 10 多种国际学术期刊以及《哲学研究》《世界哲学》《哲学动态》等国内学术期刊发表论文 80 余篇。出版专著、译著、教材等 5 部。

（从左到右依次为王路教授、马明辉、刘新文）

嘉陵江，2016 年 10 月 14 日

（刘新文、马明辉、王路：《堂堂正正的学习和研究——与王路教授谈逻辑和哲学的研究》，原载"外国哲学研究"公众号，2024 年 1 月 14 日，访谈时间为 2023 年 12 月 21 日。）

目 录

第一部分

　　王路先生是我国著名的弗雷格研究专家和亚里士多德研究专家。在亚里士多德逻辑思想和弗雷格逻辑思想研究之中，他充分发挥了哲学家的思辨风格，在亚里士多德哲学思想和弗雷格哲学思想研究之中，他又充分体现出逻辑学家的分析风格。近年来，王路先生的研究领域逐渐扩展，第一部分的四篇访谈《弗雷格为什么是重要的》《达米特与语言哲学》《康德关于先验逻辑的认识》和《黑格尔的〈逻辑学〉与辩证法》在内容上兼涉分析哲学或语言哲学、欧陆哲学的四个经典哲学家，充分体现了王路先生对逻辑与哲学的研究贯穿了分析哲学和欧陆哲学、现代哲学与传统哲学。

　　王路先生指出，"分析哲学不是孤立的东西，应该放在整个哲学史中来考虑，应该与其他哲学联系起来考虑"。在这样的研究当中，如何抓住研究主线上的东西呢？"是与真的联系，是研究哲学史，或者从哲学史的角度研究哲学问题的一个比较好的角度"。这些观念与方法及其产生的真知灼见，无论在广度上还是在深度上都是当前哲学领域中的高峰。1879 年，弗雷格出版《概念文字——一种模仿算术语言构造的纯思维的形式语言》。这本小册子的出版，标志着以经典一阶逻辑为主的现代逻辑科学的开端，从科学上实现了莱布尼茨在 17 世纪提出的理想。弗雷格在前言中写道："莱布尼茨……关于一种普遍语言、一种哲学演算或推理的思想过于宏大，以致在努力实现它时只完成了一些准备工作。……但是，即使这一崇高目标不能一下子达到，也不必怀疑可以缓慢地、逐步地接近它。"我们甚至可以说，普遍语言和理性演算是 20 世纪哲学的终极预设。现代逻辑作为分析方法，不仅在分析哲学领域中得到广泛的应用，而且在康德哲学、黑格尔哲学，甚至于欧陆哲学研究当中也已经有了深刻的应用。作为这种观点的践行者，王路先生提出，"用现代逻辑的理论和方法解释黑格尔逻辑学的核心概念"，"读到黑格尔论述中不清楚的地方，记住从逻辑出发，按照逻辑的方式、语言的方式，结合关于真的思考，很多地方可以说得更清楚"。

弗雷格为什么是重要的

访 谈 者：郑伟平

访谈时间：2011 年 6 月 28 日

郑伟平，哲学博士，现为厦门大学哲学系教授、博士生导师，厦门大学知识论与认知科学中心主任，兼任中国知识论专业委员会常务理事。主要研究方向为当代知识论和早期分析哲学史，在《哲学研究》《哲学动态》等刊物发表论文多篇。

厦门·白鹭洲，2018 年 12 月 4 日

一、以文本的方式进入学术研究

郑伟平（以下简称"郑"）：您这次来厦门大学讲学，我注意到不论是课程、讲座，您都提到了弗雷格。弗雷格已经去世一百多年了，为什么您依然认为弗雷格是很重要的？另外国内哲学界对弗雷格的研究成果似乎不多。你在十几年前写作的《弗雷格思想研究》一书现在依然是我们学习弗雷格的首选文本。这跟国际学界弗雷格研究现状不太符合，您为什么会一直认为弗雷格是重要的？

王路（以下简称"王"）：我翻译过弗雷格的一些著作，也对他做过一些研究，算是比较熟吧。我认为弗雷格的思想对于现代哲学、20世纪以后的哲学的奠基作用非常大。我曾经说过，如果要看历史的话，弗雷格作为一个分析哲学家也好，作为语言哲学家也好，人们说他是一个奠基者，其实他是一个迟到者。他的东西被翻译成英文，被当成教材加以讨论，实际上是20世纪50年代以后的事情。但是他的著作被加进来之后，你发现没有，他的著作不仅有史学意义，而且具有非常重大的现实意义，就是他完全地推动了语言哲学的发展。比如说他的理论成为人们关注的理论，他的著作成为人们研究的基本文献，他的方法成为人们研究的基本方法，甚至他使用的术语成为人们的基本术语，像句子、专名、谓词等等，还有像 sense and reference 这样的东西。所以他的重要性并不会因为他去世了一百年，或者因为我们对他研究过了就消失了。而且你在读他的著作的过程中，你会不断发现一些东西。这是一个很表面的原因。还有一个原因是，我在厦大讲学或者在清华授课，我发现我们的学生，经常读的东西是一些"导论"性的东西，一些"史"类的东西，一些"原理"性的东西，而缺乏基础性的文本的阅读和学习。我认为这很成问题。我讲弗雷格，就是一种方式，想使学生们进入文本的学习和研究。你给他举出一个具体的方向，而不仅仅是一些比较抽象的问题研究。我想的是，通过文本的方式进入前沿的研究，这就是我给他们讲弗雷格的一个比较重要的原因。还有另外一个原因就是国内近20年来，关于弗雷格没有什么研究成果，我觉得这很奇怪。人们总喜欢说你不要研究弗雷格了，某某人已经研究过了，最好研究没有人研究过的东西。人们总是愿意去填补空白，而不愿意去研究别人已经研究过的东西，或者说有很多人研究过了，并且有更多人正在研究的东西。这是我们研究中的一个弊病，是一种不好的现象。我主张哲学研究应该关注那些大家都关注的东西，都研究的问题。特别是研究特别多的那些问题，那些人，比如说亚里士多德、笛卡尔、康德呀，那么多人都去研究他们，现代的比如说弗雷格、罗素、维特根斯坦、卡尔纳普，这些人应该是特别关注的。最近几年我也看到一些博士论文开始写弗雷格了。我想，他们去研究弗雷格很可能是因为他们读了一些弗雷格的文献，他们就围绕着这开始写了。当然这还不算是研究，仅仅是一个写出来的东西。真正的研究要关注二手文献，国外的东西。这些东西应该进入我们的视野，但是现在看这方面确实是不够的。这个现象不光是弗雷格的研究。人概维特根斯坦的研究文献比较多，韩林合、江怡、陈嘉映写过不少东西，其他人的研究都不太多。比如说罗素，国内你看有什么东西？你看卡尔纳普有吗？奎因有吗？除了陈波写的两本书，还有人写吗？很奇怪的现象。其实这些人都应该研究。做研究不要老是找犄角旮旯，老想着别人没有研究过的东西，老想着填补空白。空白是一个很令人困惑的东西。与其去犄角旮旯乱找，去填补"空白"，你不如就研究别人研究过的东西。为什么别人要研究那些东西？它是有道理的，它重要。

郑： 因为它重要，所以研究者很多；因为研究者很多，所以研究文献也很多。国内研究者经常避重就轻，绕开这些二手文献。

王： 也许不能说是避重就轻。这跟我们的知识结构有关系。比如你读书的范围，你受训练的过程，你是不是有意识来做这样的研究？一手文献与二手文献的结合，过去我们一般认为是一手文献重要。确实一手文献很重要，比如研究弗雷格，当然弗雷格的著作很重要。但是我认为一手文献只是一个基础性的东西，二手文献从研究的角度来说是必不可少的，同样重要的，甚至在某种程度上更重要。为什么？二手文献可以告诉你关于这个东西的研究本身已经达到什么样的水平。它可以提供研究的基础，你如果不懂二手文献的话，你就不会走到研究的前沿。所以这些东西都是我们平时需要借鉴的。往往人们看一两本书，一两篇文章，然后开始写东西，这样写出来的东西在我看来是读后感，而不是研究。

郑： 您觉得做研究不光是要看一手文献，二手文献也是重要的。

王： 这是近一二十年来我逐渐明晰下来的一个想法。最开始念书的时候，我也觉得一手文献非常重要，比如说我一开始研究亚里士多德，我认为一手文献非常重要，同时我也看了大量二手文献，朦朦胧胧有了一种意识：二手文献非常重要。但是我没有意识到二手文献为什么重要，它重要在什么地方。研究了亚里士多德以后，我研究弗雷格，后来我才明白为什么二手文献重要。二手文献其实是我们研究的起点。一手文献只是提供了一个研究的基础，基础性的东西，这只提供一个基本的理解。可是你要真正开始研究，那你得从二手文献开始。比如我经常说的这么一句话，就是说你自己读了一本书，你发现你自己有了一个很好的想法。然后你就准备把这想法怎么样怎么样，写出来。你凭什么认为你这个想法是新的想法？你怎么就知道别人没有说过这样的想法？因为你没有读别人的文献，你不知道！如果你再读两本书，你就会发现别人已经把你的想法说出来了。所以你要继续去看文献。看所有文献大概做不到，但是我们至少把那些主要的相关的二手文献看一下。这样的话你对这个领域的研究大概到了什么程度就会有一个基本的了解，那么在这基础之上你再去做研究，你大概会做得比较好。我觉得提出新东西，大概只有在这种情况下你才能说你提出了一点新东西。

郑：只有在充分占有二手文献的基础上你才能说你有了一点创新。

王：是的。比如说你研究罗素，大概你读了较多的罗素的一手文献。罗素本人说了什么，你大概很熟了。二手文献呢？二手文献可能你只是在你写论文的时候看了一些，比如说关于早期手稿的二手文献，你看得比较多。但是关于罗素整个逻辑原子论，二手文献你看了多少？如果这方面你看得足够多的话，你会怎么想？我觉得这是促进你进步的东西。现在你觉得你二手文献看得还不够，你还不足以马上去写。其实是你觉得自己掌握的东西还不够。如果你只是就罗素写罗素，那么你完全可以写呀。没有问题的，对不对？但是现在你所欠缺的不是一手文献的问题，而是二手文献的问题。而且你研究二手文献的过程中可以不断加深你对一手文献的解读。比如说你读了一手文献之后，你对罗素也好，对弗雷格也好，你有一个理解。你读了二手文献之后，你可能发现它在这一点上跟我说的是一样的，那一点跟我说的不一样。那么你一定会思考，为什么它跟我说的不一样？如果你看到第三种观点，有些跟你相似，有些跟你不相似。有了比较之后，它会促使你回过头去理解，罗素也好，弗雷格也好，使你对一手文献的理解重新加深。所以这是一种不断反复的过程。

二、《概念文字》是一部重要的哲学著作

郑：好的。让我们回到弗雷格的一手文献上来，《概念文字》是一部很重要的逻辑著作，但是您好像认为它也是一部很重要的哲学著作。

王：原来我们都认为《概念文字》是一部逻辑著作，因为它奠定了一阶逻辑，提供了第一个一阶谓词演算系统。奎因等人认为它是逻辑史上里程碑式的著作，我们都这样认为。但是这些年来，我在不断反复地读弗雷格的时候，感觉他对哲学也是有很大的帮助的，或者说对哲学的贡献也是很大的。举个例子说一下吧。前不久我在人大做了一个讲座，专门讲弗雷格，题目是《"真"为逻辑指引方向》。这个题目的原话是"'真'这个词为逻辑指引方向"，弗雷格的原话。我只不过是为了方便，题目不要太长嘛。在做这个讲座的时候，我完全是用弗雷格的话来讲的。我是从弗雷格的《概念文字》开始讲。弗雷格《概念文字》里头引入的第一个符号，你是知道的，一个竖杠加一个横杠，"⊢"，它叫作判断符号。他说这是他的第一个谓词。你如果看他的原文，你会看到他在引入这个符号的时候谈了他为什么引入这个符号的想法。以前我一直认为这是一个关于真的断定符。后来我经过仔细的研究发现，不仅仅是这样。在弗雷格的原话中，它不是用真来定义的。围绕这个符号出现了与真相关的论述，但是他在明确用它的时候，他的说明是"这是一个事实"。按照我对弗雷格的理解，事实这个概念在弗雷格那里是很少出现的。那么仔细去看，会发现这里头包含着"判断内容"的说法，包含着判断内容所表达的东西——"断定"——的说法。你把这一切结合起来看的话，你就会发现，实际上在弗雷格早期他用的是"这是一个事实"。但他讲的是为了表述真的，它是断定真的，是关于真的断定，所以这第一个符号特别重要。我认为这个符号里边就包含着弗雷格关于语义的考虑。这个断定符是有语义的考虑在里面的，所以这一点非常重要。你关注它里面相关的表达，比如说蕴涵式，弗雷格叫"条件式"。其实关于蕴涵式的表达，在《概念文字》中用的是"肯定"和"否定"。到了后期著作的时候，他用的就是"真"、"假"，而且这些用语完全不同，表达的意思却是一样的。到了《思想》这篇文章里头，弗雷格就明确地说过，思想是我们借以把握真的东西。思维是对思想的把握，判断是对一个思想的真的肯定。断定是什么？断定是对判断的表达。这个观点和说法跟他在《概念文字》里头的东西完全对应起来了。因此从《概念文字》中我们不仅可以看到一阶谓词演算系统，

我们更多地可以看到一阶逻辑系统背后的那些直观的东西。而这些直观的思想在我看来是比一阶逻辑系统更具有创造性的。那么这些思想给哲学的作用，对哲学的推动，我认为是非常大的。或者说，可以给哲学的思考带来极大的启发。

郑：为什么这么说？为什么说后面的直观思想推动了哲学？

王：没有后面那些思想，那些形式的东西是怎么蹦出来的？

郑：那后面有什么思想是我们所了解到的？

王：今天我们说的语义，我们说逻辑学语义就一个真、假。但是当你把真假应用到逻辑的解释，把它当作一个初始的概念的时候，就有这么一个想法，你为什么要把这样的概念放在这里？为什么弗雷格的第一个符号是这么一个符号，"⊢"？这个符号不是一个逻辑符号，它是一个语义符号。严格地说，它不是一个逻辑句法符号。句法符号是量词、命题联结词，这些都是逻辑常项，还有谓词和个体词符号。这个符号是一个含有真的语义符号。这是有想法的，这跟后来 1918年《思想》这篇文章里面"'真'这个词为逻辑指引方向"我觉得是一致的。也就是说他的哲学思想，"真"为逻辑指引方向，实际上你从他的《概念文字》就可以看出来了。

郑：我们完全也可以说，"真"为哲学指引方向，"真"为形而上学指引方向等等？

王："真"为逻辑指引方向，这不是我得出的结论。这是弗雷格的原话。他的意思是逻辑最核心的东西是研究真的，是与真相关的东西。为什么这么说呢？我们一般地说一个学科是干什么的。一般我们都有一个定义，今天我们说逻辑是研究推理有效性的，或者说逻辑是研究有效推理的。一个推理是有效的，当且仅当是从真前提得出真结论。这是一个语义定义，它恰恰借用了真这个概念，这不是一个句法概念。那么实际上这个定义方式和弗雷格的方式是一样的。"真"为逻辑指引方向，他是用这个语义概念来说明的。比如说他区别出涵义和意谓，他说在意谓这一点上，所有细节都消失了。意谓是什么？句子的意谓是句子的真值，即真假。也就是说，在真假上一切细节都消失了。这是哲学讨论吧，可这个思想从哪里来呢？是从逻辑来的。所以他的这个思想就非常重要。换个角度说吧。假如他不是围绕着真假来考虑问题，这些东西他怎么能够做出来呢？就他的逻辑系统，如果他不以真假做核心，不以真假做语义的话，那些东西、那些逻辑符号怎么得出来呢？比如说实质蕴涵。实质蕴涵用弗雷格的话来说就是：一个蕴涵式不能前件真后件假。实际上恰恰最开始，弗雷格就是用这种方法定义的，这就是用真假的方式来定义的。所以真这个概念在弗雷格那里确实非常重要。这个概念是贯穿始终的，在逻辑的系统里面，它是一个语义概念。但是他在考虑这个东西背后的一整套直观的东西，对于我们今天理解他的思想也好，理解其他一些相关的东西也好，也是很有帮助的。所以，一阶逻辑背后一定有一些直观的东西。这个直观的东西你可以说它是纯逻辑的。我认为这些思想是可以为哲学研究提供帮助的。比如说，真这个东西，逻辑学家很重视它，哲学家其实也很重视它。亚里士多德在《形而上学》第二卷里说过，也许把哲学称为关于真的知识是恰当的。如果这样的话，真这个概念对哲学当然也很重要。

郑：我们说它对哲学的贡献是什么呢？

王：我们只能这样说，它作为一个逻辑的方法对哲学怎样怎样。在这个意义上你可以谈哲学怎样怎样。我的意思是说，在哲学上，逻辑作为一种方法有什么样的贡献。还有一个，今天我们研究弗雷格的思想，包括他的哲学思想，关于真的考虑呀，关于 sense and reference 的考虑呀，那么从概念文字里面你是可以找到一些思想渊源的，就是他在构造他的逻辑系统之前的那些直观的考虑。这些东西对理解后来弗雷格的思想当然是有帮助的。

郑：就是说他在构造逻辑系统之前，他的背后有一套哲学思想。

王：有一套思想！你把这套思想称为什么，这是另外一个问题。那么今天你去读他的著作，去体会这套思想的时候，你会发现对理解他的逻辑著作也好，哲学著作也好，肯定是有帮助的。

三、弗雷格的"思想"概念

郑：弗雷格提出过一个"思想"概念，这一直是弗雷格研究的一个重点。有人也质疑思想这个概念带有一些心理主义的倾向。请您为我们解释一下这个概念，为什么弗雷格说明思想是客观的。这也是我在教学中遇到的一个问题。因为您的书上有这么一个明确的命题：思想是客观的。但是我在给学生解释的时候，好像我对弗雷格文本掌握程度不够，我没办法很好地自圆其说。

王：思想是客观的，这是弗雷格自己的话。弗雷格认为思想是客观的，为什么？思想是被把握的，思维是对思想的把握。"把握"是一个形象的提法，把握的对象应该是客观的。弗雷格有一个说法：思想是被发现的。他不认为思想是被创造的。思想是被发现的，思想是客观的，因此人们才能够进行交流。比如他用"表象"这个词来和思想相对立。他认为表象有承载者，因此表象是主观的，是心灵的。思想是客观的，思想不是主观的，因此思想没有承载者。它是客观的，这样大家才能去把握它，大家共同去理解它。他用与表象相对比的方式说明，思想不是主观的，思想是没有承载者的，这样大家才可以去把握它。不可能一个思想有一个承载者，这是他后期的一个说明。在早期说明的时候，他用了一个比喻，用望远镜看月亮，月亮是一个对象，望远镜镜片上显示出来的月亮的那个图像，他说这是客观的，或者是 sense。而当你真正用眼睛去看，它到了你的视网膜上，那个东西就不一样了，那个就是表象了。他用这个比喻说明思想的客观性，在他那里毫无疑问是非常明确的。你刚才提到弗雷格的"思想"是心理主义的，我还没有看过多少这方面的材料。但是我看到过达米特说，由于弗雷格说过思想的客观性，产生了第三领域，达米特写过一些东西来批评这个东西。他认为这个东西导致神秘主义色彩。我对达米特许多东西很赞同，但是对这一点不是很理解，或者说我不赞同这个观点。我觉得弗雷格讲得很清楚。弗雷格所说的"思想"，跟我们一般人所说的思想是不一样的。弗雷格的"思想"很明确，就是一个句子所表达的东西。比如说，今天我们俩谈话，谈到现在为止，你如果写下来的话，实际上就是一个句子一个句子的。咱们俩之所以能够交谈，是因为咱们对每一个句子所表达的东西差不多有同样的把握。对于每一个句子我们俩所理解的东西，弗雷格称为"思想"。所以这个东西它不是一个主观的东西，它呈现出来之后一定是物化的东西。然后它表达的东西大家都能够理解。举一个最简单的例子，比如说，it's raining，你说是"下雨了"。这两句话为什么能够翻译？这两句话的语言形式显然是不一样的嘛，一个是英语一个是汉语。但是为什么它们能够相互转换呢？这是因为它们里面有一个思想，有一个客观的东西在那里，所以它们俩能转换。语言形式可以不一样，但是思想在那里。所以我说弗雷格所说的思想的客观性是有道理的。

郑：当我们说"客观"的时候，我们一般是跟"主观"相对比，相区别对待的。但思想看起来都是我们主观、主体所拥有的东西，为什么我们说出一句话，这句话所表达的东西就不归我们了呢？

王：不，我觉得这是你理解的问题。弗雷格的那个"思想"，不是你脑子里的思想。弗雷格的那个思想是一个句子所表达的东西。你可以说，你脑子里有各种各样的东西，那就是说各种各样的东西都是你脑子里的东西。但是你把这些东西表达出来以后，别人才能知道你脑子里有什么吧。你只有把它们表达出来你才能告诉我们你脑子里有什么东西。那用什么表达？语言，那就是用一个句子一个句子的形式把它表达出来。当你把一个句子一个句子写出来，它所表达的东西就是客观的。比如说"下雨了"，"现在阴天没有下雨"。你说"下雨了"，那么它所表达的东西就是客观的，无论外界是否下雨。当然这句话所表达的东西，所表达的思想本身，它是说下雨了。它的意思是要告诉我，要不我们俩怎么交流呢？我们俩都能理解这个东西，所以它是客观的。

郑：就是说我们都能理解，然后这个东西是被对象化了的。在我们面前是一样的，因此说它是客观的。

王：而且你更应该注意一点，就是弗雷格在讲这话时他是在讲什么东西呢？在更多情况下，他强调的是毕达哥拉斯定理这样的东西。而这个东西是这样的，你两千多年前发现它是这样，两千多年后发现它也还是这样。他说到客观性时用的一个词是 wirklich。这个德文词跟 real 还是有区别的，还有点像"现实的"，actual。

郑：您刚才说思想是物化的？

王：No，思想的表达形式是物化的。你要是把它写出来，它不就是物化的吗？那些字，不就是物化的吗？当你把它说出来，以声波的方式，当然也是一种物化。当你把一个句子写出来说出来，物化了以后，那一个句子所表达的思想就是客观的东西。你把它写出来以后，我看到了它，我知道了它的意思。别人过来看它，也知道它的意思。而且我们理解的东西可能就是一样的。所以说它是客观的。弗雷格的思想跟我们平时说的，这人思想好，这人有思想，不是一回事。

郑：思想是一种 real、actual 的东西，那为什么要翻译成"客观的"？

王：弗雷格用过 wirklich 这个词。

郑：我为什么会有这样的困惑，因为当您说到"客观的"，我首先会想到 objective，那我又会想到 subjective。这个思想总是跟 subject 有点联系。

王：我觉得你应该好好地读弗雷格的《思想》这篇文章。弗雷格在区别主观、客观和假思想的客观性的时候，他是这么说的。他说客观的东西都很清楚，比如一个桌子一个杯子，一个碗一个勺，我们能看见，它们都是客观的东西。我们能够感知它，我们能触摸它，比如我们能感受到咖啡是热的。我们用手一摸能感觉到是热的，这是外界的东西。那么主观的东西呢？比如你的一些感悟，你的心灵感受，你的震撼，你的痛苦，只有你知道的这些东西，他把所有这一切都概括起来，他用一个词，Vorstellung，这是德国哲学中的一个词。我们通常翻译为"表象"。我当时翻译弗雷格的时候也是借用了这个词——"表象"。这个词以后又有了 Wirklichkeit（客观性）这个词，而表象不是客观的。区别了主观和客观的东西之后，弗雷格谈到了思想。思想显然不是客观外在的东西，是不能感知的。因此，思想与外在的东西是容易区别的。于是，只要把思想跟表象区别开来就可以了。假如你要认为思想是头脑里的东西，那么思想跟表象应该是一样的。弗雷格在《思想》这篇文章中，提出四条标准。其中最主要一条就是说，表象有承载者，而且一个表象有一个承载者，这一点实际上跟思想是最大的区别。思想是没有承载者的，而且不可能一个思想有一个承载者。如果思想有承载者，那就是说你有你的思想，我有我的思想，我们就没法讨论了。所以弗雷格使用这样一种方法来说明思想的客观性，他说思想是客观的，是大家可以去共同理解的，大家可以去共同把握的，因此科学才能够发展和进步。这是他非常基本的一个看法。

郑：思想是客观的，是我们都可以去把握住的东西。

王：你一定要记住，它是句子所表达的东西。当你讲思想的时候，你一定要记住弗雷格讲的是一个句子所表达的东西。

郑：对，在摩尔那里也有类似的提法。摩尔说句子跟命题是不同的。命题是句子所表达的东西。摩尔也有关于命题的实在论的说法。

王：这里面有很多说法。比如说 proposition、statement 这些东西人们过去一直有说法，但是弗雷格所使用的那个 Satz，我觉得跟别人是不一样的。英文最开始翻译弗雷格的时候，是跟翻译维特根斯坦一样的。维特根斯坦也用的是 Satz，英文把 Satz 翻译为 proposition。我觉得这个翻译是不对的，我认为应该翻译为"句子"。人们有时候也认为 Satz 表达命题、陈述，还有句子，那是因为他们没有区别语言和语言所表达的东西。如果区别了语言和语言所表达的东西的话，那么

Satz 就是句子，那是语言层面的东西。所以弗雷格很清楚，一个句子，一个 Satz 才能够有思想。所以说句子的涵义就是思想，他说的非常明确。句子的意谓是真值。最近我看到维特根斯坦的《逻辑哲学论》的一个英译本，它把维特根斯坦的 Satz 翻成 sentence 了，这非常好。

四、弗雷格的反心理主义与现代逻辑的应用研究

郑：在《算术基础》这本书里面，弗雷格提出了逻辑研究的三原则：语境原则、概念与对象的区别，还有一个非常重要的原则，就是把逻辑的东西和心理的东西区分开来。但是今天心灵哲学成为哲学研究的热门，而且在逻辑领域从事一些心灵的、认知的研究也成为大家很乐于向往的东西。为什么？是弗雷格传统被抛弃了，还是别的什么原因？

王：这个问题有点复杂。在弗雷格的时代，弗雷格提出一条原则，就是要把逻辑的东西和心理的东西、主观的东西和客观的东西区分开来。因为在 19 世纪末期，二元论的发展，导致了心理主义或者心理学的发展。这样的发展使得人们好像从事哲学研究不谈点心理的东西就不是哲学，很时髦。因此到了弗雷格那里，他就看到了这些方面的一些缺点。

郑：哪些缺点？

王：主要是因为心理的东西是说不清楚的，是非常思辨的。弗雷格就想区别开，怎么区别开呢？那就是用逻辑的方式，来反对心理主义。通过语言的逻辑分析，把这样的东西说清楚。这样就要进行语言分析，区分语言和语言所表达的东西，通过语言分析弄清楚语言所表达的东西，像思想的客观性等等这样的东西。通过这样的方法来把心理的东西排除。客观的东西，像弗雷格说的思想与表象的区别，表象就是心理的东西，你要是强调心理的东西的话，你怎么说清楚？你自己想的东西别人怎么知道？别人想的东西你怎么知道？别人怎么跟你交流呀？所以弗雷格想到的是逻辑的方法。做到这一点应该说也是比较自然的。当然那个时代做这样的工作，不是弗雷格一个人。你读文献就会发现，实际上许多人都有这样的看法，著名的像胡塞尔、罗素等等。这在当时是一个趋势，反心理主义的东西。因为现代逻辑的出现使得人们可以找到一个反心理主义的途径，找到一种方法，可以往前走，并且明确地取得一些进步。因此这些人都这么做。一方面，大概是

因为现代逻辑这种方法，在西方已经成了一种传统，所以它的基础性非常明显。在高校里，学生都是要学的。甚至在很多地方，本科生要有学逻辑的要求，对研究生博士生而言逻辑学习的难度是不一样的。他们都要经过这种逻辑训练，现代人都很理解这一点。当初逻辑刚出现的时候，别人对它都是那么敬畏，甚至感到不可把握。鲍亨斯基描述过现代逻辑刚诞生时的情况，他描绘了1935年世界哲学大会上的场景：维也纳学派全体出席，他们朝气蓬勃，他们使用数理逻辑的公式，他们对新黑格尔主义者进行攻击，他们像群狼一样，等等。今天已经不是这样了，今天逻辑方法已经非常普遍。你看西方哲学的文献，不光是在分析哲学的研究中使用逻辑，其他地方也都在使用逻辑方法，以至于这成为普遍现象。包括一些史学研究，亚里士多德研究、康德研究、胡塞尔研究，也都是用这种方法。所以那些人也在拓宽一些研究领域。语言哲学虽然依然是主流，但已并不是唯一的。人们已经开始在研究其他一些东西，比如说 philosophy of mind，我觉得很正常。这并不代表在研究主流上人们就回归心理主义或怎么样。逻辑作为一种研究方法的普遍性，不仅可以用来研究这些东西，也可以用来研究心理主义或者与心灵相关的东西。我多年前读过一些语言心理学的文献，那些文献就是大量地使用逻辑的方法，来研究语言心理或与试验相关的东西。这样好像是用逻辑去研究与认知相关的东西了，好像就是说逻辑不反对心理主义了。不是的，只是逻辑作为一种方法应用到了那些领域。那些领域本身依然是可以研究的，这是逻辑的一个特点。逻辑自身是一门科学，它有自己的研究对象，在研究的时候，它可以不考虑其他学科。但是它成功之后，出了一些东西，这些东西可以应用到其他学科。其他学科可以用它，这是逻辑学科本身的特点。

郑：这其中的区别是逻辑自身的研究与逻辑的应用研究。

王：当然了，比如说我们建立逻辑系统来刻画逻辑常项。我们研究这样的东西可以专门作为一种研究，甚至可以说我们平常干这个。在这样做的时候，我可以不考虑其他因素。当然你也可以考虑，比如说像弗雷格这样的人就会从哲学进行考虑，或者别人也可以从计算机、linguistics 寻找一些资源，把它们结合起来，但是也可以单纯地做纯逻辑研究。这种东西产生之后，逻辑学本身的方法性并没有变化，它可以应用到其他学科里面去。比如语言学可以用，计算机可以用，人工智能可以用，心灵哲学可以用。你用它的时候说它如何如何，这不是很正常嘛。

五、弗雷格的 Sinn und Bedeutung

郑： 我在读罗素的时候，注意到罗素 1903 年写完《数学原则》之后，他不是发现了悖论吗，在 1903 年的《数学原则》附录中提出了简单类型论，罗素在出版了《数学原则》之后就把解决悖论的工作先放一放。他做了一件事情，他集中去阅读弗雷格的著作。1903—1905 年，其实可以被称作罗素的弗雷格时期。罗素1903—1905 年大量的手稿和发表的作品，都是带有很强的弗雷格味道。我举几个例子，这些作品的题目是 "On Sense and Denotation" "On Denoting"，这是 1905 年的。罗素很想做的一个工作就是抛弃弗雷格的 sense and reference 这种区分。您觉得罗素是否成功地回避开了弗雷格的 sense and reference 这样一个区分？

王： 你的这个提法很新鲜，我还是第一次听到。我以前倒是听说胡塞尔做过这样的事情。胡塞尔读过所有弗雷格的文章，并且还有批注。我还曾经专门为了这件事情到胡塞尔档案馆，待了好几个小时，专门看这些手稿。罗素有这样的东西我是第一次听说，但是以前读罗素的 "On Denoting" 这篇文章的时候，我肯定，罗素肯定读过弗雷格的东西。当然他对弗雷格的批评也很著名，比如弗雷格不区别专名和摹状词这样的东西。人们今天也经常拿这个来说事，当然人们经常说 "弗雷格–罗素专名理论"。也有人说罗素跟弗雷格不一样。这个没关系。但是我觉得弗雷格做出 sense and reference 这个区别是很重要的。而后来很多人关于弗雷格这个区别的论述，或者说关于弗雷格这个区别的批评，没有完全理解弗雷格。对弗雷格这个区别理解最好的是达米特，达米特曾经说过，弗雷格的 theory of reference 这个东西，应该是一个语义理论。我认为这是对的。因为弗雷格重点强调的是 reference，也就是 Bedeutung 这个词。他区别 sense and reference，目的是为了强调 reference，探讨 reference。这也就是说，为什么我在中译本中一定要把这个东西翻译为 "意谓"，我不同意把这个翻译为 "所指"。我认为英文最开始把它翻译成为 reference 是错误的。我在《弗雷格思想研究》一书中，专门用一章来探讨这个事情。我指出了英译文错在什么地方。这也是为什么我在《弗雷格哲学论著选辑》再版的时候，把 "意义" 与 "意谓" 改为了 "涵义" 与 "意谓"。我认为对于理解弗雷格而言，"意义" 不那么重要，改为 "涵义" 也行，而 "意谓"是不能改的，这是弗雷格一个非常重要的东西。弗雷格的目的是要区别这个东西，而这个区别就像弗雷格所说，是从他《概念文字》的判断杠中的那个内容线，从可判断内容和不可判断内容区分出来的东西。他自己说的。所以我认为这一点是非常重要的。看到了这一点，一定要把它看成是 semantics 的东西。它不是所指，不是一个外界的东西。很多人总是从英文 refer 这个词把它理解为外界的东西。我觉得这种认识是不对的。尽管弗雷格在他的那篇论文的一开始谈论 a＝a 与 a＝b，谈到它们所表示的不同的东西，这是写文章的一个做法。其实你读他文章，重点的核心的东西是：句子的涵义是思想，句子的意谓是真值。也就是说，核心的东西是谈意谓，谈句子的意谓，而不是谈专名，他谈专名的意谓总是围绕着句子来谈。所以他谈意谓跟别人是不一样的。

郑：但为什么人们容易发生混淆呢？

王：我认为这跟哲学史有关。因为在哲学史上，比如罗素谈这样的问题，总是谈迈农这些人。迈农这些人谈传统上的名词，总是讨论名字是不是有对象，是不是有含义，传统逻辑也是这样，讨论外延与内涵。人们总是习惯于认为，弗雷格这个区分跟他们也是一样的。其实弗雷格后来专门写了一篇文章，就是关于涵义与意谓的解释。他说了，我这个区别跟你们的不一样。

郑：就是他的区分不同于内涵与外延吗？

王：当然不同。弗雷格的这个区别是不一样的。所以不要以为弗雷格讲的是 reference，讲的是外界的东西。它是一种 semantics，这是一个根本性的区别。在弗雷格著作当中，他可以把这三层东西放在一起谈，比如同时谈论句子、涵义与意谓，谈论专名、涵义与对象，但是这三个层次他从来没有混淆过。罗素在谈这些东西有时候是会混淆的，因为有时候他想到内涵和外延的区别。所以罗素谈这些东西有时候会混淆，跟弗雷格不一样。很多西方哲学家都有这种混淆，唯独弗雷格没有。

郑：您这样说我就明白了。罗素在"On Denoting"里面批评了弗雷格的这个理论。他说这个理论没法解决空专名问题。空专名就是说 Bedeutung 没有办法指向外界的什么东西，那么实际上弗雷格谈的是语义的东西。

王：弗雷格已经说了，有的专名只有涵义没有意谓。他说得很清楚。弗雷格区别了三个层次，即语言层面——名字；涵义层面——名字的涵义是什么？思想的一部分；然后意谓层面——名字的意谓是什么？对象。这点区别是有的。名字在涵义层面是有东西的，它不是空的。在对象这里，他说，它可以空，可以不空。空出来怎么办呢？这就影响真值了。弗雷格说得很清楚。

郑：就是弗雷格对这个东西已经有了自己的一套说法。

王：当然有了，非常的清楚。他这一套说法在"On Sense and Reference"这篇文章里头都有。这就是我一直跟学生讲的东西。我说你们一定要仔细去读弗雷格。这些地方弗雷格讲的是最清楚的。罗素是一个非常聪明的人，思想非常敏锐，但是罗素表述上非常潇洒，他经常会出些小错。在这个问题上，我觉得罗素不如弗雷格清楚。为什么？我觉得罗素受传统的内涵外延的区别影响过大。在《关于涵义与意谓的解释》这篇文章里，弗雷格专门说了，我这个区别跟传统的内涵外延是不一样的。他在给胡塞尔的信中也指出，你的那个区别是传统的区别，我这个区别要达到对象比你要多走一步。他是有说法的，他非常清楚。你知道的，弗雷格在这里有一个明确的说法：逻辑的基本关系是一个对象处于概念之下；概念之间的所有关系都可以还原成为这一关系。他明确这么说，他对这一点强调得非常清楚。而且我们知道，在《算术基础》里头的第三原则是什么？要时刻把对象和概念区别开来。这是他的一条原则。对象是什么，对象就是专名的意谓。这一点非常非常重要，不要老把专名的对象理解成外界的东西，它是一个 semantics 的东西。我们可以把专名想成外界的东西，但是不能只那么想。一定要围绕着真值来考虑这个问题。这是弗雷格的东西。

六、弗雷格与维特根斯坦

郑：维特根斯坦承认弗雷格是为数不多对他有影响的哲学家。您认为弗雷格对维特根斯坦有什么影响？术语观念方法上的影响吗？

王：我觉得这个问题挺难说的。我只能笼而统之地说说，因为维特根斯坦虽然是这么说的，但后来他跟罗素抱怨说弗雷格误解他。弗雷格对维特根斯坦的影响，我个人认为是全面的，全方位的。为什么？首先，维特根斯坦 1908 年入学学习机械工程，在学习过程中他读了罗素的《数学原理》，后来改读哲学。读《数学原理》的过程中，他发现罗素提到弗雷格，因此他去看弗雷格。什么时候呢？1911 年。此后他又去看过弗雷格好多次，并且一直跟弗雷格保持通信。用维特根斯坦自己的话来说，弗雷格是一个除了数学和逻辑，其他什么也不谈的人。那么你可以想象在跟维特根斯坦交谈过程中，弗雷格谈的是什么。弗雷格早期的就是概念文字那些东西，晚期的还有《思想》等这些东西。那么在 1911 年，弗雷格与维特根斯坦谈的大概就只是 1906 年前后所写的那些东西。达米特特别重视这一阶段弗雷格思想的变化。他甚至认为 1906 年是弗雷格的一个思想转折期。那么在这个时期，弗雷格跟维特根斯坦能谈的，大概是 1906 年前后那些未发表的东西。维特根斯坦的一个主要特点是强调 fact（事实）。《逻辑哲学论》一开始就说，世界是事实的总和。维特根斯坦是从事实出发的。弗雷格的《概念文字》谈的也是事实呀，引入的第一个断定符号，解释就是：it is a fact。他不是用真假断定，而是用事实断定。我们不清楚弗雷格跟维特根斯坦是怎么谈的。问题在于 1918 年，当维特根斯坦托他姐姐把《逻辑哲学论》手稿寄给弗雷格的时候，弗雷格没有回信提出批评意见或者说回应意见。弗雷格把自己 1918 年发表的《思想》这篇文章给他寄过去了。那可能是说，你看看我的《思想》。弗雷格不同意维特根斯坦的看法。人们从弗雷格后来给维特根斯坦的信中看到，弗雷格认为维特根斯坦的文章里面，"事实"这个概念是不清楚的，用来解释事实的几个词，比如"事态""事况"，也是不清楚的。弗雷格认为思想是我们借以把握真的东西。这个思想很清楚地表达出来之后，弗雷格当然有一套自己的看法。弗雷格只是不说，把自己的文章寄给他。这是弗雷格对维特根斯坦的正面回应，或者是以自己的方式来回应他。后来弗雷格对维特根斯坦提出批评，维特根斯坦就抱怨说弗雷格曲解了他。

郑：您的意思是说从弗雷格的回应可以看出他对维特根斯坦的影响吗？

王：不仅如此。史学家们无论研究弗雷格还是研究维特根斯坦都承认，在维特根斯坦的著作中，许多术语是弗雷格的。比如说 sense and reference 这样的词都是弗雷格的。甚至《逻辑哲学论》的 3.3 就是直接援引了弗雷格的语境原则：要在句子的上下文中来确定一个词的意义。这就是弗雷格的东西。整个思想都是弗雷格的。但是我这么说的意思并不是说维特根斯坦没有创造性，维特根斯坦用事实来解释世界，是他的一个创造，而这个创造是颠覆了传统哲学史的一个基本看法："世界是由事物构成的。"这个贡献应该说是非常大的，这个贡献确实改变了人们关于世界的看法。另外维特根斯坦在这方面做了自己的一些工作，比如他从事实出发，通过逻辑图像，然后再到思想，然后再到句子，然后在句子上做真值演算，他还搞了一个真值表。维特根斯坦借助逻辑的理论和方法来分析句子，说明什么是事实，什么是可说的，什么是世界的逻辑结构，什么是显示出来的，是不可说的。经过这番努力之后，他才能说：对不可说的东西，必须保持沉默。所以维特根斯坦早期的这个工作在我看来是一个很漂亮的工作。这也就是为什么我喜欢早期维特根斯坦，而不喜欢晚期维特根斯坦的一个非常主要的原因。

七、达米特与弗雷格研究

郑：有一种说法认为，达米特重新使弗雷格成为分析哲学研究的焦点。

王：应该说人们发现弗雷格是一个自觉的行动，并不是某一个人的事情。因为人们最开始关注分析哲学的时候，人们看到的是罗素、早期维特根斯坦和卡尔纳普等人。这三个人是早期分析哲学非常重要的人物。你如果阅读他们的文献，就会发现他们对 20 世纪 50 年代以前的分析哲学影响最大。或者说，"二战"以前最有影响的人物是罗素。罗素的东西你是比较熟的，比如"On Denoting"，1905年的。以及后来的《逻辑原子论哲学》《我们关于外间世界的知识》，1950 年《逻辑与知识》里头收集的那些论文等等。罗素的这些东西影响非常大，当然他还有影响更大的——《数学原理》。那么早期维特根斯坦呢？他的东西你是知道的，他的《逻辑哲学论》影响非常之大，特别是对维也纳学派。当年的维也纳学派都是一帮年轻人，非常厉害。他们开始用数理逻辑来做事情，包括奎因早期 30 年代去欧洲旅游的时候，到维也纳跟维也纳学派谈，到卡尔纳普家中去谈，包括后来去波兰，去华沙跟波兰学派谈，比如塔尔斯基这样一些人。他把自己的欧洲之行称为获得思想上的"新生"。你可以看到当时维也纳学派的影响有多么大。维也纳学派的实际领袖大家都知道，是石里克。他们的精神领袖是谁呢？是卡尔纳普。所以说，卡尔纳普是一个非常重要的人物。人们在这三个人的著作中都发现提到弗雷格。西方人的研究一般都喜欢追根溯源，因此人们开始逐渐地把目光转向弗雷格。这是一个很正常的过程。我觉得有没有达米特，人们都会把目光转向弗雷格。实际上你如果注意 60 年代的文献，你会发现已经有一些关于弗雷格的研究。弗雷格的研究已经开始了，弗雷格的《算术基础》翻译成英文大概是 1950年，奥斯汀翻译的。那么后来达米特的工作，你如果看他的第一本文集，里面收的六七十年代的文章，也有一些关于弗雷格的东西。但是达米特之所以重要，就在于他 1973 年的《弗雷格：语言哲学》一书中提出了一个观点：人们都认为分析哲学来自英美，他却认为分析哲学不是来自英美，而主要是来自德语世界，来自弗雷格。他为什么强调弗雷格呢？最重要的一点是他认为弗雷格的思想是创造性的，并不是受前人的影响。后来达米特的书出来之后把弗雷格提到非常高的位置。他的意思是说，我们应该重视弗雷格的思想。弗雷格有两块东西，一块是他的逻辑，一块是他的逻辑哲学或说语言哲学。即使没有语言哲学这一块，凭借着逻辑这一块，也就是《概念文字》这一块，他在哲学史上、逻辑史上的地位也应该说是不可动摇的。在 20 世纪 80 年代，1985 年、1986 年的样子，我看到了这些文献。后来我认为这个思想是非常重要的，所以我非常重视达米特的东西。达米特的东西出来之后，你可以注意到他受到很多人的批评。特别是两个英国人，一个叫 Baker，一个叫 Hacker。英国人喜欢叫他们俩 the-two-kers，因为他们总是喜欢一起发文章、写书，还写过一本很厚的关于维特根斯坦的书。他们批评达米特，他们认为以前没有弗雷格的时候，分析哲学研究也好好的，怎么出了个弗雷格，分析哲学就全成了弗雷格的呢？达米特跟他们也有一些论战。我看过他们之间争论的一些文献，我认为 the-two-kers 在有些地方说得有点太过了。他们说没有弗雷格的时候，分析哲学已经非常蓬勃地发展起来了。这一点毫无疑问是有道理的。我们先前已经说过了，分析哲学是从罗素、维特根斯坦、卡尔纳普那里来的。但是也要注意到，当弗雷格以文本的方式进入分析哲学的讨论之后，极大地推动了分析哲学的发展。这一点 the-two-kers 并没有给予足够的重视，这可能是因为他们把过多的关注点放在了维特根斯坦身上。维特根斯坦的影响固然很大，但是你如果注意五六十年代到今天语言哲学的讨论，尤其是意义理论的讨论，应该说影响最大的还是弗雷格。今天人们谈论的许多东西来自弗雷格。比如弗雷格 - 罗素专名理论，弗雷格之谜，弗雷格的语境原则、组合原则等等。包括弗雷格关于对象与概念的区分，弗雷格关于逻辑与心理学的区分等等，这些都几乎成了分析哲学的基本原则。更别说他使用的一些基本术语，比如说 sense and reference。你知道我对 reference 的翻译是持批评态度的。但是关于 sense 和 reference 的讨论也依然是今天分析哲学讨论的最基本的内容。所以在这一点上看，弗雷格的思想非常重要。当然，还有更重要的一点，这就是现代逻辑这种方法的使用。正是由于这些原因，达米特把弗雷格推到这样一个重要地位是有他的道理的。这就是为什么我认为即使没有达米特，也会有其他人发现弗雷格。只要读弗雷格，那么走到今天这一步我认为是很自然的。

郑：有一种观点认为达米特在他关于弗雷格语言哲学的书里面，融进了他自己对语言哲学的看法，有点类似于中国哲学的"六经注我"这样一种方式。

王：达米特在《弗雷格：语言哲学》这本书里面主要讲的还是弗雷格的思想。在清华咱们一起读过达米特的一些篇章，这里面达米特的思想基本上是围绕着弗雷格的框架，或者他讲的弗雷格语言哲学的框架发展起来的。当然后来他成为一个著名的哲学家，他有自己的哲学思想。他有许多地方超出弗雷格的范围，这一点毫无疑问。但是我觉得，在 1973 年的书里头他自己的思想有这么几个东西。一个是他在解释弗雷格的时候，把许多自己对现代逻辑的理解、自己关于语言哲学问题的理解，融入关于弗雷格的解释中。另外一点就是解释弗雷格本身，他特别强调那个 force 的理解。他讲弗雷格理论，强调 theory of reference，这个理解毫无疑问是对的。他强调 theory of sense，这个理解毫无疑问也是对的。他还强调 theory of force 这个理解，我认为也是有道理的。在最开始的时候，他把这三点都解释为弗雷格的 philosophy of language。后来他就不再强调这是弗雷格的，他认为一般的意义理论也应该包括这三方面的内容。在这里面你可以区分两点。那就是在 1973 年那本书里，当他把关于 reference、sense 和 force 的理论都解释成为弗雷格的理论的时候，你可以说他在解释中融入了他自己的东西，特别是他关于 force 的理论。1992 年我访问他的时候，我问过他这个问题。我说他关于 reference 和 sense 的解释是比较符合弗雷格的思想的，而他关于那个 force 的理论谈得有点超出弗雷格的范围，主要是他自己的东西。弗雷格有关于 tone（语调）和关于句子的表达的论述，但是没有达米特所强调的关于 force 那么一整套东西。达米特回答我时承认了这一点。他说，你研究一个人的思想，总是要表达一些自己的东西。那么从他在其他地方表达的一些思想来看，比如他的"Theory of Meaning I"，以及 1974 年的"Theory of Meaning II"，两篇很长的文章，他系统地阐述了他自己的思想。他后来也多次阐述了这些思想。我们可以看到他更关注一些二值以外的东西，即弗雷格所谈的关于真假值以外的一些东西。Force 是个什么东西呢？字面上它指表达力，比如一个句子，表达方式不同，表达力就不同。用断定的方式，就会有断定力，用疑问的方式，就会有疑问力。它包含了今天我们所说的 propositional attitude，就是命题态度一类的东西，包含了超出句子真假值之外的其他一些东西。我想，达米特考虑这些东西，跟他的知识背景有关系，就是直觉主义逻辑那一套东西。他不承认排中律，因此你让他讨论东西总是局限在二值，大概不现实。因此他关注一些没有真假的句子，或者三值的句子，这在他看来是比较自然的。这是第一点，第二点就是从弗雷格逻辑产生以后，逻辑有了很大的发展，特别是模态逻辑、内涵逻辑的发展。这些东西发展起来以后，哲学中的一些相关讨论也就超出了二值的范围，比如关于内涵语境的讨论。达米特对此是非常熟悉的，因此他想要搞的语言哲学一定要把这些内容包含进去，而不能仅仅停留在弗雷格说的外延的二值的情况。所以，一方面他要保留弗雷格关于 theory of reference 以及 theory of sense 的理论，另一方面他要扩展 theory of force 这一块内容，这是很正常的。

郑：这是因为他是直觉主义者。

王：这是一部分原因。

郑：用直觉主义来解释语言。

王：那当然啦，就是说，不是他排斥经典逻辑，而是他有这么一些东西，在他看来仅用经典逻辑处理不了。直觉主义逻辑排斥排中律，二值逻辑在他这里看来就是有问题的。2007 年他出了一本书，*Thought and Reality*。在这本书里面，他说如果上帝有一个逻辑的话，那么应该是三值的。他是这么认为的，这没办法，他是一个直觉主义者。尽管直觉主义和三值逻辑没有什么关系，但是至少它排斥排中律。所以达米特在构造自己的语言哲学、阐述自己思想的时候，他可以依据弗雷格。弗雷格确实提供了一个很好的理论，比如达米特自己说弗雷格为我们提供这样一个理论，我们也可以构造一个不同的理论，但是到目前为止我们还看不出有比弗雷格所提供的更好的理论。这是他的认识，所以他沿着弗雷格的理论往下走是很自然的。但是由于他的逻辑背景不同，以及 20 世纪五六十年代以后对模态语境、内涵语境这些东西的讨论，他当然知道应该把这些东西融入语言哲学之中去。所以他特别强调 theory of force 这一点也是很正常的。但是如果仔细看他说过的东西，你会发现他一直强调这样一种语言哲学的核心是关于 theory of sense 和 theory of reference 的，而 theory of force 只是一个外围的或辅助的理论。这样你就会理解他的思想。他的直觉主义理论还有很多，比如说他的反实在论也是很出名的。他的反实在论与其他人的反实在论是不同的，他认为过去这些实在论都有一个问题，那就是假定二值。

郑： 这也是我教学之中遇到的一个困难，我搞不大懂达米特的反实在论。

王： 他在好多地方都谈过这个东西，他有专门的文章，你可以去读一读。他的基本思想是这样的。他认为，实在论有很多种类，但是都有一个基本的前提，那就是一个命题有真有假，要么是真的要么是假的。也就是说它们都依据排中律。仅仅承认排中律是不够的，这是他的一个基本思想。因此他说，反实在论并不是一种理论，而是一种做哲学的方式，一种考虑问题的方式。简单地说，他的反实在论就是拒绝排中律，这不就是直觉主义逻辑的东西嘛。你这样看就会明白，直觉主义逻辑跟经典逻辑的语义是不一样的，我们讲外延的、二值的。而直觉主义呢？他认为一个命题的有效性就在于它的证明是可构造的。这就行了，他不假定它是真的或是假的。这是他的基本思想。他还说过这样的话。比如你想讨论形而上学所讨论的问题，无论反驳还是赞成，你必须弄明白他们说的是什么意思。而你要弄明白他们讲的什么意思，你可能要花很多精力，甚至你可能弄不明白他们是什么意思。怎么办呢？他说要在方法论上下降一层。在我看来，也是上升一层的意思。你要跳出他们讨论的范围，从更高一层或更低一层来看他们的问题。你会发现他们所有的讨论都依赖于一个前提，那就是二值。达米特认为如果能从他们讨论的方法论提出一个什么东西出来，那么无论反驳也好，支持也好，我们就能从方法论上前进一步，就能够对这个问题有自己的贡献。所以他说的是比较客观的，有道理的。有道理就在于他相信他的直觉主义背景能够使得在加入形而上学讨论之后，他的背景能够比经典的二值逻辑对形而上学讨论更有帮助。我认为这一点是有道理的。比如我们有些句子是没有真假。还有的句子由于处于内涵语境中，所以语义是不确定的。另外我们的语言是有层次的，一个句子在外延语境中它的真假是确定的。可是当它融入内涵语境中，比如在它加入"相信""知道"等等表达式，它马上变得不确定了。这种情况是有的，所以你不能说达米特的考虑是没有道理的。他在 *Seas of Language* 或者《形而上学的逻辑基础》中谈到过这些东西。他还专门写过反实在论的文章。所以他的思想是很明确的，而且我认为他的思想是可理解的。

郑： 可理解的？

王： 我的意思是我不一定支持他的观点，但是我理解他的观点。至少在很大程度上它是有道理的。你如果读达米特，你会发现他虽然拒绝排中律，但是他并不拒绝真这个概念。这也是他有道理的地方。

达米特的东西可以下点功夫读一读，这些年来，我读了大量的达米特的东西和戴维森的东西。我觉得从思想深度上来看，达米特比戴维森深刻得多。他表述问题、理解问题和解决问题的方式远远要比戴维森深刻。戴维森只是提出了那个真句子模式，反复地围绕着真句子模式思考和探讨问题，但从考虑问题的实质上讲他没有达到达米特的高度。这是我个人的看法。你可以看到研究戴维森的比较多，研究达米特的反而不算多。我认为这里面达米特的思想深刻，比较难懂可能是一个比较重要的原因。

八、新弗雷格主义及其他

郑：另外一个引起现代弗雷格研究兴趣的人是 Crispin Wright。您如何看待他对弗雷格数学哲学的研究。

王：1992 年我去英国圣安德鲁斯访问的时候，我跟他聊过两次。也是有点遗憾，我当时去的时候他有大部分时间是在美国，他是双聘的。我在圣安德鲁斯比较熟的是 Bob Hale。你知道这两个人都是新弗雷格主义的代表人物。实际上与他们联系较多的还有美国的 Boolos。关于他们的交往，Bob Hale 跟我聊得比较多。他们有一个共同的想法，他们还想沿着弗雷格的逻辑主义往前走。他们知道弗雷格的逻辑主义出问题就在于公理 V。而之所以出问题，主要在于引入了"外延"概念。当时 Bob Hale 和我讲过许多这方面的问题。我们都知道引入外延这个概念很麻烦，因为它是一个自然语言概念。另外，公理 V 引进外延概念不一定能够解决弗雷格的麻烦。在这种情况下，他们就想不用外延这个概念，化解这个矛盾。这样经过努力能够在某种程度上推出数学。某种程度是什么意思呢？弱化，也就是说我们不能推出全部数学，但我们能够推出部分数学。这是我们从跟他们交谈和他们的文章中得到的一个比较明确的想法。后来我也看了一些文献。你知道我在谈弗雷格哲学的时候，数学这一块我是不谈的。为什么不谈数学，是因为我自己在数学这方面比较差。在我的知识结构里，数学这一块是非常弱的。我只是看他们的文献，但不谈，避开了。但是我认为这一块儿的工作是可以做的，是有意义的。我跟 Wright 聊的时候，他明确说这个工作是有意义的。他有一本小书，叫作《弗雷格的作为对象的数的理论》。我有一个基本认识，就是应该认真把握弗雷格的语言分析途径。既然我们是从语言来谈问题，那么语言的句法就非常重要。怎么进入句法，然后从中获得一个对语言的基本把握。当然，这个认识主要是从弗雷格的著作中获得的，但是从 Wright 这本书也是得到启发的。Wright 和 Bob Hale 都是非常聪明敏锐的人，和他们交谈很有收获。我认为新弗雷格主义研究还是很有意义的。

郑：新弗雷格主义还有一个 Boolos 也挺重要的。

王：是的，Boolos 的东西也很有意思。他不仅谈弗雷格，还谈到许多东西。我从他那里受益最多的是他关于一阶逻辑与高阶逻辑的区别。一阶逻辑和高阶逻辑有哪些性质是一样的，哪些是不一样的，他讨论得很多，道理讲得非常透彻。你知道，我讨论过逻辑的观念，因此我比较在意关于什么是逻辑的讨论。

郑：还有一个问题就是为什么弗雷格的著作，特别是逻辑方面的著作，对二三十年代的数学家们来说影响不如《数学原理》。

王：这很正常啊，他的著作别人读不了。

郑：为什么？为什么别人读不了？是因为语言的表述方式吗？

王：第一，它是德文，那时候弗雷格写东西用德文，罗素用英文；第二，还有一个很正常的原因就是罗素那套符号系统书写起来很方便，印刷也很方便。弗雷格的符号表达很难印刷，印刷很麻烦。当年弗雷格出那些书都是自己花钱出的。而且他出了之后人们对它的评价又不高，没有人能够认识它的价值，以至于弗雷格后来写了很多文章来说明和论证自己的东西怎么怎么有价值。弗雷格晚年去世时很郁闷，因为他的东西没有得到人们的承认。弗雷格认为自己这么好的东西没有得到人的承认。你可以去看一看弗雷格的遗著，1906 年有一篇《逻辑导论》，里面他曾经谈到一段话："我提出这种解释至今几乎 28 年了。那时我相信，我只需要点到为止，而别人一定立即会比我了解得更多。而现在，经过长达四分之一世纪之多的时间，大多数数学家对这个问题毫无所知，甚至逻辑学家也是这样。多么迟钝啊！学者们的这种态度让我想到一头公牛在一扇新门前的态度：它惊奇地注视着，它吼叫着，它试图从旁边挤过去；而从中间走过去，却可能会是危险的。"这么说大概算是骂人的话了。数学家们就像公牛一样在门边挤来挤去，就是不从门中间进去。多年来我一直呼吁人们重视现代逻辑，在我国高校哲学系的教学中普及现代逻辑，但是这段话我是从来不敢引用的。这段话会使人非常难堪。弗雷格那套东西在 1906 年还是这样。罗素的《数学原则》1903 年出版，与怀特海合著的《数学原理》1910年出版。内容差不多，但是罗素的符号表达写起来很方便，印刷起来也很方便。至于弗雷格，印刷不了的话就没有人来看他的东西。德文文本不被重视就不会被翻译为其他文字，别人就不会知道。它就变成罗素、维特根斯坦少数几个人才知道的东西。后来罗素的东西出来后，借助罗素在英语世界的影响、声望，另外借助英文的那种表达方式，印刷比较方便的方式，现代逻辑才逐渐发展起来。你如果去看一下史料，你会发现20世纪二三十年代许多逻辑学家的逻辑都是从《数学原理》学的，比如奎因、卡尔纳普、鲍亨斯基等等这些人。无论专门的数理逻辑学家，还是像鲍亨斯基这样的，都是从《数学原理》学的逻辑。弗雷格的东西根本就没人看。

这里其实还可以谈一下卢卡西维奇。卢卡西维奇那套符号被称为波兰符号，它的蕴涵用C，否定用N，意思跟罗素记号差不多，但是也没流行起来。卢卡西维奇很得意，说他这套语言记号是非常好的，可以在打字机上书写。要论印刷，它的可能更好，但是它还是没有罗素的符号直观。罗素这套东西能够流行起来，这很正常。但是弗雷格说过，他的那套东西充分地利用二维空间，更具有书写二维平面的直观性。它的框式表达和它的量词表达，带个弯儿，其实是非常容易理解的，尤其是关于普遍性的解释。但是一个定理一页纸，一个证明好几页纸，这个谁受得了呀。所以后来罗素那个东西流行起来，还是有道理的。

郑：其实卢卡西维奇的记法特别适合今天的计算机。计算机的工作原理就是从左到右扫描字符，和打印机一样。

王：是这样的。奎因当年为了打印博士论文，有的符号打字机上没有，他特别修改了他的打字机上的键盘，使得它们最后能够打出那些特殊的字符。奎因去世后，2001年我参加了他的纪念会，当时他的打字机被当作文物加以展示。早年鲍亨斯基有一次去拜访卢卡西维奇，当时卢卡西维奇正在打字机上打一条定理。鲍亨斯基走进去后，卢卡西维奇把那张纸从打字机上唰地抽了出来，拿到鲍亨斯基面前，说："多么显然的美，多么显然的真。"然后鲍亨斯基一看那条定理，大概是CCCCC，然后是PPPPP……（还有其他一些符号）。鲍亨斯基说："显然他的'显然'对我来说还不是显然的。"这是一个很幽默的故事。

郑：还有一个问题就是对于国内的弗雷格研究，您能推荐一些有趣的题目吗？或者说现在有什么关于弗雷格的比较有意义的东西。

王：最近这些年我对国外弗雷格研究并不是特别关注，因为我的兴趣转移到了意义理论等其他东西。但是我注意到国外最近这些年也有一些弗雷格研究，以博士论文的方式可能稍微多一点。我所看到的几个问题，一个是关于弗雷格之谜，还是围绕着 sense and reference。有的人也觉得应该怎么解决，但是我觉得今天这个问题本身已经不再仅仅是一个疑难了。围绕着这个问题实际上已经形成了一个思想背景，过去几十年来围绕着这个问题所讨论的哲学背景已经构成了这个问题本身的讨论基础。所以它已经不是简单的问题，比如 a = a，a = b，如果它们指称是一样的，那么这个命题是真的话，而它们的涵义是不是提供新知识？绝不是这么一个简单问题了。关于这个问题已经有了一套背景，有了一系列相关理论。如果你想得出一些新结论的话，那么这里头你要说些什么你要明确。而不仅仅是应用一些逻辑符号逻辑技术在这上面做出一些东西出来就可以解决的，绝不是这么一回事。所以这个问题我看国外的研究实际上是有的。

还有一个问题是跟 sense and reference 有关的，研究比较多的。过去认为弗雷格提出了组合思想或者说组合原则，认为弗雷格关于 reference 有一个比较明确的理论，他已经解决了这方面的问题，或者说解决到什么程度。这个大概谈得比较多，近几年来看到的一些文献，人们希望用现代逻辑给我们提供的方法去处理他关于 sense 的讨论，或者说使用这一套方法研究者自己去处理 sense 问题。把它做成一个像 reference 那样的东西出来，做成一个逻辑分析的结果出来，这种研究成果也是有的，在文献里是可以看到的（郑注：Logic of Sense）。这样的结果是有的。

你看最近几十年来关于量词的研究。引入了模态逻辑的讨论之后，人们在讨论专名的问题时，由于指称语境发生变化，由外延进入内涵会引起一些问题。比如说组合原则失效呀。这个问题主要源于 20 世纪 Kripke 的讨论，在 Kripke 之前也有 Marcus 提出这个问题，到她跟奎因的论战。从那时候就提出来一个问题，就是一阶逻辑的量词语义的解释问题。指称之所以会出问题，是因为在量词理论的解释过程中，我们把真假值解释依赖于个体域的解释。个体域就要预设对象，他们把这个东西叫作"对象置换"。Marcus 就提出这个问题，她认为我们最好把它不要解释成对象域，量词的解释条件不依赖于对象域，而是依赖于是真的情况。这样就把 objective quantification 转换为 substitutional quantification。这样的解释能够避免谈论对象，从而避免由于谈论对象而带来的问题。这样的讨论涉及真与模态之间的关系，比单纯一阶逻辑范围内的讨论要复杂一些。最近我也看到一些文章说，objective quantification 无疑是弗雷格的思想，但是在弗雷格的著作中也可以看到 substitutional quantification 的思想，而且二者是等价的。这里的讨论不会这样简单，但是至少可以看到，他们认为在弗雷格的思想中，这两种解释都是存在的，都是可以找到的。

以上三个是我们说到的关于弗雷格的研究，第四个方面就是高阶逻辑。弗雷格在《算术的基本法则》之后，他要从逻辑推出数学，要处理数学中的问题，那他一定要用到高阶的东西。我们今天讲一阶的时候，我们谈个体域，但是在弗雷格那里其实没有这个问题。弗雷格把它做成高阶是非常容易的。因为弗雷格的函数和自变元是可以互为函数和自变元的，所以他要变成一个高阶的东西是很容易的。一个函数可以作为另一个函数的自变元的话，那么你做出高阶的东西是很容易的。第一层的函数用个体来做自变元，既然在弗雷格那里，可以用函数来做另一个函数的自变元，就是说量词要以函数做自变元的话，把那样的东西作为对象域是很容易的。我觉得关注弗雷格在这方面的研究也很多，但是这几年我关注模态方面的东西多一点，数学方面就少一点了。

对于国内研究我就很难说了。因为国内研究，我看到的多是读读弗雷格著作，然后围绕着某个问题写一写，或者看看外国论文，把某个观点写一写。国内我看到的几篇关于弗雷格的论文，大概还处于这样的程度。此外，我还看到有人批评弗雷格，说弗雷格的东西只是一个外延的东西，它有局限性，不能解决内涵问题。这样的批评来得太容易了。其实，我一直反对局限性这种说法。在我看来，局限性就是科学性。科学是要画圈的，圈一画出来，局限性就有了。所以，没有科学性，不会有局限性。就弗雷格的研究来说，我觉得有两个方面的问题：一个是理解弗雷格本人的思想；另一个是跟上国际的研究水平。在这两个方面，我们是有很大差距的。

郑： 今天谈了这么多，感觉您对弗雷格哲学有着非常精准的把握，对弗雷格研究领域也有着通透的了解。您提出的哲学研究要重视二手文献的立场值得我们仔细回味。今天的访谈，收获颇多。我相信其他读者也会有同感。谢谢您接受采访，也请您以后继续关注我们厦门大学哲学系的建设与发展。

（王路、郑伟平：《弗雷格为什么是重要的——访清华大学王路教授》，原载《哲学分析》，2012 年第 4 期，第 165-186 页。）

达米特与语言哲学

访 谈 者：张燕京
访谈时间：2018 年 6 月 15 日

张燕京，哲学博士，现为河北大学哲学与社会学学院二级教授、博士生导师、院长，兼任中国逻辑学会副会长、中国逻辑学会形式逻辑专业委员会主任委员。主要研究领域为逻辑学、分析哲学，出版《达米特意义理论研究》《达米特与戴维森意义理论比较研究》等著作，曾获第五届金岳霖学术奖二等奖、河北省社会科学优秀成果奖一等奖。

保定，2021 年 7 月 4 日

近年来，王路教授多次来河北大学哲学系做学术报告，这使我有机会多次与他进行交谈，交谈内容主要围绕当代语言哲学的有关问题。由于我本人研究达米特（M. Dummett, 1925—2011），因此我们关于达米特的话题很多。2018年春季我以达米特为题专门与王路教授做了一次访谈。我认为，这些内容很有意义，给人启发。

张燕京（以下简称"张"）：王老师，您好。近年来，我们多次讨论语言哲学，谈它的代表性人物，也谈它的主要问题。只是每次谈话主题相对自由、松散。今天我想就达米特哲学思想与您做个访谈，我想有关达米特的问题一定也是大家比较感兴趣的问题。

王路（以下简称"王"）：好的。

张：在和您的交谈中，您常常提到达米特。您多次说过，达米特的东西应该得到重视，应该下点功夫读一读。去年在厦门会议①上您还专门和我谈到您在教学中如何带着学生读达米特的《弗雷格：语言哲学》。您是研究亚里士多德和弗雷格的专家，但是在和我的交谈中，您谈得最多的还是达米特。您说他是当代极少数最为杰出的哲学家之一。您能说一说这是为什么吗？确切地说，您是如何评价达米特的学术成就和地位的呢？

王：达米特的学术成就和地位是公认的。保守地说，他是最好的弗雷格学者，他是杰出的分析哲学家。我想，这样说大概没有人会反对。至于说有多杰出，大概就是见仁见智的事情了。我个人认为他属于当代少数几个最杰出的哲学家。他的重要意义，有些从文献上直接就可以看出来，比如关于弗雷格思想的讨论，关于意义理论的讨论；有些我认为还需要时日，比如他关于形而上学基础的讨论，关于实在论和反实在论的论述。普特南说，达米特 blazed entirely（完全照亮了）语言哲学的新道路，他对形而上学和认识论作出的解释绝不是狭窄的，而绝对是核心性的。他还说，达米特在这些领域产生的巨大反响将会长久地被人们感受到。我觉得这个评价大概是比较中肯的，没有丝毫夸大和溢美。国内研究达米特的人很少，而你是研究达米特的专家，所以我和你谈他会多些，因为我确实希望他的

---

① 指 2017 年 12 月 23—24 日在厦门大学哲学系召开的"语言与世界"专题学术研讨会，主要围绕《语言与世界》（王路著，北京大学出版社 2016 年版）一书中所涉及的主要问题展开研讨。

思想能够得到重视，国内能够有更多更好的关于达米特思想的研究。

张：就我的研究看，您似乎是国内最早介绍达米特的人。早在 1988 年，您就发表了两篇达米特的译文 ①，尽管是关于弗雷格的。1993 年您还写过一篇文章《走访达米特》，介绍了您在牛津访问他的情况。但是您在论著中关于他的研究很少，评价性的话似乎只是一句："他的著作和许多论文已经成为语言哲学的经典。"您翻译的他的著作《分析哲学的起源》似乎也不是他的代表作。既然您非常推崇达米特，也非常熟悉他的著作，为什么您关于他的著述这么少呢？

王：所以我鼓励你研究啊（笑）。我是从研究弗雷格而读到达米特的。你研究过弗雷格，应该知道，研究弗雷格的人不读达米特是不行的，因为他的研究极大地推动了弗雷格思想的研究；他的许多研究成果成为人们讨论弗雷格的基础。在研究弗雷格的过程中，一定要读达米特。但是就研究达米特而言，仅仅读他本人的东西就不够了，一定要读关于他的研究。达米特的东西差不多我都读过，但是关于他的研究，我读的不够，因此我不能随便地写关于他的东西。这也就是为什么我总是鼓励你研究达米特，我可以和你讨论达米特本人的思想，但是，那只是我对他的认识，是读后感式的认识，比起你来当然就有差距了。

张：您这样说是太过谦了，我不敢当。但我觉得您的这个要求是不是有些太高了呢？

王：这是我个人的看法，是我在德国念书时从我的老师 Heinrich Schepers 教授那里学来的。他是国际公认的莱布尼茨专家，但是退休前几乎没有什么论文。他曾对我说，他相信他对莱布尼茨的思想有非常好的理解，但是由于没有时间看大量二手文献，因此无法写论文。这一点对我影响非常深。研究不是写文章，这是我早就树立起的学术理念。我做亚里士多德研究是如此，做弗雷格研究也是如此，对待达米特的研究同样是如此。

张：难怪您总是让我读相关文献，不仅要读达米特本人的东西，而且要读别人对他的研究和批评，还要读一些只是涉及他的论述的重要文献。以前您给过我许多文献，现在我从网上下载文献。确实如您所说，二手文献非常多。读这些文

---

① 指王路教授翻译的达米特所著《弗雷格：语言哲学》一书中的导论和最后一章，分别以《弗雷格》和《弗雷格在哲学史上的地位》为题发表在《自然科学中的哲学问题》（1988 年第 3 期）和《哲学译丛》（1988 年第 2 期）。

献要花费大量时间，但是确实有收获，读过之后，思考问题的起点和方式都会受到启发。我有一个比较个人化的问题一直想问您。2000年我决定以达米特作为博士论文研究对象时，开始您不太鼓励我做这个题目，我当时没有在意，仍然坚持这个选题。但真正阅读研究达米特的文献时，却遇到了很大的困难。主要原因是达米特的著述非常难读，而且他的著作多是几百页的大部头，有十来本。加上当时国内关于达米特的研究较少，可参照的东西不是很多。我对达米特研究一时有些困惑。记得当时您在哈佛访学，当我把我的想法告诉您时，您却鼓励我坚定信念，支持我继续读达米特文献，写好论文。记得您当时说过，无论做语言哲学什么方面的研究，读达米特的文献总是没有错的。这是不是也与阅读文献有关呢？

王：确实是这样。我读达米特的体会是，他的论著有两个特点，一是部头大而且多，二是难懂。当初不支持你以研究他为论文题目，主要是觉得博士学习是有期限的，担心你文献读不过来。后来又支持你做下去，是因为这个题目本身没有问题，是一个达到学术前沿的课题。既然选题已经定了，文献也已经读了很多，就不要变，再努力坚持一下，把写作范围缩小，先搞出一个阶段性的成果作为博士论文答辩，其他研究以后再慢慢做。事实证明这样做是对的。你后来不是也觉得很好吗？

张：是的。我确实觉得达米特的东西难读，很费力气，比读其他人的东西要多花许多时间，比如戴维森的东西就容易读。我能问一下您的感觉吗？您觉得达米特的书为什么难读？难读在什么地方呢？

王：难懂是表面性的。这里还有一个深层次的问题：所谓他的著作难懂，是因为他的思想深刻，他探讨的都是逻辑和形而上学的基础性问题。我因为见过他，和他有过一次长谈，对他思考问题和谈论问题的方式多少有一些理解。而且我在读他的著作时，总觉得是在听他和自己谈话，觉得很亲切，因此似乎也就不觉得难了。如果真要说难，我认为主要有两个方面。一个方面是，达米特使用逻辑的理论和方法来谈论哲学问题，这样就有一种技术性的东西在里面。正像许多人认为的那样，他是这方面的高手。有时候这种技术性的东西是明显的，有时候则是不明显的，因此，如果不能理解他在探讨中的这种技术性，理解起来就会有困难。另一个方面是，他不仅借助逻辑的理论和方法来探讨具体问题，而且还常常审视逻辑的理论和方法本身，这样就常常涉及形而上学的根本问题。因此，如果看不到他在这一层面的思考，即使明白了他探讨中的技术性，也依然会觉得无法理解。所以我常和你说，阅读他说的许多东西，字面上的理解是一回事，真正的理解是另一回事。

张：您能举一个例子来说明这个问题吗？您谈论达米特的文字不多，但是却多次提到"达米特框架"。您能够通过这个框架来说明这个问题吗？

王："达米特框架"是我的一个说法，指他关于意义理论的思想，即一个意义理论包括两个层次，一个层次是关于所指的理论，这是内核，在它之外还有一层，即关于涵义的理论。它们构成意义理论的核心。另一个层次是关于 force（力）的理论。最开始他用这个框架解释弗雷格的思想，后来就用它阐述自己关于意义理论的看法。这个框架非常典型，既体现了弗雷格思想的实质，又显示出达米特的工作。非常明显，第一个层次完全是弗雷格的。所谓关于所指（reference）的理论即是弗雷格所说的关于意谓（Bedeutung）的理论，这当然是其理论最核心的部分，达米特则直接称它为弗雷格的语义学（semantics）。它的核心概念是真，相应于弗雷格所说的"'真'这个词为逻辑指引方向"。这一层次的两部分体现了弗雷格的重要观点：句子的涵义是思想，句子的意谓是真值。所以，达米特称这一层次是意义理论的核心部分，这清晰地表明他对弗雷格思想的解释和认同。但是关于 force 这一层次的考虑主要就是他自己的工作了。在他早期著作中，他有许多关于弗雷格与 Färbung（色彩）相关论述的讨论，他称之为 tone，并由之谈及force。这些讨论来自他对弗雷格 sense（Sinn）的考虑。sense 是句子中的，与真假直接相关；tone 是句子中的，但是与真假无关；force 则是句子之外的，与真假不是直接相关。这样也可以看出，他关于 force 的理论是超出弗雷格基本思想和理论的。这与他自己的逻辑背景相关，也与他对逻辑理论的认识相关，当然还与他关于形而上学的看法相关。比如，一阶逻辑是二值的，人们一般认为它假设了排中律。达米特赞同直觉主义逻辑，因此不承认排中律。他认为，句子有二值的，也有三值乃至多值的，还有无值的，因此仅仅依据二值来考虑问题是不够的。他指出，一个句子在表达过程中是有 force（力）的，由此同一个句子会形成不同的形态，比如断定句、疑问句、感叹句等等，由此相应的表达也是不同的。所以，他在研究中要将这一部分内容扩展，使之涵盖内涵语境，包括命题态度等问题，并且将许多更为广泛的问题容纳进来，比如语言学和语义学的问题，并由此对形而上学的基础进行更为广泛和深入的考虑，比如语义学与意义理论的区别，真这个概念在语言哲学和逻辑中的作用，对意义的正当性说明，形而上学思考问题的方式等等。又比如，他不承认排中律，却认为真这个概念是重要的，没有它，就无法为逻辑的许多性质辩护，比如为逻辑的演绎性辩护。所以，在他的讨论中，你常常会看到这样一些似乎是相互矛盾的看法。在我看来，不要简单地套用他的一两句结论，而要看他对每一个结论所做出的论证。简单地说，他的这些考虑无疑是有意义的，而且确实是超出了弗雷格的思想并极大地推动了语言哲学的发展。

张：达米特多次强调意义理论的形式问题。他曾说过，他把关于意义理论形式的探索看作是哲学研究的工具。他认为关于意义理论形式的说明要回答语言哲学的基本问题：意义是什么？句子有意义这是怎么一回事？等等。这在您说的达米特框架中可以得到体现吗？就是说，您能简单解释一下他说的意义理论的形式这一概念吗？

王：达米特的一个基本认识是，语言哲学的主要特征是通过语言分析来达到关于思想的认识。我认为这是容易理解的。思想是由语言表达的，因此可以通过分析语言来达到对思想的认识。语言是有句法的，句法是有语义的，通过对它们的分析，可以得到对意义的认识，就是对语言所表达的东西的认识。关于所指的理论可以看作是关于语义的，关于涵义的理论可以看作是关于思想的，即与真假对应的东西，而关于 force 的理论则将这部分内容扩充，围绕它们，但是要超出它们，从而将更多的东西容纳进来。

张：我忽然想到了去年在厦门您讲的句子图式和我刚刚读过的您的《语言与世界》。您提出的句子图式有三行，即语言、思想、真值。它与您这里说的东西好像正好是对应的。是这样吧？！

王：是的。达米特所说的意义，可以看作是句子图式中的第二行，即思想。通过关于句子和真值方面的考虑，我们可以获得关于思想方面的认识。句子图式的不同之处在于，我将达米特所说的 force 方面的东西具体化，以句子图式的方式加以表达，比如模态句、认知句，并基于它们做出说明和解释。当然，这只是对其中一部分的说明，就是对能够以语言表达的那部分的说明。达米特显然还想涵盖更多的东西。这是形而上学的艰深之处，还有许多工作要做。

张：我觉得您提出的句子图示有很强的解释力，经您一说，我确实觉得使用它同样能够说明达米特的思想。看来它可以成为研究语言哲学的一般性工具。那戴维森呢？他与达米特都是当代语言哲学的代表性人物，引领着意义理论研究的方向。他的代表性理论是他提出的 T 语句：x 是真的当且仅当 p。在我的认识中，他与达米特是完全不同的，他们之间也有很多争论。您能围绕您说的达米特框架或者围绕您提出的句子图式，简单说一说戴维森与他的主要区别吗？

王：戴维森的 T 语句是他在 50 岁提出的理论，后来他的工作几乎都是围绕这一理论进行。表面上看，这一理论的基础是塔尔斯基的真之语义学，但是实际上依然是基于弗雷格的理论和思想。戴维森不是也承认是弗雷格使我们认识到这样一种探讨意义的方式吗？！从句子图式看，他不过是借助第三行来解释第二行。所以，在他的理论中预设了真这一概念，所以达米特批评他的意义理论不是一种完善的意义理论，因为它假定了一部分语言的意义，即假定了真一词的意义。但是应该看到，将"真"说出来与没有说出来还是有区别的，我在《语言与世界》中讨论了它们之间的不同①。由此可以看到戴维森理论与弗雷格思想的不同，即他提出的要在弗雷格的基础上向前走。在这一点上，他与达米特是一样的。区别只是向前走的方式不一样：达米特框架与 T 语句显然是不同的。

张：这里好像有一个比较复杂的问题。您在《寂寞求真》（北京大学出版社，2009 年）谈到，当年达米特和您谈到奥斯汀，但是对他评价不高。在您的众多论著中，很少看到您谈奥斯汀，即使在《走进分析哲学》中介绍他的思想及其流派，也看不出您对他的推崇。奥斯汀是英国牛津哲学的主要代表，他提出了言语行为理论，开创了牛津日常语言哲学。从国内一些研究文献看来，奥斯汀实际上把研究的重点放在语力上，放在各种语句表达所完成的言语行为上。有人认为，如果从语言哲学发展史的角度看，奥斯汀似乎对弗雷格语言哲学是有继承性的。他似乎在某种程度上发展了弗雷格的语力理论。这说明奥斯汀的工作不仅重要，而且是非常有意义的。可是为什么达米特却对以语力研究为重点的奥斯汀哲学评价不高呢？为什么您好像从来也没有重视过这个问题呢？

---

① 在该书第七章"真之实质"中，王路教授认为，主张 T 语句的人其实是想用真来刻画意义，但是，由于"是真的"在 T 语句中是以断定的方式说出的，因此就具有了"把某物看作真的"的色彩，因而带有主观性。而弗雷格做出了"是真的"与"把某物看做真的"之间的区别。弗雷格关于意谓的论述主要是在"是真的"这种意义上，因而是客观的。

王：这是个很有意思的问题。对奥斯汀的看法，实际上反映出对哲学的看法。在这一点上，我是赞成达米特的。奥斯汀是语言学家，他的特长是对语词意义的解释。语言理论是经验理论，奥斯汀提出的以语言做事情，完全是一种经验的理论。而无论是弗雷格还是达米特，他们所考虑的问题是先验的，而不是经验的。换句话说，他们在考虑问题的时候，有时候可能会涉及一些经验的东西，但是这不是主要的。因为他们考虑的问题是先验的，考虑问题的方式是逻辑的。我也是同样。奥斯汀的东西我都读过，如果我没有记错的话，我在《走进分析哲学》中就说过，奥斯汀的东西经验性的东西太多了。语言学方面的研究我已经放弃二十多年了，因为它们与哲学研究是根本不同的。达米特的东西我一直在读，因为他的东西是哲学，是与逻辑和形而上学密切相关的。

至于有人认为奥斯汀的思想与弗雷格相关，甚至说似乎他发展了弗雷格关于语力的理论，我不是这样看的。奥斯汀虽然谈到过 force，但是他的理论主要是关于 locution 的。locution 的意思是语言方式。他区别出三种不同语言方式：locutionary act、illocutionary act、perlocutionary act。国内学界将后者翻译为"语力行为"。所以，他们所谈的奥斯汀以及塞尔所说的"语力"与达米特所说的 force 完全是两码事。我很久不看这方面的东西了，相关内容记不太清。但是关于达米特所说的 force，你注意到了吗？我总是用英文表达，以括号补充"力"这个译文，这是因为从一开始我就知道，它们是不同的理论，是应该区别清楚的。达米特的理论是对弗雷格思想的继承和发展。奥斯汀的理论也许可以说与弗雷格的理论相关，但是绝对谈不上继承和发展。

张：看来您对奥斯汀的评价也不高啊！那么您对以奥斯汀为代表的牛津日常语言学派如何评价呢？

王：不是的。达米特对奥斯汀评价不高，我是从他的言语、口气和态度感觉到的。他读过奥斯汀的东西，上过他的课，和他有长期的亲身接触，所以，他的意思是多重的。我赞同达米特只是赞同他的学术观点。也就是说，我对奥斯汀的看法只是一些学理上的认识。我认为他的研究偏重语言学，与语言哲学和形而上学不同。至于说到牛津日常语言学派，问题要复杂很多，还涉及日常语言学派和人工语言学派之争，说起来也比较麻烦。我在《走进分析哲学》专门介绍过这方面的情况，最好还是换一个话题吧。

张：我读书的时候读过您的两篇文章，一篇是《逻辑与语言》，一篇是《"是"的逻辑研究》①。我认为它们都涉及日常语言的分析，而且我觉得您的分析和论述非常精彩：您的论述方式与牛津日常语言学派很像。但是后来我几乎看不到您这样的文章了，近年来您有许多关于"是"的讨论，而且影响也很大。但是我发现，它们虽然涉及大量语言分析的内容，却与那篇论文的讨论完全不同。所以我才会问这个问题。这也是我长期感到困惑的一个问题。您的文章充满了语言分析，但是从您的一些讲座和谈话中我感到您并不推崇日常语言学派，包括后期维特根斯坦。所以我还是想问一下，您对日常语言学派如何看待？或者，您对语言分析如何看待？

王：好吧，为了不辜负你的执着（笑）。还好我没有继续写下去，否则我也成为做日常语言分析的了（笑）。这里有两个问题。一个是语言分析，一个是日常语言学派。它们是完全不同的。分析哲学的口号是：哲学的根本任务是对语言进行逻辑分析。如今这个口号虽然没有人说了，但是分析哲学的实质没有变。在我看来，它也是语言哲学的实质。这个口号表明，它不是单纯的语言分析，而是有具体要求的，这就是它要基于逻辑的理论和方法。日常语言学派重视语言分析，但是在基于逻辑的理论和方法这一点上，它们是完全不同的。以奥斯汀为例。他是语言学家，他可以按照语言的用法区分语言的种类，他可以掌握一千多个动词的用法和含义，他可以一下子说出一个动词有多少种用法和含义，但是他缺乏运用逻辑的理论和方法来工作，或者说，他的工作主要不是基于逻辑的理论和方法。后期维特根斯坦也是同样，与早期维特根斯坦形成鲜明的区别。

张：我知道，您是非常推崇早期维特根斯坦的。

王：是的。他的《逻辑哲学论》是一本运用逻辑的理论和方法来揭示对世界的认识的非常好的著作。他提出的"世界是事实的总和"就是这一工作成果的杰出体现。人们称道的主要也是他基于逻辑的理论和方法，提出了新的探讨世界的方式并且得出新的认识。达米特的工作也是同样。简单地说，你刚才提到的意义理论的形式，我说的达米特框架都是这种工作的体现。分析哲学的工作是与语言分析相关，但是我们不是为了分析语言而分析语言，而是旨在通过语言分析而达到对世界的认识。这也是哲学家与语言学家的根本区别。

---

① 它们分别发表于《哲学研究》1989 年第 7 期和 1992 年第 3 期。

张：我最近读了您的《语言与世界》认识到，您的句子图式也是这样的工作。每一个句子图式是对一类句子表达方式的刻画，由此可以获得关于它们所表达的东西的认识。以前我在研究达米特的时候也常常有这样的感觉，他有非常多的语言分析，包括对量词和量化方式，包括对语言层次的区分，他的分析非常细致，在许多地方远远超出弗雷格，因此也使人在读他的著作时总觉得有些费力。借鉴您的说法，语言分析是表面的，我们应该看到这种语言分析背后的东西，从而对这样的语言分析做出很好的认识，并且通过这样的语言分析达到关于它们所表达的东西的认识。

王：是这样的。这就是语言哲学所说的语言分析与一般人所说的语言分析的区别。哲学不是单纯地分析语言，它只是借助语言分析来做事情。认识到这一点很重要。因为在这种情况下，一个直观的问题就出现了：如何分析语言？正是在这一点上，哲学与其他学科的区别就体现出来。

张：哲学所从事的是逻辑分析，是基于现代逻辑的理论和方法进行语言分析。谢谢您的回答。所以"执着"一下还是有好处的（笑）。语言分析确实是非常重要的。问题是也有很多人对它表示不满啊。达米特在《形而上学的逻辑基础》（哈佛大学出版社，1991 年）一书中谈到，分析哲学家不探讨传统哲学中的重要问题，比如意志自由、灵魂不朽和上帝存在等等；这令外行或非专业人士很是失望。在达米特看来，人们不满的原因主要在于分析哲学家讨论问题的方式太技术化，这样常常会让人"一头雾水"，这样的语言分析让大众觉得像是文字游戏，因而远离分析哲学。而达米特的回答是："我不道歉"（I make no apology）。我觉得他的回答很有意思，我想听听您对他这种态度的看法。

王：我很高兴你也对达米特的这个说法感兴趣。三四年前，江怡让我用英文写一个东西，回答他提出的一些与分析哲学相关的问题。其中一个问题是：在你眼中谁是最主要的分析哲学家（the key analytic philosophers），为什么？命题作文，没有办法。我提出了一个名单。为了客观化，我说出我最喜欢的几位，其中就有达米特。我还补充说，如果可以用一句话来表达他对分析哲学的看法，就是你说的这句，因为它可以表明他做哲学的方式。我们是专业哲学家，我们做的哲学是先验性的研究，我们使用逻辑的理论和方法，因此显得非常技术性是正常的。金岳霖先生说过，过去说人不懂逻辑，那是骂人话。按照我的理解，这是对搞哲学的人说的。哲学的技术化方式得不到大众的理解其实是自然的，但是如果得不到做哲学的专业人士的理解，那就成问题了。所以，我赞同达米特的说法，这不仅是对哲学的态度，也体现了对哲学的认识。

张：人们知道，您是研究弗雷格的专家。在我眼中，您对达米特也很有研究，尽管您没有怎么写过东西。既然他是您最喜欢的哲学家，您能谈一谈您对他的看法吗？

王：你这是考我啊，还给我戴了这样一个高帽（笑）。我就说一说他对我的影响吧。我是在研究弗雷格的过程中读到达米特的。在阅读他的著作的过程中，我发现他的思想非常深刻。一方面，他几乎讨论了弗雷格所讨论过的每一个问题，而且在·些重大而主要的问题上，他都极大地推进了弗雷格的思想。另一方面，他在讨论中还涉及当代许多最重要的哲学家包括奎因、戴维森等人的最主要的观点，他还与不少人有直接的论战。这些讨论不仅极大地丰富和推动了弗雷格思想的研究，而且极大地深化和拓展了他所讨论的问题以及他在讨论中所涉及的一些问题的研究。不仅如此，他还试图探讨分析哲学与现象学之间的关系，通过说明它们最初分道扬镳的原因而说明它们之间的差异，并由此说明它们是否可以融合的问题。所有这些，都是对当代哲学研究做出的巨大贡献。我从中学到了很多东西。这里有思想方面的，也有方法方面的，还有学术视野方面的。有人说，我是一个弗雷格主义者。这一点我是承认的。也就是说，通过研究弗雷格的思想，我受到他的很大影响。但是通过阅读达米特，我同样受到他的很大影响，而且他的影响同样是巨大的。

张：您的意思是说，弗雷格和达米特对您有同样的影响吗？您说的学术视野又是什么意思呢？

王：我没有见过弗雷格，对他的理解是从文献来的。我的学术生涯是从学习逻辑和亚里士多德开始的。但是我在学术研究领域登堂入室，可以说完全是从学习弗雷格的著作开始的，甚至我对逻辑的正确理解也是从学习他的著作开始的。我翻译过他的著作，对他的思想做过深入的研究。我多次对外国同仁说过，国内学习弗雷格的人大多数都是从读我的译著开始的，我为此感到骄傲。可以说，我读弗雷格的著作始终有一种亲切感，这完全是读出来的，是思想上的认同和共鸣。但是达米特不同。我见过他，与他有过 4 小时的接触和交谈。所以我读他的书感到亲切，好像就在听他对我说话。尤其是在与他的交谈中，他把弗雷格的思想，把他对弗雷格思想的理解，把他所讨论的问题，都放在哲学史中去考虑，这一点对我的触动和启发极大。在和他分手以后，他给我写过几封信，谈的都是关于胡塞尔的看法。这一点对我触动也很大。分析哲学不是孤立的东西，应该放在整个哲学史中来考虑，应该与其他哲学联系起来考虑。这种触动在后来读他的著作时总是在时时起作用。当然这种作用有时不明显，但是有时非常清晰。你常常会有那种豁然开朗的感觉。近二十年来，我的研究与以前有了很大变化。所以你看，人们总说我是做逻辑和分析哲学的，但是最近这些年我总是在讨论 being 问题，这可不是分析哲学的东西，而是传统哲学中的东西。我在讨论中强调"是"与"真"的联系。这恰恰就是将分析哲学所讨论的问题以及讨论的问题的方式放到哲学史中去考虑而产生的结果。

张：我一直认为，您的观点和达米特非常接近。现在我终于有了进一步的理解。我也受弗雷格和达米特的影响，所以我是比较赞同您的观点的。我再问最后一个问题吧。刚才您明确谈到语言哲学是研究先验性的东西的，它与经验性的研究形成区别。我看到，在《走进分析哲学》中，您区别语言哲学与泛语言哲学。最近这两年，您又多次谈到"加字哲学"。所谓"加字哲学"指的是众多的具体的哲学分支，比如文化哲学、科学哲学等等。您说"语言哲学"也是加字哲学，但是它与其他加字哲学不同，因为它所包含的"语言"一词没有对象、流派、地域的含义，而只是一种方法论意义上的东西。您的这一提法是不是也是为了说明语言哲学与其他哲学分支的区别呢？或者让我更明确一下：您的意思是不是说，语言哲学是先验性的研究，而其他哲学分支是经验性的研究呢？用您的话说，这涉及学理的讨论。所以我觉得很重要，有必要再问一下。

王：涉及学理的讨论，就要严格一些。如果认为语言哲学中的"语言"一词有对象意义，就像科学哲学、文化哲学中的"科学""文化"一样，那么这样的语言哲学就是我说的泛语言哲学。所以我说我不太喜欢"语言哲学"这个词，因为它会使人联想，会导致一种做法，好像只要与语言相关就行。达米特 1973 年的名著《弗雷格：语言哲学》显然不是这样的意思。它的核心内容是意义理论，凸显的是对语言进行逻辑分析，它所揭示的，用达米特的话说，就是 how our language is working（我们的语言是如何运作的），而这一解释的目的依然是说明我们关于世界的认识。所以在这样的研究中，逻辑的作用是至关重要的，甚至可以说是首要的。维特根斯坦的《逻辑哲学论》也是同样。他从世界是事实的总和出发，从事实过渡到句子，通过关于句子的考虑而得出句子的普遍形式，从而通过对语言结构的说明达到了对世界的结构的说明，包括对事实和逻辑空间做出说明。这种通过语言分析而达到关于世界认识的途径基于分析哲学家们的一个认识：我们所有关于世界的认识都是用语言表达的，因此我们可以通过分析我们的语言而达到关于世界的认识。无论人们是不是赞同这样的看法，不管人们对这样的看法提出什么样的质疑，我认为这至少是哲学研究的一种方式，而且也是我赞同和认可的方式。这样的研究是先验的，这一点，你研究达米特，肯定是清楚的。至少他的《弗雷格：语言哲学》表现得非常清楚。而加字哲学完全不同。一般来说，一种加字哲学就是将所谓哲学研究与某一种经验的东西联系起来，因而使相关研究成为经验的，而不再是先验的。比如文化哲学，人们说它是对文化的哲学反思。你可以看出，在这一说明中，哲学已经是一个自明的概念。我提出加字哲学这个概念，就是想说明，在我国的哲学研究中，占主导地位的并不是分析哲学这样的东西，或者说，并不是形而上学，而是一些与经验相关的研究。不是说这样的东西不可以研究，这样的研究没有意义，问题是，人们还应该看到分析哲学这样的研究，应该看到这样研究的意义和重要性，应该懂得为什么它们被称为当代形而上学。

张：确实是这样的。在国内一些人看来，分析哲学似乎已经过时，分析哲学的时代已经过去了，尤其在中国更没有必要开展分析哲学的研究了。有人还说，现在应该是"走出分析哲学"了，而不是"走进分析哲学"。我一直觉得这样的说法有问题。我想您也一定是反对这种说法的。

王：当然。最初我的书名叫《分析哲学与哲学分析》，因为书中主要是通过介绍分析哲学家的思想和问题而说明他们是如何进行哲学分析的。哈佛燕京丛书编委会的专家们认为这个名字不好，要求改。我认为他们不懂，但是也不必和他们计较，就改成《走进分析哲学》。这是一个形象的说法，意思是说，应该通过学习和掌握哲学分析的方式而认识和把握分析哲学的理论和问题。我所说的哲学分析主要是指运用逻辑的理论和方法来分析问题。因此，这样的哲学分析即使对于加字哲学也是有益的。借助"走进"之说，现在的问题是，许多学习和研究加字哲学的人从来也没有"走进"过分析哲学，甚至根本就不懂分析哲学是怎么一回事，因此他们压根儿也就没有"走出"的问题。所以，他们侈谈走进走出分析哲学也就没有任何意义。我现在还认识到，这其实也是很容易理解的，因为加字哲学与分析哲学本来就是两回事。

张：难怪您说国内学界加字哲学大行其道啊。这样看来，在国内发展分析哲学还是一项很艰巨的任务啊。

王：所以我一直鼓励你研究达米特啊。从哲学史看，亚里士多德、康德、胡塞尔，一直到弗雷格、罗素、维特根斯坦，再到奎因、达米特、戴维森等人，他们大多数人的著作都被认为难懂。这是因为，他们的研究都是先验的，他们的方法都是技术性的，而且他们中的一些人还深入思考了形而上学的基础问题。他们是形而上学的荣耀，也是哲学的荣耀。我认为，哲学的研究可以多种多样，但是他们的研究才是我的审美取向。

张：谢谢王老师，您的许多话说得很直白。这是您的一贯风格。我赞同您的观点，也喜欢您的风格。再次感谢您。

［张燕京、王路：《达米特与语言哲学——当代分析哲学的一个谈话录》，原载《西南民族大学学报》（人文社科版），2019 年第 8 期，第 72-78 页。］

康德关于先验逻辑的认识

访 谈 者：刘萌
访谈时间：2019 年 8 月 30 日

刘萌，哲学博士，曾赴德国柏林大学哲学系访学，现为延安大学政法与公共管理学院副教授。主要研究方向为德国哲学、逻辑学，主持国家社会科学基金项目"康德《杜伊斯堡遗稿》译注及思想价值研究"、教育部人文社科项目"康德在沉默时期的逻辑思想研究"，出版专著《从逻辑到形而上学：康德判断表研究》，在《世界哲学》等期刊发表论文多篇。

延安，2017 年 9 月 24 日

刘萌（以下简称"刘"）：王老师，最近几年您发表的文章开始越来越多地涉及康德哲学，也引起了人们的广泛关注。我曾多次听您谈论康德，您在以前的著作中也多次提到过康德，比如他对"形式逻辑"的命名，他对上帝存在的反驳，您还仔细分析过他的"是（Sein）显然不是真正的谓词"这个论题，以及他的判断表和范畴表。但是，像您近几年这样连续写文章专门谈论有关康德的问题，有些文章还带有一些论战的性质，还挺让人感到意外的。所以，我想就此专门向您请教几个问题，听一听您的想法。

王路（以下简称"王"）：好的。

刘：您早年在《逻辑与哲学》中就系统讨论了康德的先验逻辑和"形式的"逻辑，您认为，康德的先验逻辑是一种哲学，这种哲学是以逻辑为基础的，这个观点也在很大程度上推进了国内学界对康德形式逻辑与先验逻辑关系问题的讨论。而近几年，您又开始谈论康德关于"真"（Wahrheit）的论述，算上一开始提到的"是显然不是真正的谓词"、判断表和范畴表等内容，这些论述看似松散，其实还是有联系的。"是"与"真"是您长期以来研究的重点，其实质则涉及逻辑与哲学的关系。我是不是可以认为，您所有关于康德的论述，都是围绕着逻辑来谈论的或者说是从逻辑出发的？这与国内学界的普遍做法显然是不同的。如果我的看法是正确的，您能不能说一说，这是为什么呢？

王：你说的是对的。康德的著作我只熟悉《纯粹理性批判》（以下简称《纯批》），这也是我一直读的主要著作之一，其他的读得不多。你可以看到，我关于康德的谈论也只限于《纯批》。而从这部著作出发，谈论逻辑或者围绕逻辑来谈论康德哲学就是自然的事情了，因为康德自己就是这样做的。我最近的讨论主要集中在《纯批》中"先验逻辑的理念"这一章。它属于开始部分，分四节，第一节"普遍逻辑"谈的实际上就是我们所说的逻辑。康德将通常所说的逻辑称为"普遍的逻辑"或"形式的逻辑"，这样就说明了逻辑的一些性质，比如它只研究形式，不研究内容，它是纯粹的科学，与质料无关，然后基于这样的说明提出一些不同的性质，比如仅与"Verstand"（知性）相关，与对象相关等等，由此形成他说的"先验（的）逻辑"。所以，不是我要围绕逻辑来谈论康德，而是康德本人就是这样谈论的。或者退一步说，围绕逻辑来讨论康德是可行的，至少是有文本依据的。

除了文本的原因之外，还有一个原因根源于对逻辑与哲学关系的看法。逻辑研究薄弱，对逻辑重视和把握不够，是国内哲学研究中普遍存在的问题，对《纯批》的研究也是如此。我并不专门研究康德，但是这一点还是看得很清楚的。我讨论康德，主要围绕逻辑来讨论康德，强调逻辑在康德思想中的作用，其中含有一个意思，是希望这个问题能够引起学界的重视。在我看来，这是研究康德哲学的必要条件。

刘：您认为"是"与"真"这两个概念是把握西方逻辑与形而上学思想的核心。然而相比康德研究中像"范畴的先验演绎"这样的核心话题，对康德思想中"是"与"真"的研究却算不上真正的热门，您如何看待这样的研究状况？此外，您认为"是"与"真"这两个概念在理解康德的批判哲学中应当发挥怎样的作用？

王：我不这样看。关于康德的"是（Sein）实际上不是实在的谓词"之说，人们的研究是很多的，关于康德的真（Wahrheit）之理论，人们的研究就更多了。这两个方面的论文我读过许多，因此大概不能说关于"是"与"真"的研究不是热门，至少关于"真"的研究肯定不能这样说。即便仅从你说的"范畴的先验演绎"来看，我认为也不能这样说。所谓"范畴"大概不会和康德的范畴表无关吧？！在康德提出的 12 个范畴中，就含有"此 - 是"（Da-sein）和"不 - 是"（Nicht-sein）这一对范畴，它们无疑与"是"（Sein）的研究相关。除了这些字面上的，还有隐含着的。比如"肯定"和"否定"这两个范畴，它们难道不是与"S 是 P"和"S 不是 P"相关的吗？还有"直言"和"实然"这两个范畴，它们难道不是与"S 是 P"相关的吗？这方面的研究论文我没有读过，但是我相信一定会有的。或者在我看来，如果它们对于研究康德相关思想而言是重要的，就一定会有人研究。当然，康德提出的 12 个范畴中没有"真"这个范畴，因此它似乎在相关研究中不是那么重要。但应该看到，康德明确说，除了这些范畴外，还有一些概念也值得重视，比如"真""一"和"善"。这说明，"真"这一概念对于康德而言不是不重要，只不过没有放入他的范畴表中而已。特别是，在关于先验逻辑的理念的讨论中，康德专门谈及"真"，称相关的逻辑为真之逻辑，并由此谈及先验逻辑。所以，在范畴表中没有"真"这一概念，并不能说明这一概念在康德哲学和思想中就不重要。

刘：我也发现了这个问题。"真"这个概念很重要，但是却没有出现在康德的范畴表中。您能谈一谈这是为什么吗？

王：很简单啊，他的范畴表怎么会有"真"这个概念呢？我强调康德的范畴表来源于他的判断表，要认识二者之间的关系，这一点你是知道的。康德的判断表是依据逻辑构造的，而且主要是依据逻辑的句法构造的。这从量、质、关系和模态这四个分类可以看得非常清楚，它们都是句法方面的分类。"真"不是句法概念，而是一个语义概念。虽然康德时代对这一点尚缺乏充分的认识，但那时人们对逻辑句法的认识还是清楚的。所以，"真"这一概念无法放入这个判断表中，而是需要另做说明。此外，康德关于分析判断和综合判断的区别所做的说明是明确的，关于这一原则的使用是贯彻始终的。这一区别和原则显然是围绕着"S 是 P"这样的句式说的。所以，"是"与"真"的对应，"是"与"真"的联系，在康德思想中无疑是存在的，只不过在范畴表中没有而已。而且在我看来，这一点也是非常清楚的。

刘：许多现当代学者在争论，康德在真理问题上究竟是"符合论"，还是"融贯论"，抑或是兼而有之，您刚才也提到您读过许多有关康德的真之理论的论文，那么您能不能谈一谈您对康德关于"真"的论述的理解，或者说，您认为康德对"真"的看法对于理解他的批判哲学有着怎样的价值？

王：这是一个很有意思的问题。近几年我讨论了康德关于"Wahrheit"是知识与对象的符合的论述。它涉及两个问题，一个是康德称这个说法是关于"Wahrheit"的名词解释，另一个是康德说还要追求有关知识的"Wahrheit"的普遍标准。在相关研究中，一种观点认为，前一个问题表明康德是符合论，另一种观点认为，后一个问题表明康德是融贯论。当然也有人认为这两种看法康德都有。我认为符合论的说明是自然的，康德从这个观点出发来探讨这个问题也是自然的，这也是塔尔斯基的真之理论产生之前人们的普遍看法。所以认为康德有这样的看法并不奇怪。融贯论的意思是说，"真"乃是相对于某一种知识系统而言的。所以将康德（根本不可能有关于知识的"Wahrheit"的普遍标准）的看法归于融贯论，也不能说没有道理。我的讨论主要集中在对"Wahrheit"一词的理解和翻译上，因而没有就这个问题本身展开讨论。在我看来，无论是从符合论出发还是从融贯论出发，也就是说，无论怎样解释康德对"Wahrheit"的看法，将"Wahrheit"译为"真理"都是有问题的。"真理"与对象不同，与知识或认识却是相似的，但是，"真"不仅与对象不同，与知识和认识也不同。因此将"Wahrheit"译为"真"还是译为"真理"乃是完全不同的。我认为康德是在"真"的意义上谈论认识与对象的符合的，而且主要是在"是真的"这种意义上谈论"真"的。基于这样的认识来解释康德，比如将他的论述解释为符合论，"真"就是知识或认识与对象之间的关系。无论这样的看法是不是对的，不管这样解释康德是不是有道理，"真"显然是与知识和对象不同的东西，我的意思是说，它们是不同种类和不同层次的东西。这样的说明与说"真理"是知识与对象之间的关系无疑是不同的，至少是有重大区别的。

至于你说的这样解释康德思想的价值何在？我认为至少有两个层面。字面上看，这样的解释至少更清楚。即便认为这样的解释会有问题，它也提供了两种不同的解释，一种是从"真"的角度，一种是从"真理"的角度。我们至少可以而且也应该思考一下，这两种角度的理解是不是一样，哪一种理解更有道理。而就理解康德本人思想而言，我们应该看到，康德关于"真"的讨论是在区别出形式和内容之后提出的一种思考方式。他认为逻辑是纯形式的，与内容无关，而他所期望的先验逻辑不是这样的。在撇开形式的考虑之后，他提出"真"及其相关问题，希望可以通过相关讨论来说明内容或与内容相关的东西。知识或认识显然是有内容的，因而与内容相关。那么它们如何相关？"真"是不是也与内容相关呢？它与内容又是如何相关的呢？这些都是康德讨论中所涉及的问题。今天我们知道，逻辑有句法和语义两个方面，"真"乃是其语义的核心概念。那么句法是什么呢？对照起来看就会发现，康德所说的形式，在很大程度上其实就是或者就相当于我们今天所说的句法，而他说的"真"，在很大程度上其实就是或者就相当于我们今天所说的语义。所以康德可以谈论形式，可以依据判断形式构造他的范畴表，并通过这样的谈论使他所说的形式与内容区别开来，并通过这种形式方面的刻画对内容方面的事情作出说明。但康德同时也可以谈论"真"，并试图通过"真"来谈论与内容相关的事情，从而为他从形式方面作出的说明提供补充说明和论证。只不过他那时的逻辑没有今天成熟，没有关于句法和语义的明确区别和说明，没有一个清晰的语义学。所以康德的区别不是非常清楚，论述也不是特别清楚。可以看到，他关于句法方面的说明还是明确的，有条理的，因为有亚里士多德逻辑所提供的句法作参照，但是他关于"真"的论述基本上还是常识性的，即依据人们对"真"这个概念的直观认识。所以，从语义的角度来看康德对"真"的论述，其实还是可以看到它们与句法论述的对应性的。这也是今天人们研究康德的一个基本认识，无论是符合论还是融贯论，在这一点上，差不多都是一样的。

刘：您认为康德是从逻辑出发构建出他的先验逻辑的，然而国内许多康德研究者似乎并不赞同您的这种观点，他们认为康德实际上是以先验逻辑的范畴来为形式逻辑的判断形式奠定基础的。您的观点主要以康德对普遍逻辑等内容的一般说明，判断表、范畴表等部分的文本为论据，而持相反观点的学者则主要以范畴的先验演绎部分作为文本支撑，并认为您所依赖的文本只是康德"表面上"的说法。您如何看待这样的分歧？

王：我认为这里至少涉及两个问题。一个是如何看待逻辑，一个是如何理解康德。当然，二者合一就要问：康德是如何看待逻辑的？康德认为逻辑是普遍的，是纯粹的科学。仅从这一点就可以看出，如果还可以找出可以为逻辑奠基的东西，那么这样的逻辑就一定不会是普遍的，也不会是纯粹的。原因很清楚，因为它还会依赖于其他科学。但是这与康德关于逻辑的看法显然是相悖的。所以，这里的问题实际上是如何理解康德的问题，但是在理解康德的过程中又涉及如何理解逻辑的问题。我认为康德的先验逻辑依赖于逻辑，这一点是自明的，用不着多说什么，我只就你说的论证方式说一说我的看法。我之所以要谈康德关于逻辑和判断表的认识，主要是因为我认为它们很重要，它们对于康德的先验逻辑很重要。而且我认为，它们与康德关于先验逻辑和范畴表之间的关系十分密切，但是这一点并没有受到充分的认识。不是说不可以从范畴的先验演绎部分来论述和论证康德关于逻辑的看法，问题是，是不是应该认真研究和理解康德关于逻辑和判断表的论述，并由此出发理解康德关于逻辑与先验逻辑之间关系的论述。即使仅从文本的角度说，逻辑和判断表也是在先的。换句话说，在尚未读到后面的论述之前，我们该如何理解康德关于逻辑和判断表的论述，如何理解康德关于逻辑与先验逻辑、判断表和范畴表之间关系的论述？仅从阅读的角度说，康德的思想有一个延续性的问题，即我们依据他在先的论述来理解他后面的论述。即便我们在后面的论述中获得了与先前不同的认识和理解，是不是也应该思考为什么会有这样的不同，这是康德本人表述的变化，还是他的论述过程的变化，这是他的思想的变化，还是仅仅是我们理解出来的变化？我只讨论康德在"先验逻辑的理念"这一部分的论述，并不意味着我不能讨论康德后面的论述。我强调在这一章读不出康德关于先验逻辑为逻辑奠基的思想，是因为这一章有康德关于逻辑与先验逻辑之间关系最明确的论述。反对者可以提出自己的论证，但是不对康德这一章的论述作出说明，不针对我围绕这一章所作出的论述作出反驳，只是笼而统之地谈论是不行的。所以，这里既有理解康德思想的问题，也有如何阅读文本和进行讨论和论证的问题。

刘：众所周知，您研究最多的两个人物是亚里士多德与弗雷格，一位是逻辑的创始人和形而上学的奠基人，一位是现代逻辑的创始人和分析哲学之父。所以您强调逻辑与哲学的关系是很自然的。康德的先验逻辑或先验哲学非常重要，但是他的逻辑似乎并没有那样重要。您在论述康德时这样强调逻辑的作用，强调康德关于逻辑的看法，这会不会有问题啊？或者我换一个问法，您认为康德的思想在亚里士多德和弗雷格之间大概处于一种怎样的位置？

王：这是一个好问题，直接涉及逻辑与哲学的关系。亚里士多德和弗雷格在逻辑与哲学中有崇高的地位，他们的逻辑与他们的哲学是密切联系的，这一点是毋庸置疑的。康德的哲学地位没有问题。但是他在逻辑史上没有什么地位，他最出名的大概就是他关于逻辑说的那句话：逻辑在亚里士多德那里就已经完成了。而且今天人们知道，这句话是不对的。那么在他的思想中，逻辑与哲学是不是有密切的结合呢？强调对逻辑的认识和把握，这对康德研究是不是必要的呢？我的回答是肯定的。既然你提到亚里士多德和弗雷格，我就从比较的角度说一下。

亚里士多德的《工具论》与《形而上学》是完全不同的著作，弗雷格的《概念文字》和哲学论著比如《算术基础》《论涵义和意谓》等也是完全不同的。在《形而上学》等哲学论著中，你可以看到逻辑理论和方法的应用，还可以看到后者确实起到非常重要的作用。一个事实是，在这些哲学论著中，几乎看不到专门关于逻辑本身的论述。但是人们承认，如果没有相应的逻辑理论背景，读懂它们是有困难的。康德的《纯批》不同，国人说它难懂，主要是因为它的语言表达方式。确实是这样。但是如果你对照康德的《逻辑学讲义》（以下简称《讲义》）和《纯批》，你会发现，《讲义》中导论部分的内容几乎都在《纯批》中出现了。也就是说，《讲义》和《纯批》有许多内容是重合的。所以我强调，把握逻辑或者把握康德对逻辑的认识对于理解《纯批》是至关重要的。大体上说，康德与亚里士多德有一点不同，他谈论哲学的时候总是小心翼翼地基于逻辑作出区别。比如，他将逻辑称为普遍的或形式的，基于这样的说明他称自己建立的东西为先验逻辑。他将逻辑分为分析的和辩证的，称前者为真之逻辑，与真之普遍标准相关，称后者为逻辑的应用，因而包含一些与真之标准不同的东西。他区分出感性和"Verstand"（知性），逻辑与二者相关并且只与形式相关，他的先验逻辑只与知性相关，并且还会涉及相关的对象等等。我说这些不是要谈论它们，我要说的是，这些无疑都是《纯批》的内容，但它们同时也是《讲义》导论中的内容。这样的情况显示出康德与亚里士多德和弗雷格的不同，但同时不也恰好说明，他的逻辑与哲学是紧密结合在一起的吗？

刘：那么关于康德在亚里士多德和弗雷格之间的位置呢？

王：这一点我说不好。就谈谈我自己的直观认识吧。亚里士多德是形而上学奠基人，分析哲学被称为当代形而上学，因此弗雷格可以被看作是当代形而上学奠基人，所以在形而上学上他和亚里士多德是一脉相承的。康德是近代哲学家中明确提出建立形而上学科学的人。我认为，如果形而上学有两个阶段，那么一个是从亚里士多德到弗雷格之前，包括康德及其以后的哲学家，另一个是自弗雷格以来到今天。如果有三个阶段，那么康德就是第二个阶段的开启者。我这样说是因为，在重视逻辑、应用逻辑的理论方法来从事哲学研究这一点上，康德与亚里士多德和弗雷格显然是一致的，而且他使用的逻辑理论和方法本身与亚里士多德的是相同的，与弗雷格的却是不同的。弗雷格的逻辑与亚里士多德的逻辑不同，因而导致哲学形态和成果都发生了重大变化。有一种观点认为，近现代哲学的所有问题都是从康德那里来的。假如这种观点成立，那就还可以继续问，康德的问题又是从哪里来的？所以我认为，研究康德，固然可以谈论他本人的思想，但是也可以将他放在哲学史上去看，这样他就不是一个孤立的个体。

刘：您的说法让我想起康德提出范畴表时的一句话，"我们想依据亚里士多德把这些概念称为范畴，因为我们的意图（Absicht）原本与他的意图是一回事"。我觉得这句话很能说明康德对亚里士多德的继承关系，特别是他那些先验哲学范畴。但是"范畴"这一概念到了现代以后似乎消失了，比如弗雷格构造的"概念文字"就不再谈论范畴了，这样我们就看不到他们之间的继承关系了，至少字面上看不到这样的关系了。您是如何看待这个问题的呢？

王：我明白你的意思。继承关系，一种是字面上的，一种是非字面上的。前者是清楚的，说起来也比较容易，后者似乎不是那样清楚，说起来似乎也要费些力气。我认为从亚里士多德到康德再到弗雷格的继承关系，大体上说，他们都是哲学史主线上的人物，他们都是研究先验的东西的，他们都是开创性的人物。具体一些说，在他们的哲学著作中，逻辑的理论和方法的应用是显然的，因而他们应用逻辑的理论方法来探讨哲学问题的方式对后人的影响是巨大的。这些也可以看作是他们的继承关系，即他们共享一种哲学研究的方式。但是一定要看到一个重大区别，这就是逻辑在弗雷格这里发生了重大的变化。

我们一般说，亚里士多德逻辑是形式的，但不是形式化的，而弗雷格逻辑是形式化的。这一区别其实在我看来还只是表面的。重要的是，弗雷格改变了逻辑的基本句式，他使逻辑从"S 是 P"这样的主谓句式变为"Fa"和"∀xFx"这样的函数结构，结果使逻辑的理论和方法在应用于哲学时的解释方式发生了根本性变化，从而使现代哲学的形态发生了重大变化。康德之所以在字面上也可以显示出与亚里士多德的继承关系，最主要的原因就在于他使用的逻辑还是亚里士多德逻辑。而在弗雷格的哲学及其以后的分析哲学中，"范畴"，或者说亚里士多德和康德意义上的"范畴"概念不再是核心概念，不再在讨论中占据主要位置，这是很自然的事情：逻辑的理论和方法完全不同了啊！但是即便如此，人们仍然发现并在努力研究和试图进一步发现弗雷格受到的康德影响以及他与康德的关系，比如弗雷格关于算术定律是"先验综合的"还是"分析的"的论述，关于"Bedeutung"（意谓）的论述等等。

你刚刚提到弗雷格的"概念文字"。一些研究认为，弗雷格之所以这样称呼他的逻辑，是因为"概念"一词自康德以来就与认识相关，特别是与"Verstand"（理解）相关，所以弗雷格的逻辑实际上是一种关于概念、关于理解的逻辑。还有人认为，弗雷格的概念文字引入的第一个符号含有一条横线，弗雷格称之为"内容线"，后来他从这条内容线区别出涵义和意谓，即思想和真值。所谓"内容线"中的"内容"与康德区别形式和内容时所说的"内容"是一样的，这样似乎也就可以看出，弗雷格关于逻辑的考虑乃是与内容相关的，他关于"真"的考虑也是与内容相关的，但是他考虑的结果则比康德前进了一大步。当然也有人认为弗雷格的思想是开创性的，没有受到他之前的德国哲学家和德国哲学的任何影响。

对弗雷格和康德关系的研究很多，有些研究也比较深入，这你是知道的。我一再说我不是康德研究专家，我也没有做过关于康德的专门研究。就我一直关注的问题而言，我认为逻辑与哲学的密切联系在康德著作中是显然的。所以，说他对亚里士多德思想的继承没有问题。但是说弗雷格对康德的思想的继承和发展，笼统地说一下肯定是可以的，但是提供明确的说明和具体的论证就需要下功夫了。

刘：我发现，您在探讨康德时有一个特点：您经常是从翻译入手的。关于"Sein"和"Wahrheit"，您的讨论很多，也很出名。这些我就不问了。我只问一下其他的。近几年，您专门探讨了"negativ"一词的翻译。您认为应该将"negativ"译为"否定（式、性）的"，而不应该译为"消极的"。您批评"消极的"是错译，由此形成对康德思想的误解，而产生这种错译的原因则在于对逻辑的偏见。我赞同您的看法，但是读到这部分内容时感到有些奇怪。这个词并不是一个重要的用语啊。以我对您的了解，您平时都是读外文的，您怎么会注意到这个译文的问题呢？

王：你是对的，我发现"negativ"的翻译问题确实是偶然的。读德文著作当然是看不到这个问题的。最近由于讨论康德关于真的论述，我读了中译文，一下子就看到了这个问题。（刘：怎么是"一下子"？）我要讨论的是与"Wahrheit"相关的问题。你知道我认为应该将它译为"真"，而不是译为"真理"，因此查看与"真理"相关的中译文。我看得比较粗。但即便是一目十行，"是一切真理的conditio sine qua non［必要条件］、因而是消极的条件"这一句的问题也是跑不掉的。原因很简单。这里的"因而"表示推论。前提"必要条件"是褒义的，结论"消极的条件"是贬义的。这显然是一个不符合逻辑的推论：从褒义的怎么能推出贬义的来呢？

刘：您的意思是说，一个符合逻辑的推论是：如果前提真，那么结论必须真。如果结论假，而前提真，就是不符合逻辑的。而您将这样的推论方式应用到康德这里所说的"因而"上，所以您发现了问题，是这样吗？

王：是啊。逻辑是二值的。但是应用到日常思维和其他学科的思维上，我们会遇到很多不同情况，比如对错、好坏、合适不合适、恰当不恰当，甚至黑白、高矮、美丑等等。而就推论而言，前提和结论的关系也是同样。从假的前提可以得到真的结论，也可以得到假的结论，但是唯独不能从真的前提得到假的结论，这才叫符合逻辑。你想一下，从好的能推出坏的来吗？（刘：推不出来。）看到这个问题，我也有些惊讶，于是去看了一下其他译本，结果发现这是一个普遍问题，于是我就做了一些讨论。

刘：谢谢您，逻辑的学习和应用还真让人受启发。我注意到，您在访谈过程中多次特意用德文词"Verstand"替代了中文词"知性"，巧合的是，"范畴"也是康德对"纯粹知性概念"的简称。这就不得不让我联想到您在之前《是"知性"还是"理解"？》一文中的观点，您认为将康德所说的"Verstand"译为"理解"会比现在通行的"知性"更好。确实，如果从"理解"来看待范畴，您刚才所说的弗雷格的"概念文字"受到了康德的影响这种观点似乎就更说得通了。而在另一篇文章中，您又说您只关注"理解（知性，Verstand）"，因为既然是与理解相关，那么逻辑当然就是非常重要的。可惜的是，除此之外我再没有看到您关于"理解"这个词的谈论了，您能不能简单谈一下您为什么会这样看呢？特别是，您为什么会认为逻辑对于"理解"而言是非常重要的呢？

王：那篇小文章是为了参会而写的，不是正规的论文。但是这个问题却还是有意义的。康德说的"Verstand"是接着洛克的"understanding"说的，这在《纯批》和《讲义》中都提到过。洛克的书在前，被译为《人类理解论》。当然，"understanding"这个词的字面意思也是理解。而从德文本身来说，"Verstand"是名词，它的动词是"verstehen"，字面意思也是"理解"。所以，采用"理解"这个译名不仅符合其词义，而且也与洛克的表述相一致。否则，国人还会以为他们说的是不同的东西。至于说逻辑与"理解"相关，至少可以有几个意思。康德谈的东西很多，包括感性、理解（知性）、理性，但是他所谈的主要是"理解"（知性）。康德在谈论"理解"的过程中有许多与逻辑相关的论述，这一点，仅从康德对感性和理解（知性）作出的区别，并由此展开关于"理解"（知性）的论述即可以看出。此外，我们探讨康德的思想，最基本的就是对康德的理解，这包括对康德著作的阅读和解释，对自己观点的说明和论证，对不同意见的批评和反驳。在这一过程中，当然会涉及逻辑，而且逻辑会起重要的作用。比如对前面所说关于"因而"的理解。超出康德，在现代分析哲学讨论中，"理解"（understanding）也是非常重要的概念，它与"意义"，与"真"直接联系起来。所以，仅从字面上即可以看出，这一概念在西方哲学中，至少从洛克以来，一直是一个重要概念。所以，这个词既是一个术语，也是日常表达用语。我对它的翻译只是简单说一下，我说我只关注理解，这只是借用这个说法，有些一语双关的意思，但也仅此而已。因为在我的研究中，"是"与"真"才是重点。关于它们的讨论会给我们带来关于西方哲学完全不同的认识。这样说吧，像与"negativ""Verstand"相关译名的讨论，可以是一次性的，但是关于"being"和"truth"的讨论，却是可以一直进行下去的。

刘：围绕康德，和您谈了逻辑与哲学，也谈到了"being"和"truth"，最后我想听您谈谈哲学对于逻辑的影响。后人将亚里士多德的逻辑称作"工具论"，似乎只认为它是一种工具。康德在谈论逻辑的时候也总是区分纯粹的、分析的和应用的、辩证的，似乎暗示我们逻辑是有局限性的。海德格尔写过《逻辑的形而上学基础》，似乎直接说明哲学对逻辑的作用。按照您的说法，逻辑在哲学中应用，逻辑对哲学有影响。那么哲学对逻辑有影响吗？我赞同您说的逻辑是讨论哲学问题、构建哲学体系不可或缺的工具，但是哲学家们在进行哲学研究的时候难道不需要合理地使用这种逻辑工具吗？而所谓"合理地使用"难道不需要以某种哲学思想为指导吗？还是回到康德。他最先提出了"表象与对象之间的关系是建立在何种根据之上"这个哲学问题（康德致赫尔茨的信，1772年），只是在解决这个哲学问题时，逻辑才作为一种工具参与了进来，并以此为哲学体系的建构提供基础。这难道不是说明哲学研究对于逻辑的使用具有指导作用吗？

王：你问了一个很大的问题。说实话，我还真没有考虑过这个问题。直观上说，逻辑是在哲学研究中产生和发展的：在哲学研究过程中，人们发现有这样一些独特的东西，将它们的性质和内容揭示出来，形成了专门的理论。亚里士多德称之为"分析"，后人称之为"工具"，再后又有了"逻辑"之名。在这种意义上，你可以说没有哲学就没有逻辑，这大概就是哲学对逻辑的作用。既然没有认真思考过，我就不便多说什么了。这样吧，我回答你的几个具体问题。一个是"合理地使用"逻辑。我认为，与其说需要靠某种哲学思想的指导，不如说取决于对逻辑的正确认识和把握。这是因为，逻辑毕竟成为一种具有专门性的东西，如果不懂或者没有很好的把握，那肯定是无法正确运用的。另一个是康德所说的表象与对象的关系。这无疑是康德考虑的基本问题。对象与感觉相关，感觉与"Verstand"（理解）相区别。这些是康德讨论的基本区分。"表象"则是他讨论中用以说明这些区别的东西，比如他明确说过，感性是通过被对象刺激而获得表象的能力，判断是对象的一个表象的表象。"获得表象的能力"与"表象的表象"，显然是不同的说明，而且还是区别出不同认识层次的说明。那么为什么逻辑会与判断相关呢？即便我们不做进一步的讨论，也还是可以看出，这一认识当然有赖于对逻辑的认识，或者至少有赖于对逻辑的认识，否则凭什么说逻辑与判断相关呢？这样就可以看出，讨论中在什么地方引入逻辑，需要基于对逻辑的认识。至于为什么要引入逻辑，大概就不必说了吧。或者，我们是不是至少可以认为，在逻辑的重要性，因而在哲学讨论中需要引入逻辑这一点上，我们也许不清楚是不是需要依赖于某种哲学认识，但是至少有一点是清楚的：在这一点上，对逻辑的认识一定是最起码的条件。如果我们不知道逻辑是什么，对逻辑的理论方法认识得不是特别清楚，那么用什么样的哲学认识来指导也是没有用的。

达米特有一本书叫《形而上学的逻辑基础》，从书名上看，它与你说的海德格尔那本书似乎是对着干的，其实它们没有什么关系。这两本书我都读过，在这里就不展开评价了。不过我倒是建议你读一读达米特的这本书，关于逻辑与哲学的关系，我觉得它说得更有道理。

刘：我会认真读一下这本书的，您今天所说的观点对我很有启发，非常感谢您的耐心解答！

（刘萌、王路：《范畴与真——与王路教授谈康德》，原载《哲学分析》，2023年第 4 期，第 180-190 页。）

黑格尔的《逻辑学》与辩证法

访 谈 者:唐芳芳
访谈时间:2023 年 9 月 29 日

唐芳芳,哲学博士,曾在美国乔治城大学哲学系做访问学者,现为中国社会科学院马克思主义研究院副研究员。主要研究领域为逻辑与哲学、马克思主义哲学,在 *History and Philosophy of Logic*、《哲学研究》《自然辩证法通讯》《世界哲学》和《逻辑学研究》等国内外专业期刊发表学术论文多篇。

清华,2021 年 9 月 10 日

唐芳芳（以下简称"唐"）：王老师，您好！很高兴向您请教与辩证法相关的问题。一般认为，马克思批判地吸收了黑格尔的哲学思想，而辩证法在黑格尔的哲学思想中处于核心地位，对马克思的方法论而言非常重要。同时，辩证法也是最具争议的概念。您如何理解辩证法？马克思的辩证法与黑格尔辩证法是不是一回事？

王路（以下简称"王"）：现在谈论辩证法的著作很多，说法也很多，比如马克思的辩证法或马克思主义辩证法。这与黑格尔辩证法肯定是不同的。马克思的辩证法一定是指马克思本人关于辩证法的论述，马克思主义辩证法大概除了马克思的相关论述之外，还要包括其他一些经典作家的论述。而黑格尔辩证法肯定仅仅指黑格尔本人关于辩证法的论述。因此，黑格尔辩证法与马克思的辩证法一定是不同的。常识性的说法是：黑格尔辩证法是倒立着的，马克思把它颠倒过来。问题是，这种辩证法，无论倒着还是正着，它是什么？具体地说，黑格尔是如何论述的？在我看来，宽泛地谈不清楚，至少谈黑格尔辩证法应该是可以谈清楚的，查文献就是了。所以，对错不论，区别一下总是有好处的。

一、《小逻辑》的地位和基本思想

唐：一般认为，黑格尔辩证法最集中、最清晰的阐述出现在黑格尔以"逻辑学"命名的著作中，即《逻辑学》（通常称为《大逻辑》）和《小逻辑》[①]中。学界普遍认为，《小逻辑》是《逻辑学》的简写本，它们都是哲学著作，不是逻辑学著作。贺麟先生翻译了黑格尔的《小逻辑》，强调黑格尔的"逻辑学"是他的整个体系的中心。您如何看待黑格尔的"逻辑学"在其整个哲学体系中的地位？

王：黑格尔《小逻辑》的中译本非常出名，贺麟先生的这本译著影响了中国的一代代学者。这本书本身不叫"小逻辑"，"小逻辑"是通常的说法，它是黑格尔《哲学全书》的第一部分。黑格尔的《哲学全书》分三部分，第一部分叫作《逻辑学》（即通常说的《小逻辑》），第二部分叫作《自然哲学》，第三部分叫作《精神哲学》。我最近提出一个"加字哲学"的观点，认为哲学是形而上学，加字哲学与形而上学有区别。比如说，加字哲学是经验的，形而上学是先验的。其实《哲

[①] 《小逻辑》是黑格尔的《哲学全书》第一部分《逻辑学》的通称，以区别于他的两厚册《逻辑学》（通称《大逻辑》）。

学全书》三个部分的划分恰恰体现了这种区别：第一部分《逻辑学》就是哲学，《自然哲学》和《精神哲学》就是"加字哲学"。在黑格尔看来，"逻辑学"是最精华的东西，是我们在分析思维方式时要依据、要使用的东西，而自然哲学和精神哲学是"逻辑学"在其中的应用。大家去读贺麟先生的著作，贺先生也是这么说的：《精神现象学》和《逻辑学》是逻辑学，《自然哲学》和《精神哲学》是逻辑学的应用。我关于加字哲学的认识不是凭空而来的，你读黑格尔的著作也能有这样的认识。同样，从黑格尔的整个哲学著作来说，有《精神现象学》《逻辑学》，同时还有《自然哲学》《法哲学》《历史哲学》等。《精神现象学》和《逻辑学》是哲学，后面的著作都是"加字哲学"。无论从黑格尔的《哲学全书》，还是从他的整个哲学著作看，都有这样的对应。同时要注意，《小逻辑》跟《逻辑学》（即《大逻辑》）是不一样的，有人说《小逻辑》是《逻辑学》的简写，其实二者是有区别的。

唐： 您提出的"加字哲学"的说法与黑格尔关于哲学体系的划分相对应，这突出了黑格尔的"逻辑学"在其哲学体系中的重要地位。黑格尔把逻辑学看作真正的形而上学，而把自然哲学及精神哲学称为"哲学的两种实在科学"。既然黑格尔的《逻辑学》和《小逻辑》都是哲学著作，他为什么以"逻辑学"命名呢？我最近在读《小逻辑》，感到有很多地方读不懂。如何把握它的基本思想？

王： 我读黑格尔总是读《逻辑学》，《逻辑学》里边主要是"客观逻辑"和"主观逻辑"两部分内容。你可以说《小逻辑》是《逻辑学》的缩写，但是把辩证法的基本思想阐述得比较清楚的，应该是《逻辑学》。黑格尔在《小逻辑》中有些发挥，讲得更自如。《逻辑学》里讲哲学是关于"Wahrheit"（真理）的。"Wahrheit"这个词，我认为应该翻译为"真"，应在"是真的"意义上理解。书中还有"das Wahre"、"Wahrheiten"、"wahrhaft"和"wahr"这样的词。我很在意这些词的区别，但中文翻译区别得不够清楚，给理解带来问题。《小逻辑》是一个简化版，如果直接读，有些地方读得可能不太明白，再加上翻译中的一些问题，理解起来会比较困难。

你读《小逻辑》，可以先读最开始的《导言》和前面的《逻辑学概念的初步规定》，这部分相当于一个哲学导论。它写得非常长，有一百页，大概占全书三分之一。这个导论，不要把它看成逻辑导论，看成哲学导论就对了。这里所说的哲学是"不加字"的哲学，是与逻辑结合在一起的哲学。

　　黑格尔在导论部分谈的主要问题是思想。人们在谈认识的时候表达什么？是思想（Gedanke）。人和动物的区别在于思想。黑格尔认为动物没有思想，动物只有个体的经历。而思想能达到一种普遍性，是人才有的东西。例如，当你说这是一个杯子时，就达到了普遍性，因为你已经进行了分类。思想达到普遍性，就是人跟动物的区别。这实际是谈人的认识，谈人的认识活动，黑格尔称为思维活动（Denken）。德文有两个词要注意，一个是"Gedanke"，是名词，相当于英文"thought"，中文翻译为"思想"，有时也翻译为"思维"；另一个是"Denken"，是动词"denken"的名词形式，我认为应该翻译为"思维活动"，中译本翻译为"思维"，有时翻译为"思想"，"活动"这两个字没有翻译出来。我认为"思维活动"（Denken）与"思想"（Gedanke）这两个词是有区别的。黑格尔主要是谈与认识相关的东西，谈认识的普遍性，所以这是一个哲学导论。

　　这个哲学导论为什么被称为"逻辑学"？黑格尔说，因为逻辑是与思维方式相关的，是研究纯思想或纯思维形式的。在通常意义的思维活动中，有些东西跟经验相关，有的跟感觉相关，有的跟表象相关，但逻辑是纯粹的，因此逻辑与形式相关，与思想形式相关。黑格尔还有一些关于形式和内容的说法，这些说法为辩证法埋下伏笔。

　　黑格尔认为，逻辑还和语言相关，和真相关。因此，如果把一种关于思维活动的研究叫作逻辑，那么它至少与思维形式相关、与语言相关、与真相关。这三点非常清楚，因为这三者是借助逻辑说出来的。谈哲学、谈思想和认识的时候，可以笼而统之地谈。但谈逻辑的时候，我们可以谈得比较具体，谈得比较细：第一，可以谈形式，大概是因为有三段论那样的东西；第二，逻辑和语言相关，语言表达告诉我们有"所有 S 是 P"那样的东西；第三，可以谈真，逻辑与真相关。黑格尔逻辑学中重要的就是这三点，认识到这个东西，你才能读懂黑格尔逻辑学中有价值的东西。

　　唐：您提炼出了黑格尔"逻辑学"中的三个关键词，即思维形式、语言和真，这对于我们把握黑格尔辩证法的精髓很有帮助。从黑格尔的文本中不难看到关于思维形式和真理的论述，但关于语言的论述似乎不容易看到。黑格尔"逻辑学"是如何与语言相关的？您能展开谈谈吗？

　　王：逻辑和语言相关，这一点非常重要。黑格尔《逻辑学》是从逻辑寻找出发概念，即"是"和"不"。这就是与语言相关的，因为逻辑的基本句式是"S是P"。人们把"Sein"翻译为"存在"，就把语言的东西翻没了。"存在"在日常语言中用得很少，能用来说明思维形式吗？黑格尔有明确的关于"系词"的论述，这显然也是与语言相关的。此外，他还有"这朵花是红色的"这样的举例说明，这同样是为了说明"是"，也是与语言相关的。根据西方语言的特点，当我们把"是什么"作为一个对象来谈的时候，需要给它命名。德文"Sein"对应于英文"Being"，就是"是什么"的名字，它就是我们熟知的词。所以说"Sein"是语言中的一个词，这一点很重要。

唐："Sein"是黑格尔逻辑学的核心概念，中译本把"Sein"翻译为"存在"，就体现不出逻辑和语言相关。在《"是"与"不者"》[①]一文中，您指出把"Sein"翻译成"有"或"存在"是错误的，在理解上带来一些问题。

王：是的。贺先生的第一个《小逻辑》译本把"Sein"翻译为"有"；第二个译本把"Sein"翻译为"存在"。第一篇"存在论"的第一句话被译为"存在只是潜在的概念。存在的各个规定或范畴都可用是去指谓"[②]。从中译文看，"存在"这个概念和"是"这个概念，哪个更基础？（唐："是"更基础。）这样问题就来了。如果黑格尔把"存在"作为初始概念，却还有一个更基础的概念"是"，这就说不通了。

再看一段译文："纯存在或纯有之所以当成逻辑学的开端，是因为纯有既是纯思，又是无规定性的单纯的直接性，而最初的开端不能是任何间接性的东西，也不能是得到了进一步规定的东西。"[③]这里说"纯有"是"纯思"。"有"怎么是"思"？至少不会是具有普遍意义的"思"吧？黑格尔的逻辑学与语言相关、与思维相关。联系语言表达方式、思维方式，你会发现德文"Sein"在思维和语言中不是"有"那样的词。

唐：开端非常重要。在《"是"与"不者"》这篇长文中，您把黑格尔逻辑学的一对初始概念"Sein"和"Nichts"分别翻译为"是"和"不者"，并给出了《小

① 王路：《"是"与"不者"——黑格尔逻辑学的核心概念（上）》，《清华西方哲学研究》2019 年冬季卷，第 3-31 页。
② ［德］黑格尔：《小逻辑》，贺麟译，北京：商务印书馆，2009 年，第 187 页。
③ ［德］黑格尔：《小逻辑》，贺麟译，北京：商务印书馆，2009 年，第 189 页。

《逻辑》和《逻辑学》中关于这两个初始概念的修正译文。以此为基础，我们如何理解黑格尔辩证法？例如，您给出了《小逻辑》第一篇第一段的修正译文："是乃是仅仅依自身的概念；它的规定乃是是（如何的），由此与其他不同情况形成区别，而且它的进一步规定（辩证法的形式）乃是向其他不同情况的过渡。这种递进规定既是那依自身而是的概念的向外设定并因而展开，并且同时也是那是向自身的回归。这种在是的范围内进行概念解释正是那是的整体，以此将扬弃是的直接性或者是本身的形式。"① 这里提到"是"向外"展开"是什么意思？它又如何"向自身回归"？"纯是"为什么是"纯思"？

王： 黑格尔在这里提到了辩证法，因此值得我们认真对待。对"是"的规定，就是为它增加了东西，相当于说它"是怎样的"。这样就使它得到确定，就有了规定。比如你说"它是白的"的时候，它就不是黑的，就和其他情况形成区别。除了说它"是白的"，你还可以对它做进一步说明，向其他情况过渡。"是"是一个概念，"向外设定"就是给它加东西，加上"是怎样的"，例如加上"是白的"，它就是有规定的东西，就是展开的东西。因此，它是这样的东西，就不是别样的东西，同时又"向自身回归"，为什么？不能单纯说"它是白的，不是黑的"，还要问为什么它不是黑的？这是由这个东西本身决定的。"是本身"的形式就是我这些年常说的基本句式"S 是 P"，这是一个整体，它是直接的，没有规定。黑格尔考虑的就是"S 是 P"这样的东西，这就是刚才说的语言，即我们通常所说的系词。按照这个理解，"是"是逻辑学的开端，"是"是纯思维，它没有任何规定性，把规定加上去之后，才会有内容。"纯是"就是没有加内容的，是直接的，是无规定的，加上 P，就是有规定的。

二、《逻辑学》的三个初始概念

唐： 黑格尔在《逻辑学》中明确地说"是"是无规定的。接着"是"和"不者"这两个初始概念，他论述了"变"。您也给出了关于"变"的修正译文，把原译文中的"真理"修正为"真"："纯是和纯不者乃是同一的。真之所是，既不是

---

① 王路：《"是"与"不者"——黑格尔逻辑学的核心概念（上）》，《清华西方哲学研究》2019 年冬季卷。

是，也不是不者，而是这样的：［不是（那）是向不者并且不者向是的转变］而是（那）是转变成了不者，不者转变成了是。但是，真也不是它们的没有区别，而是这样的：它们是绝对不同的，只是一方同样直接在其对立面消失。因此它们的真是这种一方向另一方直接消失的运动：变，即这样一种运动，在这个运动中，是与不者乃是通过一种区别而不同的，但是这种区别本身同样也已直接消失。"①这一段也很令人费解，您能进一步解释吗？

王："是"、"不者"和"变"是三个初始概念，对照关于它们的说明，你会发现不同。对"是"和"不者"就是从它们开始说的，直接说它们是什么情况。但是关于"变"却不是这样。你看这一段话：前面是关于"是"和"不者"的说明，其中谈及二者之间的关系，谈及"真"，并借助"真"来说明二者之间的关系。然后才谈到"变"："变"这个概念姗姗来迟，最后才出现。这就是说，一开始先谈到"真"，利用"真"来谈"是"和"不者"的过渡，从"是"到"不是"，从"不是"到"是"的变化过程，然后才说"变"。

"真"是什么？黑格尔说，真是"是 P"转变成了"不是 P"，"不是 P"转变成了"是 P"。要么"是 P"是真的，要么"不是 P"是真的。"是 P"和"不是 P"，二者只能有一个是真的。如果"是 P"为真，那么"不是 P"就是假的。因此，如果你说"是 P"，我说"不"，那么"不是 P"是真的，"是 P"就转变成了"不是 P"。

接着，黑格尔说"是 P"和"不是 P"是绝对不同的。"是 P"消失在"不是 P"当中，"不是 P"消失在"是 P"当中。如何理解"消失"？"消失"以真假来体现，可用真来说明。"不是 P"的情况，到"是 P"那里就消失了，在其对立面消失。例如，"是白的"是真的，"不是白的"就是假的。因此它们的真是从一方向另一方直接消失的运动。

黑格尔辩证法的思想比逻辑更宽，就体现在这地方：当你说它"是什么"的时候，就意味着它不是什么。而"是"自身是没有规定的，没有涵义，是纯粹的，当你给它增加一种规定的时候，或者增加一种内容的时候，它就已经形成一种否定，这就是一种"变"。当你说它不是什么的时候，又是一种变。对"不是什么"再进行否定的时候，它又是一种"变"。"否定之否定"，在逻辑上看得很清楚。读

---

① 王路：《"是"与"不者"——黑格尔逻辑学的核心概念（上）》，《清华西方哲学研究》2019 年冬季卷。

到黑格尔论述中不清楚的地方，记住从逻辑出发，按照逻辑的方式、语言的方式，结合关于真的思考，很多地方可以说得更清楚。

唐： 您结合逻辑关于基本句式的分析来解释"是"、"不者"和"变"这三个初始概念，对黑格尔辩证法的基本思想的解释确实是更清楚了。

王： 马克思和恩格斯的辩证法从黑格尔那来的。在逻辑学中，黑格尔围绕"S是P"这样的基本句式，谈出他的整个哲学，把"是"（Sein）和"不者"（Nichts）作为整个哲学的初始概念。为什么？因为他是按照谈思维的方式、谈思想的方式、谈思维运动的方式、谈认识的方式来做的。做出整个说明的时候，他认为可归结为这两个最初始的概念。他认为这是可靠的，因为他从逻辑出发。我认为他是有道理的。为什么？因为在西方哲学中，"S是P"是人们表达认识的最基本的方式。"是什么"既是我们提问的方式，也是我们回答问题的方式。当你问"是什么"，回答"是什么"之后，立即有了真假，所以真假与它直接相关。所以在西方哲学讨论中会产生逻辑这样的东西。亚里士多德用"S"和"P"这两个变元符号，把语言表达中的主语和谓词所表达的东西给抽象出去之后，突显了自然语言中与逻辑关系最密切的词，或者说作为逻辑要素的词，即"是"、"不"和量词"所有"，这样就可以构造出三段论这样的逻辑系统。这是一个很了不起的贡献。而这样的工作是围绕我们的认识展开的。亚里士多德工作以后，后来很多人，包括康德、黑格尔，都是沿着这个方向做的。尽管他们对逻辑有不满，比如认为亚里士多德逻辑太弱、太简单了，只是三个格十四个有效式。现代逻辑出现后，我们知道，三段论只是一阶逻辑的一个子系统，是一个一元谓词系统，很弱。尽管如此，亚里士多德逻辑提供了关于表达认识的基本句式的认识，提供了证明这种认识方式的理论和方法。这种方式和理论有一些特点，比如说它是形式的，它是与真相关的，它是科学的、纯粹的，这是对人们那种特定的思维方式给出的直观描述。后来人们在做这样的研究的时候，都是围绕它或者从它出发。黑格尔的逻辑学恰恰体现这点。黑格尔显然不满足这样的东西，他想说得更多，但基础的东西还是这样的。

读《逻辑学》，可以体会到黑格尔逻辑学与语言、真假、思维形式联系起来。黑格尔明确说，要从逻辑中寻找初始概念，一个初始概念是"是"（Sein），另一个就是"不者"（Nichts），这两个初始概念就是语言中的词。我把"Sein"翻译为

"是"，因为"是"是语言中常用的词。黑格尔要从逻辑寻找初始概念，而逻辑的基本句式是"S 是 P"，"S 不是 P"是其否定形式，因此"是"和"不是"是逻辑的初始概念。在传统逻辑中，"是"是逻辑常项，尽管现代逻辑中没有"是"这个词，今天我们不再分析这个词。传统哲学分析这个词，从亚里士多德到海德格尔（海德格尔虽然是现代人，但他依据传统逻辑来谈问题），都把"是"作为核心概念，因为他们要用传统逻辑的方式来说话。

三、辩证法与形而上学

唐：您写过一本书叫《"是"与"真"——形而上学的基石》，突出关于"是"（对应的英文为 Being，对应的德文为 Sein）的讨论在哲学史上的重要地位，强调"是"与"真"（truth）这个概念相关。[①] 例如，亚里士多德指出，"说是者是，不是者不是，乃是真的"。亚里士多德不仅把"第一哲学"或"形而上学"看作关于"是本身"的研究，还把哲学称为"关于真的知识"。您一直强调西方哲学研究是一脉相承的，"是"与"真"是哲学研究的主线。能否把黑格尔辩证法放到这一语境中理解？黑格尔如何把握"是"与"真"之间的联系？

王：我认为，是与真的联系，是研究哲学史，或者从哲学史的角度研究哲学问题的一个比较好的角度。它们之间的联系，在哲学史上可以找到很多，但是这并不意味着在所有人的著作中都可以看到，也不意味着每个人对它们之间的联系都有同等的认识。现在你有了自己感兴趣的东西，开拓并形成了自己的研究领域，虽然借鉴我的思路，但是肯定超出了我的研究范围。因此我不一定能够回答你的问题。而且，谈辩证法是一回事，谈黑格尔的辩证法是另一回事，尽管二者有非常密切的联系。必须承认，我不是研究黑格尔的专家。但是有一点可以肯定，他对二者都有论述。比如，他的逻辑体系是从"being"开始的，他也明确说过，"being"的真乃是本质。

唐：近年来关于辩证法的讨论有一些新变化。过去人们常说辩证法的核心是对立统一，我看了一些文献，发现国外学者侧重将辩证法和真联系起来讨论。近

---

① 参见王路：《"是"与"真"——形而上学的基石》，北京：人民出版社，2003 年，第 377-393 页。

年来，国内学者也注意到辩证法与真的联系。例如，有的学者指出，关于"真理"的"逻辑学"构成了黑格尔辩证法。您对这些说法怎么看？

王：我想提醒你注意一个问题。国内学者谈辩证法与国外学者谈"dialectics"（辩证法），是有很大区别的。我说很大，而不是根本，主要是为了留有余地。把它们混在一起说是容易出问题的。比如，在国内许多学者的眼中，辩证法是与形而上学相对立的概念，这在国外学者那里是不容易看到的。辩证法与真相联系，这在国外文献中是不难看到的，国内文献能够有这种看法，大概与这些年学术交流和进步有关。但是这样的看法大概不是普遍的。下面我分几个层次来回答你的问题。

首先，我一直有一个困惑，我至今也不清楚什么是辩证法，就是说，辩证法的定义是什么，乃是不清楚的。许多人谈论辩证法，他们谈论辩证法的意义和作用，好像这是一个自明的概念。我也经常说辩证法，好像也知道什么是辩证法。但是你真让我说它是什么，我就迷惑了。

其次，与前一个问题相关，人们谈论马克思的辩证法，马克思主义辩证法，或者谈论黑格尔的辩证法。如果辩证法是一个自明的概念，那么这些辩证法似乎也是可以说清楚的。但是，你去看文献，似乎是找不到答案的。如果辩证法是什么不清楚，你刚才提到的那些问题又怎么能够说清楚呢？比如"关于'真理'的'逻辑学'"构成的辩证法。假定真理这个概念是清楚的，逻辑学这个概念可以是清楚的，那么它们是如何构成辩证法的呢？它们构成的辩证法又是什么样子的呢？

我更愿意谈黑格尔辩证法和马克思的辩证法。这一定是比较具体的，因为它们应该可以在黑格尔和马克思的著作中找到文字依据。你说到马克思主义辩证法的核心是对立统一。核心是个比喻，大概指它的基本内容，或主要内容，或最重要的内容。但是假如辩证法是一门科学，我的问题是，它的内容或主要内容与这门学科能够等同吗？二者的关系是一个方面，就是说，即使可以说对立统一是辩证法，能不能说辩证法是对立统一？毕竟还有另一个方面，即对这两个概念的理解：什么是辩证法？什么是对立统一？对对立统一的说明能够说明辩证法吗？对辩证法的说明能够说明对立统一吗？

唐：英美学者讨论黑格尔辩证法时，联系"真"来说明《逻辑学》中的"是"

等一系列范畴。例如"新辩证法"的代表人物托尼·史密斯（Tony Smith）教授认为，黑格尔在《逻辑学》中提出了一系列范畴，各范畴把握"真"的能力不同；"是"（being）位于这个范畴体系的起点，它最简单，无规定，无内容；而"存在"（existence）位于更高的层次，它有内容，比"是"（being）更复杂，更具体。"本质论"（the doctrine of essence）中的范畴比"存在论"（the doctrine of being）中的范畴有更大的能力去把握真。① 对于这种观点，您是否同意？

王：你说的这个人的东西我没有看过，对他的理论就无法评价，对他关于黑格尔思想的评价也就无法评价。我只能从我对黑格尔的理解，字面上回答你的问题。你说的可以简单地归为两个问题，一是"being"与"existence"的关系，另一个是"本质论"与"存在论"的关系。黑格尔的著作中明确使用了"being"和"existence"这两个词，而他的逻辑体系是从"being"出发的。因此，说"being"是起点肯定没有问题。

至于本质论和存在论的关系，不仅你说得复杂了不少，我的回答也会复杂许多。首先，如果说是与真相关，那么本质论的范畴与真相关当然是有道理的。把握也是相关，因为本质乃是"是什么"所表达的东西，因而本质论当然与"being"相关。但是存在论范畴我不太清楚。如果这里的存在指的是"existence"，那么我不太知道它的范畴是什么，因而不太知道后面的相关表述是什么意思。如果它指"being"，那么就比较容易理解了。这是因为在我看来，黑格尔没有什么"存在论"，而有关于是的理论。这也就是为什么我不同意把"being"翻译为"存在"。黑格尔把"being"这个概念当作出发点，他的做法是去掉它日常具有的含义，因而得到一个纯粹的概念。那么什么是"being"的日常含义呢？一种是"S是（is）P"中"是（is）"的含义。另一种是"上帝 is"中的"is"的含义，即一种非系词意义上的含义。前者是本质论或者可以是本质论意义上的东西，后者肯定不是。认识到这一点也就可以看出，关于 being 的思考还有更复杂的东西。至于说"内容"指的是什么，我不太清楚。黑格尔本人是不满意仅考虑 S 是 P 这样的东西，但是我不清楚这里的内容是不是指其中 S 和 P 所表达的东西。

谈论黑格尔的"being"问题也是同样。如果谈"存在论"，字面上就不清楚了。

① Cf. Tony Smith, *The Logic of Marx's "Capital": Replies to Hegelian Criticism.* State University of New York Press, pp.13-14.

因为可以问，他谈的"存在"是"being"，还是"existence"？如果看到他谈的是"doctrine of being"（Sein）和"doctrine of essence"，而其中又有关于"existence"的论述，比如其中有一章的题目就是"Die Existenz"，显然字面上就是有区别的。中译文为了区别，把"being"译为"存在"，把"existence"译为"实存"，且不说这样翻译是不是有道理，至少字面上是不容易区别清楚的。前些日子我看了《大逻辑》的一个英译本，2010年出版的，它把其中的"Dasein"都译为"existence"。它的许多解释说明很有意思。在我看来，"Dasein"与"Sein"不同，前者是"ist da"的名词形式，字面上有存在的意思。仅就这个词而言，这样翻译也许不是没有道理，但是在黑格尔的文本中，却会有问题。译者也知道这里的问题，他把"Existenz"译为"concrete existence"。① 在我看来，这无疑是有问题的。同样的"existence"，怎么到了英文中就变成"具体的 existence"了呢？！不过，由于"Sein"一词本身没有译为"existence"，而是译为"being"，因此，整体翻译基本保持一致。对照之下，你就可以看出中译文的差异了。一上来就把"Sein"（being）翻译为"存在"，意思就全变了。顺便说一句，就研究黑格尔而言，只看《小逻辑》是不够的，还是要读《逻辑学》。看中译文，大致了解一下还可以，研究肯定是不行的，至少要看英译文吧。

唐：黑格尔的《逻辑学》是一部令人望而生畏的经典。有一种说法是，黑格尔的《逻辑学》太过专业，要学的知识太多，我们只需要关心马克思对黑格尔的思想把握到什么程度、黑格尔的思想是保守的还是革命的等问题，从而快速进入研究领域。您怎么看？

王：我觉得这种看法很怪。人们不是都知道而且盛赞马克思为了写《资本论》而看了多少多少书吗？怎么到了今天却可以不读书、不学专门的知识呢？想"快速"大概是想走捷径。我不知道如何快速进入一个领域。既然知道是一个领域，那么这个领域是如何形成的呢？难道它会没有什么基础性的东西吗？难道它会没有任何理论和方法吗？它的思想成果难道没有知识谱系吗？不读书实际上是无视前人的成果。以为只要从问题出发就可以进行研究，其实是很无知的想法。不基于已有成果而思考问题，充其量只是常识性的认识，是当不得真的。具体地说，

---

① Cf. G.W.F. Hegel, *The Science of Logic*, trans. G.D. Giovanni, Cambridge University Press, 2010 pp. 144-152; Lxviii-Lxix.

谈论辩证法而不知道辩证法是怎么一回事，谈论黑格尔的辩证法而不知道他关于辩证法都说了些什么，我只能说很无奈吧。

唐：黑格尔提出，逻辑要研究内容，而且从"Sein"和"Nichts"这两个概念出发进行研究。应该如何理解"内容"与"是""不者"之间的关系？

王：黑格尔在《逻辑学》中延续了传统的说法。康德提出，逻辑是研究形式的科学，不研究内容。基本句式"S 是 P"，只有形式，没有内容。黑格尔把逻辑的核心概念细化，指出"是"（Sein）这个词本身作为初始概念，本身无内容，用黑格尔的话说，Sein"无规定"，是直接的。"是"用到句子中，就有了内容，有了规定。"不者"（Nichts）也一样。它们还是相互的否定。当我们说"是"什么，就暗含了"不是"什么，这时"S 是 P"就有了内容，有了规定。逻辑不考虑 S 和 P 的特殊东西，逻辑考虑真假。黑格尔从 Sein 和 Nichts 这样两个概念出发，去掉它们的日常涵义，获得纯粹的概念，再加一个"变"（Werden），就获得了他构造逻辑体系的初始概念。我们前面说过，黑格尔在"变"中引入了真假概念，这种考虑方式与逻辑是一致的。但黑格尔不区分句法和语义，把它们混在一块谈。

四、现代逻辑与辩证法研究

唐：您的意思是说，黑格尔用"真"来说明"变"，涉及语义，但他不区分句法和语义。句法和语义的区分是现代的概念，这是现代逻辑的一个重要贡献，它对哲学研究有什么意义呢？

王：这是一个好问题。最近几年，我根据弗雷格的思想做出句子图式，区分出三行（三个层面）。第一行是关于语言的，比如说句子、主词和谓词，与外界、思维没有关系；第二行是意义，句子的意义是思想，可以跟外界、心灵对应；第三行是意谓，是句子的真之条件。黑格尔所说的"对象"和"概念"是第二行的东西，而真假在第三行。所以，在黑格尔那里，概念和对象有关系，但是它们与真似乎没有什么关系。

我把句子图式做出来以后，又讲了很多年，这几年越来越清楚地认识到它的意义。关于形式和内容的区分，直到弗雷格才说清楚。句子图式的第二行可以是内容，弗雷格也把断定符"⊢"中的横杠称为"内容线"。弗雷格区分出句子的涵义和意谓，涵义是第二行，意谓是第三行。如果说语言有内容，那么内容应该在第二行，不在第三行，第三行是真之条件。通过句子图式，形式和内容的区分才能讲清楚。逻辑学家关注第一、三两行，并且有明确而清晰的说明。哲学家关注第一、二两行，但是他们的一些说明将第二、三两行的东西混淆了。

唐：我学习了您的《语言与世界》，句子图式是贯穿全书的线索。我看到，近年来您借助句子图式研究德国哲学，发表了一系列很有影响的论文。受您启发，我想，能不能借助句子图式说明黑格尔辩证法的核心概念——"否定"？美国学者布兰顿用"实质不相容"来说明黑格尔的"规定的否定"，它不同于逻辑的"形式否定"。例如，"a 是黑的"与"a 是白的"是"实质不相容的"，判断这两个句子之间具有"实质不相容"关系涉及句子涵义；而逻辑的"否定"是形式否定，即判断句子"A"与"非 A"之间具有"形式否定"关系不涉及句子涵义。目前，哲学研究中出现了一个有趣的现象。分析哲学和德国哲学从前是不相为谋的，但近年来，分析哲学与德国哲学之间的隔阂正在消融。在黑格尔研究中，以布兰顿为代表的英美分析哲学家对黑格尔思想的解读很有影响力，德国哲学家也很关心分析哲学的发展。您如何看待这种现象？

王：宽泛地说，这种现象说明了现代哲学家们的知识结构发生了变化。现代哲学家们学的都是现代逻辑，比如说学了一阶逻辑，知道有句法和语义区别。他们在考虑问题的时候，就从句法和语义的区别角度去讨论，例如讨论黑格尔的思想遗产。传统亚里士多德逻辑对句法和语义的区别不是非常清楚。黑格尔谈否定，谈"A"和"非 A"，也谈"纯是"，认为它有了规定性，就形成自身的否定，即当说"是 P"，就意谓着"不是 Q"，这就讲得不是很清楚，因为他把句法和内容方面的东西混淆起来。现代逻辑为什么能说清楚？因为现代逻辑把语义加进去了。光有句法（句法是语言层面的东西）没有语义不行。而一旦句法和语义区别清楚，人们再谈这些问题，就不一样了。

唐：关于这个问题您能多说几句，谈得具体一些吗？

王：比如说像你刚才谈的问题，这里最主要的问题是"形式否定"和涉及涵义的否定的区别。涵义的否定被称为"实质不相容"，指的是它暗含了"形式否定"。"a 是白的"就意谓着"a 不是黑的"。布兰顿为什么说"a 是黑的"与"a 是白的"这两个句子实质不相容呢？因为布兰顿认为，"a 是黑的"就等于说"a 不是白的"，而"a 不是白的"与"a 是白的"是矛盾的。所以"a 是黑的"与"a 是白的"当然就是否定关系。但这种否定不是一种形式否定,因为形式否定就是"A"和"非A"之间的关系。所以现在哲学家的讨论都借助了现代逻辑。

哲学家们学习了现代逻辑,认识到句法和语义的区分之后,再看传统哲学的东西,发现传统哲学的很多东西说得不是很清楚。例如,我们讨论黑格尔辩证法的实质,不能说黑格尔否认矛盾律。你在黑格尔著作中,很少看到黑格尔白纸黑字地说矛盾律是错的,很少看到他否认矛盾律。黑格尔认为,当你说出"a 是什么"的时候,就暗含着"a 不是什么"。这就是辩证法的实质。"实质不相容"其实就是从这来的。当你说"a 是黑的"的时候,也就意味着"a 不是白的"。因为,从形式上说,"a 不是黑的"才是"a 是黑的"的否定。但我说"a 是白的",已经意味着"a 不是黑的";说 a 是这样的,就意味着 a 不是那样的,这是黑格尔的原话。辩证法不就是这个意思吗?因为 A 自身没有规定性,当我们给它做了说明,A 有了规定性,它就变成了自身的否定。这是黑格尔自己的思想。所以黑格尔关于否定的说法,不是现代逻辑说的"A"与"非 A"的关系,不是说"A 是真的,则非 A 是假的"。

现在的哲学家在解释黑格尔的时候,他们运用了现代逻辑的方法,他们的知识结构变了。他们的知识结构已经不是传统逻辑那样的东西了,而是现代逻辑的知识。因此,同样是分析黑格尔的思想,用这样的知识结构分析黑格尔,显然与过去不一样了。而这种现象不仅发生在黑格尔研究和德国哲学研究中,古希腊哲学研究也是如此。这样的文献很多。布兰顿很有名,我很多年前就看过他的《使之清晰》①这本书。他的书很好读。用现代逻辑的方法研究黑格尔哲学、研究古希腊哲学,结果肯定不一样。人们把这些成果归功于分析哲学。在我看来,分析哲学就是逻辑分析。用分析哲学家的话说,哲学的根本任务就是对语言进行逻辑分析。这句话的重点就在逻辑分析。什么是逻辑分析?就是运用现代逻辑的理论和方法去进行分析。看到这一点,我们就明白为什么有这样的现象。这些哲学家都学过现代逻辑,而且都学得非常好。所以,我鼓励年轻一代以这样的方式读黑格尔的《逻辑学》。

---

① Brandom, R.: *Making It Explicit: Reasoning, Representing, and Discursive Commitment*, Mass.: Harvard University Press,1994.

唐：感谢您的建议，我好好读黑格尔的《逻辑学》。您用现代逻辑的理论和方法解释黑格尔逻辑学的核心概念，这对我们进一步研究黑格尔辩证法很有启发。

（唐芳芳、王路：《黑格尔的〈逻辑学〉与辩证法——访王路教授》，原载"外国哲学研究"公众号，2024 年 4 月 30 日。）

第二部分

形而上学是西方哲学的主流，而"是"与"真"是形而上学的基石。第二部分的四篇访谈《"是与真"与形而上学》《Being 与哲学》《逻辑、语言与世界》和《逻辑与形而上学的深层关系》，主要就是谈"是"与"真"。

从现代逻辑的角度看，"是"与"真"就是句法和语义方面的东西，而在国内哲学界，王路先生被称为"一'是'到底论"这一颠覆性观点的代表人物，对于厘清这些概念的含义以理解西方哲学，尤其是形而上学，实有开创之功。

王路先生在形而上学的意义上理解哲学是以专业哲学家的方式来谈论哲学。"形而上学与逻辑是相通的，是结合在一起的，是先验的"，一个哲学家讨论"是"或"真"的方式既可以基于传统逻辑也可以基于现代逻辑。语言使得思维得以客观化，"文本"就成了哲学研究的关键。他主张，"按照文本进行解读，形成自己的认识，阐述自己的想法，这就叫哲学家的工作。一些人谈到哲学研究，总说要有问题意识。这话本身不错，可问题从哪来的？难道不是从文本来吗？先要有文本的解读，才会有问题。这是我对哲学中问题本身和问题意识的一个看法。……你跟着他们往前走，只要态度端正，方法得当，持之以恒，一定会有自己的收获，一定会有自己前所未有的东西"。

在数十年学术积累的基础上，王路先生明确地提出自己关于哲学的观念："哲学是关于认识本身的认识。"这显然与解释世界相关：科学是关于事物的认识，哲学是关于认识本身的认识，科学有科学性，哲学也应该有科学性，科学讲究证明，哲学也同样，如果说哲学的证明与科学的证明不同，那么我们可以说哲学讲究论证。20 世纪分析哲学家相信通过分析语言可以达到关于世界的认识，我们也相信，通过分析语言，可以解释世界。

"是与真"与形而上学

访 谈 者：梅祥

访谈时间：2018 年 11 月 6 日

梅祥，哲学博士，现为华东政法大学文伯书院逻辑教研室副教授、华东政法大学刑事法学院诉讼法学硕士生导师，兼任全国政法大学立格哲学联盟常务理事、上海市逻辑学会理事。主要研究方向为逻辑学、分析哲学、形而上学、证据法学，出版专著《塔尔斯基真之语义理论研究》，在《中国行政管理》《自然辩证法研究》《世界哲学》和《哲学分析》等刊物发表逻辑学、哲学、法学论文多篇。曾获得华东政法大学第二届青年教学贡献奖、第八届教师教学竞赛特等奖、上海市第五届高校青年教师教学竞赛暨第六届全国高校青年教师教学竞赛选拔赛三等奖、上海市第七届青年教师逻辑论坛论文一等奖、中金缘法奖教金，连续多届被评为华东政法大学"我心目中的最佳教师"。

鄱阳湖，2014 年 11 月 14 日

梅祥（以下简称"梅"）：王老师，您好！我这段时间听了您许多关于"是与真"的报告，您这方面的著作我也读过，有许多思考。现在我越来越认识到这个问题的重要性。借这次您到华东政法大学讲学的机会，我想围绕这个题目向您请教几个问题，您觉得可以吗？

王路（以下简称"王"）：当然可以。

一、关于几本书

梅：在 2003 年出版《"是"与"真"——形而上学的基石》之后，您于 2007 年出版了《逻辑与哲学》。您在该书序中说，有关 being 的研究可以暂告一个段落。该书最后一章的题目是"真与是"，似乎恰好与《是与真》一书相呼应，也显示出该项研究大致完成的意思。但是情况并不是这样。我看到您后来又写出《读不懂的西方哲学》（2011 年）、《解读〈存在与时间〉》（2012 年），以及《一"是"到底论》（2017 年）。这是为什么呢？

王："是与真"是我考虑了许多年的问题了。我在社科院的时候，一些朋友对 being 问题感兴趣，周二见面的时候我常给他们讲 being 问题。每次谈的时候他们都很清楚，回去之后又不清楚了。后来他们说，你干脆把它写下来吧。《是与真》写完大概是在 2001 年前后，发表是在 2003 年我到清华以后。这本书主要是从语言层面对"是与真"进行讨论。你把 being 看作外文当中的一个词，翻译成中文的时候首先你得把它翻译成一个词，这个词要表达它本身所包含的许多思想。我当时提出要把它翻译成"是"，主要在系词的意义上理解它，并且应该把这种理解贯彻始终。这是一个基本观点。那本书在语言层面上谈的比较多，并且从这个角度讲了很多人的相关思想。这本书写完后，我觉得"是与真"这个问题仅仅从语言层面上来谈还不够，还应该从学科上来谈。所以后来我在清华申请了一个项目"逻辑与哲学"，谈的还是"是与真"，但是从学科的角度来谈。我认为西方哲学的核心概念是 being，但是西方哲学的基础或者它所使用的理论和方法是逻辑。逻辑中所说的"S 是 P"的那个"是"，being，是个常项。所以，being 不仅是哲学的基本概念，也是逻辑的基本概念。两者在字面上是相通的，也就是说，西方哲学与逻辑这两门学科是相通的。我当时认为，这样就从语言层面和学科层面把"是与真"谈清楚了，而且我当时的一个主要目的是给国内一些搞西方哲学的朋友们提供一个思考的视角，所以我在 2007 年那本书里讲"这个研究可以告一段落了"。这两本书出来以后，我听说有人说，"王路是搞逻辑的，他不懂"。我确实看到一些人在文章中或明或暗地对我的观点提出批评，认为"是"这个翻译反映了一种逻辑主义的理解，与"存在"的哲学理解是相悖的。在他们看来，"存在"是哲学的理解，"是"是逻辑的理解。我当然认为这种观点是错误的。所以我觉得这个问题还得继续讨论。于是我又写了《读不懂的西方哲学》《解读〈存在与时间〉》，明确地指出从"存在"理解 being 是有问题的，直到 2017 年出版了《一"是"到底论》。

梅：我发现，您在《是与真》中提到逻辑与哲学的关系，在《逻辑与哲学》中专门论述了二者之间的关系。而在后来的著作中，您虽然也谈到它们之间的关系，但是似乎都不如前两部著作那么强调。这是为什么呢？

王：本来我认为谈"是与真"一定要把哲学与逻辑结合起来。一般而言，人们说西方哲学的根本特征是逻辑分析，可是到具体分析的时候往往会忽略这一点。在我的观点出来之后，有的人说你把 being 理解为"是"，你是一种逻辑的考虑。有人甚至认为你这里有一种倾向，就是要把形而上学的考虑给割裂出去。这显然是一种错误的看法。怎么办呢？那就不谈逻辑吧。我的意思是说，即使不谈逻辑，我们仍然可以看到西方人谈论的 being 是"是"，而不是"存在"；西方谈论的 truth 是"真"而不是"真理"。但是这样一来，就要做文本分析的工作。我不得不说明，being 翻译成"存在"，现有译文是读不懂的；我将它修正为"是"，文本就好读了，就容易懂了。这样也就避开谈论逻辑，没必要非得强调逻辑，但结果还是一样的。being 是西方哲学的核心概念，是系词意义上的东西。谈逻辑能帮助你理解它，不谈逻辑理解也是一样的。换句话说，不谈逻辑并不意味着里面没有逻辑。即使不谈逻辑，我们仍然能看到"being"表达的东西就是"是怎样"的东西，与它对应的词就是"是"。

梅：《是与真》从巴门尼德到海德格尔，谈到许多人，唯独没有谈柏拉图。《逻辑与哲学》从亚里士多德到维特根斯坦，您又谈论了许多人，但是最后专门用一章谈论柏拉图。这样的讨论方式我觉得有些奇怪。这两本书的人物思想都是按照历史顺序谈的，唯独在柏拉图不是这样：一本没有谈，另一本放在最后。后来在《读不懂的西方哲学》中就正常了：您把柏拉图列为第一章。请问您这样做是随意的还是有意的？这样做的原因是什么呢？

王：顺序不一致肯定是有问题的。我最早读柏拉图是 80 年代初期，因为要做亚里士多德的研究。后来我研究弗雷格之后，柏拉图就放下了。再后来做"是与真"研究，我又重新读柏拉图。对一个人没有足够研究是不能写的。（梅：您说的"足够"是什么意思？）我指的主要是我对二手文献研究得不够。谈论"是与真"当然会涉及柏拉图，但是他在许多著作都讨论了 being，比如《理想国》《智者篇》《泰阿泰德篇》《巴门尼德篇》等等。换句话说，选点很难。所以一开始我回避了柏拉图。巴门尼德就比较好谈，因为他残篇内容集中，而且他的论题非常出名。谈论 being 问题可以不谈柏拉图，但一定要谈巴门尼德。所以一开始我没有谈柏拉图。后来我觉得我对他的晚期著作有比较深入的理解和研究以后，也就可以写他了。《逻辑与哲学》有两稿，第一稿没有写柏拉图，后来加了这一章。因为我认为，把柏拉图加上去会对我们思考逻辑与哲学有帮助。柏拉图的讨论肯定都是哲学的讨论，因为他那里还没有产生逻辑。假如柏拉图的思想与亚里士多德的思想没有任何联系的话，柏拉图的思想就是孤零零的东西，这对于逻辑的产生没有任何影响。但是我认为亚里士多德逻辑是有思想来源的。它不是花果山上的石猴，不是凭空蹦出来的，它的思想来源一定是柏拉图。

梅：为什么不会是其他人呢？

王：也许其他人那里也有它的思想来源，但是我们看不到，因为没有文本，我们只看到柏拉图的对话。从柏拉图的对话可以看到，比如《泰阿泰德篇》，他那里是没有逻辑的，但是有与逻辑相关的考虑，我们可以把这些考虑看作是具有逻辑倾向性的考虑。比如他关于"是""不是""真""假"的考虑与亚里士多德形成逻辑的考虑是相关的。如果这样去理解柏拉图著作，我们会有一个新的视角。所以我当时做了这么一个工作。但是前面的工作已经完成了，要把这部分内容加到前面，后面就得重新写，整个体系就都打乱了。于是我就"偷了个懒"，在全书不做改动的情况下，把它放到最后一章。到了写《读不懂的西方哲学》的时候，我对柏拉图有了许多研究，这时候我就可以堂堂正正地把柏拉图的东西放到第一章去谈。最近我还写了一本书，叫《逻辑的起源》，不光是谈论《泰阿泰德篇》，我主要谈的是《智者篇》，我以《智者篇》为文本谈论"是"，谈论柏拉图的相关思想。当然这是后来的工作。

二、关于"是"与"真"的问题

梅：在《是与真》的导论中，您提到了关于 being 和 truth 的翻译错误的问题，您提出正是因为错误的翻译导致我们难以读懂西方哲学。之后您又单独写了一本《读不懂的西方哲学》来谈这个问题。但是我发现在《读不懂的西方哲学》中您只谈了关于把 being 错译为"存在"的问题，并没有再谈把 truth 错译成"真理"的问题。这是为什么呢？

王：你是对的，这确实是一个问题。我第一次谈 being 是在 1992 年，我写了一篇论文《论"是"的逻辑研究》，在那里我谈了 being 有多种涵义，也有一种"存在"的涵义，而且我谈到 being 要与"真"联系起来。1996 年，我发表了《论"真"与"真理"》这篇文章，我明确谈到把"truth"翻译成"真理"错了，应该把它翻译成为"真"。在那篇文章中，我还谈了应该把"真"与"是"的理解和研究联系起来。那时我有一个错误的认识，我以为 being 难谈，truth 好谈。所以要先谈 truth，然后谈 being。现在 truth 谈完了，所以可以开始谈 being 了：因为从传统哲学来看，being 问题的影响太大了。但是后来我发现不是这样。其实 being 的问题好谈，而 truth 的问题难谈。因为 being 可以是一个句法概念，我们可以从西方哲学家的著作中找到很多支持，比如关于系词的论述，关于举例的说明，比如"风是冷的"，"天是蓝的"；还有很多跟逻辑的联系，比如 being 是一个逻辑常项。所以从句法的角度来理解 being，我们至少可以找到许多西方哲学家提供的支持论证。我认识到，being 好像难谈，实际上却好谈，而 truth 却不是那么好谈。truth 是语义概念，人们在使用这个概念的时候带有对它的理解。当人们把它当作一个对象来谈的时候，它的基本意思就是"it is true"，这是在一种语义的角度上说的。那么如何对这个语义概念进行理解，这反而成了一个问题。最近我又开始谈这个问题，这你是知道的①。

"是"与"真"这两个概念是密切结合在一起的。因为 being 可以从句法角度理解，而 truth 无法从句法角度来理解，只能从语义来理解。所以谈论它们的时候既要把它们联系起来考虑，又要把它们区别开来。通过讨论语言哲学，我们有个

① 参见王路：《为什么是"真"而不是"真理"》，载《清华大学学报》，2018 年第 1 期；《为什么要区别真与真理——回应邓晓芒教授的批评》，载《河北学刊》，2018 年第 2 期；《再论真与真理》，载《求是学刊》，2018 年第 3 期；《真、真理与真相》，载《湖北大学学报》，2018 年第 5 期。

明确的认识：就是现代逻辑使得真这个概念得到凸显，用波普尔的话说，由于塔尔斯基的工作，我们敢谈"真"了。应该看到，弗雷格的逻辑使得我们可以从句法的角度，比如他说的那个函数结构来探讨问题，但是他的这种函数结构却是基于真来考虑的。比如弗雷格说"'真'这个词为逻辑指引方向"，"概念是一个其值总是一个真值的函数"，"句子的意谓是真值"等等，以及其他许多这样的论述。人们可以从真的角度去谈句子的涵义。因此我们认识到真是一个语义概念。在传统哲学中，being 确实谈得多。当然关于真这个概念的讨论也有，它依然是一个语义概念，但往往是按照常识性理解来谈论的。比如亚里士多德说的：说是者是，就是真的；说是者不是，就是假的。康德说的：真乃是认识与对象的符合。这些都是常识性的认识。

梅： 您的意思是说把 being 译为"存在"和把 truth 译为"真理"都有问题，但是前一个问题更明显，影响更大吗？

王： 其实都是很大的问题，但是从文献上说，我们会感到把 being 翻译成"存在"问题更大一些。（梅：为什么？）因为 being 是一个核心概念，在整个西方哲学，尤其是形而上学讨论中，它一直是一个核心概念。因为它是一个句法概念，人们可以在句法的意义上讨论它，它到处出现。反过来你看西方哲学中人们也会谈真，但是谈论真却不是贯彻始终的，不是连篇累牍的，给人感觉好像是时隐时现的。如果说把 being 翻译成"存在"是一种错误的理解或认识，把 truth 翻译成"真理"也是一种错误的理解认识的话，那么当然前一种错误比后一种错误的影响要大。比如我们把海德格尔的 *Sein und Zeit* 翻译成《存在与时间》；把亚里士多德说的"有一门科学，它研究 being qua being"翻译成"有一门科学，它研究作为存在的存在"；把笛卡尔的名言 cogito ergo sum 翻译成"我思故我在"等等。虽然把 being 错译为"存在"比把 truth 错译为"真理"的影响更大，但是我觉得实质是一样的，因为 being 与 truth 实际上是从不同角度谈同一个问题。也就是说，西方哲学家在谈认识的时候，谈 being 和谈 truth 其实是一样的，只不过角度不同而已。

梅： 我的博士论文与塔尔斯基的真之理论有关，所以我对真这个概念有比较多的认识和理解。我完全赞同您的观点：应该将 truth 译为"真"，而不是译为"真理"。但是我仍然想问，是不是要像坚持一"是"到底一样，将 truth 译为"真"，并坚持一"真"到底呢？

　　王：这里有两个问题，首先"一是到底"是别人的说法，不是我的说法。我的说法是：应该把西方哲学中的 being 理解为"是"，应该在系词的意义上理解 being，并且把这种理解贯彻始终。别人后来把这种观点称为"一'是'到底论"。"一是到底"，字面上给人的感觉是：凡遇到那个 being，都把它翻译为"是"。这就很容易把一个理解的问题变成一个翻译的问题。关于 truth 这个问题也一样。我认为应该主要在"真"的意义上理解西方人所说 truth。为什么？因为 truth 是 is true 的名词形式，所以要在"是真的"意义上理解 truth，并且把这样的理解贯彻始终。但是如果把它变成一"真"到底，我觉得就麻烦了。这样就相当于说，凡是看到这样的表达，你都把它翻成"真"。这又把一个关于理解的问题转换成一个关于翻译的问题了。当然问题就比较多。举个例了吧。特朗普说："people must know the truth"，如果把它翻成"人民必须知道真"，这就显得荒唐。truth 这个词，你把它搁在句子图式 ① 第三行理解，就是真值；搁在第二行理解，就是句子所表达的东西了。特朗普说的显然是句子所表达的东西，应该是第二行。

　　梅：您的意思是说，哲学讨论与日常表达是有区别的吗？

　　王：是的。塔尔斯基的论文 ② 说的是 "the concept of truth"，明确地说探讨的是 "is true" 这个表达式的意思。哲学家在谈 truth 的时候，有加复数和不加复数的区别。多数情况不加复数，这时候指的是真。比如康德说，truth 就是认识与对象相符合。这个 truth，放在句子图式中看应该是第三行，或者，你如果把它理解为第三行的话，它显然应该是真。当给 truth 加复数的时候，这时候指的不是第三行而是第二行的东西，这时候就要考虑它表达的是什么。我的观点是，哲学家们在谈 a truth 或 truths 的时候，可能会考虑很多东西，比如可以谈 sentence（句子），可以谈 proposition（命题），可以谈 judgement（判断），可以谈 statement（陈述）。在不同的上下文里，可以把 truths 翻译成比如真句子、真命题、真判断等。在没

---

① 句子图式指一种刻画语言与语言所表达的东西的图式。它有一个最基本的形式：

　（语言）句子：谓词　　　　　　　/专名
　（涵义）思想：思想的一部分　　　/思想的一部分
　（意谓）真值：概念　　　　　　　/对象

　在这个基础形式上可以构造更多的句子图式，句子图式能帮助我们认识到语言和语言所表达的东西是不同的（参见王路：《语言与世界》，北京：北京大学出版社，2016 年）。

② 指的是 Tarski, A.: "The Concept of Truth in Formalized Languages", in *Logic, Semantics, Metamathematics*, Oxford: Clarendon Press, 1956。

有参照物的时候，把它翻译成"真理"也可以。但是这种情况相对来说是比较少的。所以我说 truth 的问题比 being 要复杂，因为它是个语义的东西，它只能依据理解，没有句法支持，不像 being 有句法支持。所以我说句子图式是有帮助的。你要把 truth 理解为第二行的，翻译成"真理"是可以的；而如果理解为第三行的东西，就一定不能翻译为"真理"。也就是说，将 truth 理解和翻译为"真"还是"真理"，是有根本区别的。我可以非常肯定地说，按照我对西方哲学的理解，在绝大多数情况下，哲学家们都是在第三行的意义上说的。所以 truth 不是第二行的东西，不是真理，它是真。

梅：您能举个例子说一下吗？

王：好吧。比如"2＋2 等于 4"或"雪是白的"。这句话本身是第一行的东西，我也可以说它是真的，对吧？当我谈论它的真的时候，这个"真"应该是第三行的东西，对不对？这句话还表达了一些东西，无论是什么，都应该是第二行的，对吧？因为我说出这句话，我表达了一个意思，你听到我这句话，你理解了这个意思。我们都承认它是真的。这样就有了三个东西。我们可以谈论这个句子，可以谈论它所表达的东西，也可以谈论它的真，或者谈论它所表达的东西的真。对于理解西方哲学家的谈论也是同样。如果将他们说的 truth 翻译成"真理"，就理解和表达为第二行的东西，如果翻译为"真"，就理解和表达为第三行的东西。这当然是有区别的，而且是重大的区别。所以哲学中才会有 the truth of a proposition 和 the proposition of truth 这样不同的表达和关于它们的不同的讨论。前一句谈的是第三行，后一句话谈的是第二行（或也可能是第一行），当然是不同的啊。刚才说到康德谈论真是认识与对象的符合。我们说从理解的角度你可以把他说的 truth 解释为第二行东西，你也可以把它解释为第三行的东西，但这是不一样的。你还可以看到，康德没有我们今天这样关于第三行的认识，所以他的论述并不是那样清楚。反过来我们今天区别出第三行和第二行，以此来进行说明，我们可以说得更加清楚。

三、关于形而上学

梅：在您关于"是与真"的研究中，您提到了巴门尼德、亚里士多德、笛卡尔、康德、黑格尔、弗雷格、罗素、维特根斯坦、奎因、达米特、戴维森等人，我发现他们更多的是研究形而上学或者语言哲学的哲学家。我们在日常生活中还经常听到其他一些被称为哲学家的人，比如尼采、叔本华、萨特。罗素曾把尼采称为"文艺性哲学家"，认为他对本体论和认识论并没有什么贡献。但是他们在大众中非常受欢迎，我国也有一些著名的哲学家，我发现您从来都不谈论他们，这是为什么呢？您对这些哲学家做哲学的方式有什么看法，您赞同罗素的说法吗？

王：你如果读过我近几年写的一些文章的话，你会发现最近我明确谈了两个东西，一个是形而上学，一个是加字哲学。加字哲学是我一种谈论形而上学的方式，就是把形而上学与其他哲学区别开来。所以我近年来明确谈论的实际上就是形而上学。我认为形而上学与逻辑是相通的，是结合在一起的，是先验的。而所有加字哲学我认为都是与经验相关的。如果我们能够在这一点达成共识或者认识到这个区别的话，你可以认识到我谈的这些人都是形而上学家。反过来你说的那些人，我认为他们都不是形而上学家，也许有些人会认为他们是。比如你刚才说的尼采、叔本华、萨特，他们可以谈对生命的体验，谈对理想的追求，谈对上帝的感悟，这些东西都是和经验相关的。所以它们与形而上学区别得很清楚。

至于说大众的认识，也没有什么奇怪的，因为人们长期以来认为哲学应该是与我们的生活密切相关的，古希腊是如此，今天也应该如此，柏拉图还说过国家应该由哲学王来管理。这话其实不难理解，因为那时学科没有分化。柏拉图说的哲学王，指的是社会上最有聪明才智的人。哲学发展到今天，很多东西都从哲学分离出去了，才有了我们今天这样的哲学专业。假如今天仍然还把哲学理解为比如像终极关怀、人文精神这样的东西，甚至理解为谈天说地、风花雪月这样的东西，当然你可以把许多人都看作哲学家了。但是我不这样看。因为哲学是专业，我喜欢的哲学家是专业哲学家。所以最近这些年我谈论形而上学和加字哲学。我说我们可以有两种对哲学的理解，一种是宽泛的，就是认为哲学涵盖所有加字哲学，一种是狭隘的，就是认为哲学是形而上学。我觉得这两种观点都可以。

就我个人而言，我在形而上学的意义上理解哲学，或者说我研究形而上学，我认为哲学是先验的，所以我不谈刚才你提到的那些哲学家。我绝不反对别人对哲学有宽泛的理解，涵盖加字哲学，但是我认为那样的研究是经验的，是与形而上学不同的，而且持这种看法的人至少也应该认识到这一点。所以我不反对大众喜欢加字哲学家。罗素说的没有什么错，你看"文艺性哲学家"不也是给"哲学"

加字了吗？只要一加字，就会与经验相关。加字是可以随意的，但是谈论哲学是不能随意的。或者最保守地说，我们总还是可以以专业哲学家的方式来谈论哲学吧。

梅：那海德格尔呢？我看到您也经常谈到海德格尔，而且还专门写了《解读〈存在与时间〉》。您在课堂上明确说过，您不喜欢海德格尔，您为什么不喜欢他呢？既然不喜欢，您为什么还要谈论他呢？另外在《是与真》中您谈了许多哲学家，但是谈到海德格尔就结束了，《读不懂的西方哲学》您也是谈到海德格尔就结束了，这有什么特别的考虑吗？比如为什么不谈到罗素或者维特根斯坦结束呢？

王：这是一个很有意思的问题。我们平时一起聊得比较多，所以你知道我是不喜欢海德格尔这个人的。但是你注意了吗，我一般是在谈 being 的问题时谈他的。在当代哲学家中，海德格尔是非常出名的，而且他出名是谈 being 起家的，或者说他是从谈 being 开始他的学术生涯的。由于他名气大，所以他关于 being 的讨论就非常重要。他的书《存在与时间》，国内读者都知道。所以你谈 being 问题不谈海德格尔是不行的。为了讨论 being 问题，我认真读了海德格尔。但是我只读了他早期的东西，比如《是与时》《论真之本质》《逻辑的形而上学基础》等。晚期的东西我大致翻了一下，没有读，我也没有时间去读那样的东西。因为我的目标是谈 being，而不是其他东西。虽然海德格尔是个现代人，但他是传统意义上的哲学家。他讨论问题的方式基于传统逻辑，所以 being 问题对他很重要。而弗雷格、罗素、维特根斯坦这些人是现代逻辑产生以后的分析哲学家。在分析哲学里，being 这个概念不重要了，真这个概念才是核心概念。所以我们谈 being 的时候可以不谈弗雷格、罗素、维特根斯坦等人，谈真这个概念的时候才要谈到这些人。这是传统逻辑和现代逻辑所导致的哲学上的差异。

就海德格尔而言，我觉得他早期确实是在形而上学传统上展开论述讲的。比如他的《是与时》一上来就谈 being，他说传统关于 being 的观点可以分为三类。尽管他认为这三类观点都是有问题的，他不同意，但是他仍然把它们归为三类。第一类说 being 是最普遍的概念，第二类说 being 是不可定义的概念，第三类说 being 是自明的概念。在关于自明性的说明中他说，在一切命题中都要用"是"这个词，他还举例"天是蓝色的"来补充说明。他这样的谈论当然是传统意义上的，是在形而上学这条线上的。所以讨论 being 问题，海德格尔必须要谈，而且也是可以谈的。不喜欢海德格尔的原因是我喜欢的哲学是与研究认识相关的。借用亚里士多德的表达方式，我认为哲学就是关于认识本身的认识，由此形成哲学与其他学科的区别。我们谈的哲学与其他科学有一点很相似的地方，就是它的科学性。这也是我强调的。很多人认为哲学不应该做得那么科学，不应该那么具有科学性。我不这样认为。科学之所以能具有科学性，是因为它们是关于事物的认识。一门科学就是关于某一类事物的认识。哲学与它们不同，是关于认识本身的认识。但是就认识这一点而言，哲学与其他科学是一样的。所以，科学有科学性，哲学也应该有科学性。最简单地说，科学讲究证明，那么哲学也同样，如果说哲学的证明与科学的证明不同，那么我们可以说哲学讲究论证。所以在这一点上，我认为我们谈的哲学应该是这个样子的。而海德格尔最大的特点就是他没有论证，许多地方只是一个陈述或者一个描述，或者他的东西充其量是一种修辞性的。无论别人怎么看，这绝不是我理想中的东西，所以我排斥海德格尔。

梅：您的回答让我对 being 和 truth，对是与真有了更深的理解和领悟。也让我明白这两个概念在逻辑与哲学，以及在继续学习和研究逻辑与哲学的过程中的重要性。谢谢王老师。

（梅祥、王路：《"是与真"与形而上学——王路教授访谈》，原载《哲学分析》，2020 年第 1 期，第 164-171 页。）

Being 与哲学

访 谈 者：戴益斌
访谈时间：2023 年 2 月 21 日

戴益斌，哲学博士，曾在悉尼大学、阿姆斯特丹大学做访问学者，现为上海大学哲学系副教授、硕士生导师，兼任上海市逻辑学会常务理事、上海市哲学学会理事、中国知识论学会理事。主要研究方向为分析哲学、科技哲学和逻辑哲学，在《世界哲学》《自然辩证法研究》《伦理学研究》和《上海大学学报》等学术刊物上发表论文二十余篇。

复旦大学，2021 年 5 月 22 日

一、"是"的依据

戴益斌（以下简称"戴"）：王老师好，我个人很关注您对 being 问题的研究。您一直主张在系词的意义上理解 being，主张将 being 译为"是"，并认为应该将这样的理解和翻译贯彻始终。您的观点在学界引起了很大反响，被有些学者称为"一'是'到底论"；但同时，一"是"到底论在学界也引起了很多争论。有学者认为，一"是"到底论是建立在卡恩的研究基础之上的；然而，卡恩的观点并不必然成立。我的问题是：如果卡恩的研究不成立，一"是"到底论是否就会面临失败的风险？

王路（以下简称"王"）：在《是与真》那本书里，我介绍了卡恩的观点，所以也可以说我依据了他的观点。所谓依据卡恩的观点，就是假定他的观点是对的，然后从他的观点出发，得到一个结论，即在古希腊文中，being 有 80%~85% 的用法是系词用法。这个结论显然支持我的观点。但这并不意味着，如果卡恩的观点不成立，我的观点也就不成立。这种推理是不成立的，不符合逻辑。你只能说，如果我的观点是有问题的，那说明卡恩的观点是有问题的。所以说，这种批评是不成立的。如果你仔细看过我的讨论，那么你应该可以发现，我的讨论不只利用了卡恩的观点，还利用了其他人的观点，比如亚里士多德的观点。亚里士多德当年在《形而上学》Δ7，也就是第五卷第七章中，对 being 有过词典解释。他关于 being 的词典解释表明，系词用法是 being 的主要用法。所以准确地说，我用卡恩的结论佐证我的观点，但卡恩的结论并不是唯一的论据。

戴：我很同意这种看法。也就是说，当我们研究 being 问题时，我们可以利用各种不同的论据，即便其中的一个论据不成立，我们还有其他论据支持我们的观点。不过关于卡恩，我还想多谈一点。因为有些学者认为，卡恩曾明确说过他的研究与哲学上关于 being 问题的探讨无关，而只关注希腊人如何使用这个词，所以他分析的是《荷马史诗》。因此，有些人认为卡恩讨论的是 being 的日常用法，而不是它的哲学含义。也就是说，being 的日常用法和它的哲学用法很可能不一样，您怎么看待这种观点？

王：这是想象。我们没有理由认为 being 的日常用法和它的哲学用法不一样。在亚里士多德的《形而上学》这本书中，他关于 being 的解释所使用的的例子都是"S 是 P"这种句型。比如"是文明的""是健康的"，这些都是自然语言，但我们不能说亚里士多德的讨论不是哲学讨论。也就是说，being 是日常语言中的概念，它与哲学中的概念是同一个概念。我们之所以把日常语言中的概念当作一个哲学概念，是因为我们把它名词化了，对象化了，二者之间并没有实质性的差别。卡恩的工作是寻找 being 在古希腊语中的用法，也可以说是它的日常用法，而这些用法与亚里士多德在《形而上学》中的举例说明是一致的。所以，我们不能说 being 的日常用法和哲学用法存在实质性的差别。如果日常用法和哲学用法不同，那哲学从哪来的？哲学不是闭门造车。

戴： 这个说法倒解决了我的困惑，您能多谈一点吗？因为很多人倾向于认为，哲学作为一种专业，它的讨论与日常语言之间存在很多区别。

王： 区别是存在的，但不是语词含义上的区分。一般来说，我们在日常语言中使用 being，但不会把它当作讨论对象。只有把 being 当作讨论对象时，这个词才会成为哲学讨论的对象。日常语言用这个词，可能只是动词，比如"他是人""他是白的"。但是当哲学家将其作为一个对象来讨论时，就必须将它名词化，比如用分词、用不定式的形式表达它。也就是说，只有将 being 对象化了，才能对它进行哲学讨论。但是这并不意味着二者之间存在实质性的区别。所以我说，认为日常语言与哲学语言存在实质性的区别是一种想象。

戴： 接下来的一个问题是：有些学者认为，您在讨论卡恩的观点时，利用了卡恩观点中对你有利的观点，而忽视了卡恩观点中对你不利的观点。您怎么看待这种批评？

王： 我看到这种批评了，但没有太在意。卡恩最早写了一篇论文，然后出了本书。无论是他的论文还是他的书，都没有不利于我的观点。卡恩工作的目的是挑战传统关于 being 的二分观念，这种观念认为 being 有存在含义和系词含义，并且存在含义是主要含义。卡恩对这种观念不满，认为 being 的主要含义是系词含义，而不是存在含义。他的著作 20 多年后再版时，卡恩给自己写了个再版序。在那个序里，卡恩重新阐述了自己的观点，更加强调 being 的断真用法。所以说，卡恩观点中完全没有对我不利的地方。

戴： 您认为 being 的主要用法是系词用法，卡恩认为 being 的主要用法是断真用法，这两者之间难道没有区别吗？

王： 没有什么区别。在我看来，断真用法凸显"是"与"真"的联系。而且，断真用法其实也是一种系词用法。所谓系词用法就是"S 是 P",而当人们说"S 是 P"时,P 实际上是对 S 的表达。比如"人是白的"中的"白的"是对"人"的表达。断真用法指"This is so"或"It is the case"。在我看来,这也是系词用法。只不过"P"变成了"so"或"the case"。我们之所以觉得系词用法和断真用法有区别,是因为我们今天比较在意句法和语义之间的区别。卡恩在讨论 being 时,并不特别在意句法和语义之间的区别。或者说,他的区分并不是那么清楚,他更多地是从表达式的意义上去说的,所以他区分出断真用法。但实际上,从句法的角度说,断真用法和系词用法没有实质性的区别。

戴:这个解释很清楚。不过有一个问题:有些学者认为,当我们谈到 being 的断真用法或存在含义时,我们的理解是很自然的,但当我们说 being 的系词含义时,似乎不是那么自然。因为系词是一个句法概念,而含义可能是一个语义概念。说 being 具有系词含义似乎天然具有不融贯的地方。您怎么看待这种观点?

王:我不赞成这种看法。用句子图式可以很明确地看出系词具有系词含义。系词是一个句法概念,它处在句子图式的第一行。句子图式的第二行就是它的含义,所以系词一定有含义。我将其称为"系词含义"。系词含义是随着它后面的谓词变的,但它不是后面谓词的含义。比如我可以说"它是白的""是勇敢的",系词随着后面的谓词发生含义上的变化,但不能因为它后面是"白的"就说系词具有"白的"的含义。中世纪对这个问题其实有很多讨论。他们将这个词称为"助范畴词"。除了系词外,还有很多其他的助范畴词,比如"并非""所有"这些逻辑词,还有一些虚词。这些词,它们本身没有含义,它们需要和范畴词结合在一起才有含义。范畴词凭借自身就有其含义,比如名词、动词和形容词是范畴词。以前我讨论这个问题时还不是很清楚,现在有了句子图式,讨论这个问题就非常容易了。

戴:有些学者认为,关于 being,存在含义是主要的,而系词含义是派生的。他们认为,在古希腊或者中世纪,人们讨论 being 时都预设了某物存在。也就是说,只有在预设某物存在时,我们才可以说"某物是……",您怎么看待这种观点?

王:这种观点其实表达得不是很清楚。在传统逻辑或关于传统逻辑的讨论中曾经有个说法:如果全称命题是真的,必须假设它的主词存在。也就是说,"所有 S 是 P"是真的,意思是说,对于任何一个 x,如果它是 S,那么它是 P,并且存在一个 x，x 是 S。通俗地说："所有 S 是 P"并且"有 S"。这样这个全称命题才能保证它在对当方阵中与其他命题之间的那些关系成立。这个讨论预设了主词存在。

此外，由于有"God is"这个表达式，中世纪的讨论认为，这个"is"里面有存在含义。因此，人们有时也说"God exists"（"上帝存在"）。就是说，当人们说"God is"时，就已经假定了 God 是存在的；或者说"God is"中的"is"已经包含了关于上帝的一切表述，比如全知、全能、全善等等，所以它也包含了存在。这是中世纪的一种讨论。但即使这种说法成立，它也是对"God is"的一种解释。你可以说，"is"里面有存在含义，"God is"表达了上帝存在。问题是，你把它翻译成什么？你把它翻译成"上帝存在"，认为"上帝存在"预设了上帝存在，这有意义吗？哪有哲学家会讨论这样的东西？人们可能会说"'God is' presupposes that there is a God"，这样的讨论才有意义。你说，"'there is a God' presupposes that there is a God"，这没有意义。没有人会讨论这样的问题。所以我说，我们在用中文讨论时，你要说"上帝是"，这里的"是"和一般的主系表当中的"是"是不一样的。因为它是一种非系词用法，它预设了上帝存在。就是说，"上帝是"的意思是说上帝存在，表达了上帝存在。这种解释是可以的：这相当于是用"存在"这个词解释"是"这个词。

戴：您的意思是说，除了这两种情况之外，古希腊人和中世纪人在讨论 being 问题时，或者说，当他们在说"S 是 P"时，并没有预设 S 是存在的。

王：中世纪的指代理论在讨论"S 是 P"时也需要预设 S 是存在的。它考虑的是一个词在句子中的含义或者它指称的对象是什么。这时，它在表达"S 是 P"时需要预设 S 是存在的。也就是说，当我们说"所有 S 是 P"时，它表示 s1 是怎样的，s2 是怎样的，等等。这样的理论需要预设讨论对象即 s1、s2（中世纪讨论中用的是具体人的名字）的存在。但这是一个具体的理论讨论，这并不意味着所有的古希腊人和中世纪人在说"S 是 P"时都预设 S 是存在的。

二、"是"的翻译

戴：有些人认为，既然我们承认"being"有系词含义，也有存在含义，中文中"是"只有系词含义，没有存在含义，"存在"只有存在含义，没有系词含义，那我们最好的做法是创造一个新词，包含这两种含义，您怎么看待这种观点。

王：我在很多文章和书里都说过，我的思路很简单。首先，being 有系词含义，也有存在含义。这种观点，绝大多数学者都支持，我也赞同。但是这句话表达得不好，因为它混用中英文。也就是说，它不是一个地道的中文表达。我们要用地道的中文表达，就要把英文去掉。我把这句话改为："是"有系词含义，也有存在含义。你同不同意？我问过很多人，许多人同意，也有些人不说或者不回答。我认为，不回答这个问题是不应当的，我们总得给出一个看法。我还提出另一个说法："存在"有系词含义，也有存在含义。你同不同意这种观点？许多人不同意，我也不同意。因为"存在"不是系词，没有系词含义。从这三种说法我们可以看出，前两种说法实际上是一样的："being"有系词含义和存在含义，"是"有系词含义和存在含义。这两种说法表明，"being"和"是"具有对应性，我们干吗要另找一个词？完全没有必要。还有一点是，你想找一个新词，既有系词含义又有存在含义，是找不出来的。什么"实是""存是""是存"都没有用。

戴：有些学者认为，您之所以坚持"一是到底"，是因为坚持了"一词一译"这条翻译原则，主张通过将"being"译为"是"，以此将"being"与"existence"区分开。但他们认为，一词一译原则应该有限度，不能滥用，而应该根据语词含义而不是语词来进行翻译工作。您怎么看待这种观点？

王：我从来没有提出过"一词一译"这样的东西，我的说法是在系词的意义上理解和翻译 being，并且将这样的理解和翻译贯彻始终。我一直认为，我不是在讨论翻译问题，而是在讨论如何理解西方哲学的问题。我可以借用"一'是'到底论"来称谓我的观点，但是我始终要强调对西方哲学的理解。讨论一词一译，很容易把它转变为一个翻译问题，这是不合适的。此外，认为"一'是'到底论"坚持一词一译并以此来讨论我的观点，会产生很多问题。我从来没有主张一词一译。我在讨论 being 这个词时，经常会说到"being 及其相关概念"。我们用 being 这个词代了一系列的词，比如古希腊的 einai、中世纪的 esse、现代英文中的 being 或 to be、德文中的 Sein 等等，还代表着所有这些名词及其变形，比如古希腊中的 on、ousia、esti，英文德文中的 is、ist 等相关词。这就意味着，"一'是'到底论"本身就不是一词一译。我们把这些词都翻译成"是"，因此它不可能是一词一译。当然，批评者可能暗含了这样一层意思，即西方语言中有这么多词与 being 相关，我们不可能将它们都翻译成"是"。这里有一个问题是，虽然

being 在西方语言中有很多变形，有很多种不同的形式，但它们都与 being 相关，和 being 的意思其实是一样的。所以我们在中文翻译时，应该将 being 的主要含义即系词含义译出来、凸显出来，所以我主张将 "being" 译为 "是"。只不过由于中文不是语法语言，我们在翻译 being 的语法变形时，只能借助其他办法，比如 being 有不同时态形式，我们可以译为 "过去是""将来是" 等等。没有别的办法。注意，我要求将 being 的系词含义译出来，这其实是一个最低的要求。但这个要求不意味着我们能把 being 译为存在。因为将 being 译为存在，就把 being 字面上的含义改变了。我的观点是在系词的意义上理解 being，并将这样的理解贯彻始终，这里面没有一词一译的意思。

戴：那王老师怎么看待语境论呢？语境论主张在不同的语境中理解 being 的含义，并根据 being 的不同含义翻译 being，表面上看起来与一 "是" 到底论有些矛盾。

王：其实一 "是" 到底论与语境论并不冲突。我在《一 "是" 到底论》那本著作中对这个问题有详细的讨论。我认为，我的讨论从来都是依据语境的，依据的是文本，比如亚里士多德怎么说，胡塞尔怎么说，海德格尔怎么说。我都是用文本来说话，这些都是语境。相反，一些批评者总是脱离语境，空谈 being 有系词含义、存在含义，中文 "是" 一词怎样怎样，翻译会怎样怎样。这些都是在脱离语境，没有就文本说话。所以说，我从来没有脱离语境，反而是所谓的语境论者脱离了语境。我将语境论者也归为存在论者，在我看来，他们的目的或者至少心里是想保留 "存在" 一词，并且为后者提供辩护和说明。

戴：有一种观点认为，一 "是" 到底论用 "是" 理解 being，是值得肯定的，但它容易忽略 "是" 与 "存在" 之间的联系。您怎么看待这种观点？

王：首先值得注意的是，从句子图式的角度来说，将 "being" 翻译成 "存在"，是行不通的。人们认为 being 有存在含义，这没有问题。Being 作为一个词处于句子图式的第一行，存在含义处于句子图式的第二行。如果将 "being" 翻译成 "存在"，就将存在含义翻译到第一行去了，就产生了混淆："存在" 不是系词，因而没有系词含义。我常说，中文中 "存在" 一词的使用非常少，大概只有 "某物存在" 和 "存在某物" 这两种用法。也就是说，第一行（语言中）出现的不是系词，第二行（语言所表达的东西中）的系词含义就没有了，找不到了。这是一个非常重要的区别。

所以我认为，将 being 译为"存在"是行不通的。

还有一点比较重要的是，在关于 being 的讨论中，除了认为 being 的主要用法是系词以外，西方哲学家基本达成一个共识，being 一词主要有两种用法：一种是不完整的用法，或者是谓述性用法，也就是系词用法；另一种是完整用法，或者是实体性用法，也称之为非系词用法。由此可见，这两种用法的划分是基于系词做出的。通过对比可以发现，所谓非系词用法指的是与系词不同的用法，就是说，它指的不是"S 是 P"这种用法，而是"S 是"这种用法。在这种用法中，P 被去掉了。很明显，这种用法所对应的东西是"上帝是"这样的句子。其中的"是"的用法是不带谓词的，不带空位的，因此是完整的。所谓存在含义和存在用法就是从这里来的。所以，这里仍然有一个语言和涵义的区别。语言层面是"S 是"，涵义层面就变成了存在。正因为如此，将 being 翻译成"是"，只会使西方哲学中这种解释方式凸显出来，使这种解释延续下来，或者有助于这种解释，而不会割断"是"与"存在"之间的联系。

另外，你没发现吗，我从不讨论中文的"是"有没有存在含义。我不讨论这个问题，并不意味着中文的"是"没有存在含义。"门前是山"中的"是"难道不是存在含义吗？"物是人非"中的"是"难道不是存在含义吗？

戴：确实。有很多例子表明"是"有存在含义。那您为什么不谈呢？

王：我不是在争胜负，非要说明中文里的"是"有存在含义，好像不这样就不能翻译似的。我谈的是理解西方哲学的问题，所以我特别不愿意陷入中文字词含义的争论，这没有什么意思。我的意思是说，不考虑"是"一词的存在含义，我们也应该将 being 译为"是"；即使中文"是"一词没有存在含义，也应该将being 译为"是"。因为 being 的主要用法是系词用法，因而它最主要的是系词含义。而中文"是"就是系词，或者说，现代汉语中"是"的主要用法是系词，正好与being 相对应。这就是我说的要在系词的意义上理解 being，并且要把这样的理解贯彻始终的主要意思，这就是我可以借用一"是"到底论来表达我的观点，并且强调它的意义所在。

三、"是"与理解西方哲学

戴：从 being 出发理解西方哲学，这是您 20 多年前就提出的观点。最初您是什么时候意识到 being 与西方哲学之间的关系的？您又是什么时候意识到 being 应该译为"是"，应该在系词的意义上理解 being？

王：在 2003 年出版《"是"与"真"》这本书时，我明确指出 being 是西方哲学的核心概念。但是第一次表达我对 being 的认识是 1992 年。当时我在《哲学研究》上发了一篇论文《"是"的逻辑研究》。在这篇论文中，我明确说，"是"这个词，除了系词含义之外还有存在含义。这比《"是"与"真"》早了十年。如果再往前推，大概就要回溯到对亚里士多德的研究。我出的第一本书是《亚里士多德的逻辑学说》，那本书是 20 世纪 80 年代写的，1991 年出的。在那本书里我已经指出，亚里士多德逻辑中命题的基本结构是：

（每一个／有些）（非）S（不）是（非）P。

去掉括号以后，"S 是 P"就清楚地显示出来。所以我说，这是亚里士多德逻辑的基本句式。因此，我也可以说，在我学术生涯的起始阶段我就意识到 being 与西方哲学之间的关系，不过这里面仍然有一个学习过程。

我最开始研究的是亚里士多德逻辑，而不是他的《形而上学》。我读他的《形而上学》，刚开始也读不懂。后来，我就去问哲学所里的一些老先生。他们告诉我把 being 翻译为"存在"。但是当我把 being 理解为存在后，还是读不懂。所以说，这其实是一个很漫长的学习过程，需要不断进步。特别是当你学了弗雷格之后，你会发现弗雷格这里没有"是"了。我们知道，弗雷格最著名的例子"晨星是昏星"，但是在他的分析中，"是"没有了。当然，没有了"是"这个词并不代表弗雷格不能分析，他还可以分析。在这个例子中，"是"在弗雷格看来表达了"不过就是"的意思。这种分析非常清晰。进一步的研究让我发现，"是"在传统逻辑中是一个逻辑常项，但在现代逻辑中，它不再是一个常项，所以用现代逻辑分析时，"是"就消失了。在传统哲学中，你会借用逻辑去讨论这个词，因为它本身就是一个逻辑常项。它是一个核心概念，既是逻辑的核心概念，也是哲学的核心概念；与之相关的问题既是与认识相关的核心问题，也是与逻辑相关的核心问题，同时还是与哲学相关的核心问题，这就是形而上学最基本的问题。所以这个词不能理解为存在。我刚开始也是模模糊糊的，不是特别明白。我比国内大多数学者好一些的地方大概在于，虽然我在读西方哲学时知道"存在"，这个词似乎也很自然，但是我没有关于存在的知识结构，没有将其当作教科书式的教条刻在脑子里。所以当我意识到应该将 being 理解为是之后，我马上进入了另一条理解西方哲学的道路，这条道路所理解的西方哲学与国内现有的对西方哲学的理解非常不同，甚至可以说完全不一样。所以说，"是"的观念最开始在我这里只是一种直观的认识，多年以后我才能把它从理论上说清楚。在 2003 年那本书的序里面，我还说过，把这个问题想明白以后，还得想好表达它的方式。因为在中文里，表达"是"这个词有困难。它是个动词，很难表达，但也不是不能表达。我提出借助"乃"字来区别，比如在"是乃是……"这个表达中，第一个"是"显然是一个名词，第二个是动词。实际上，这还是一个认识的过程。只要认识清楚了，表达就是一个技术性的问题。当年我还借用吴清源大师的比喻来做说明：布局好比在高速公路上跑车，方向对了，快一些慢一些总是可以到达目的地的；方向错了，开得越快，离目的地越远。我觉得用这个比喻来说明我国关于 being 的研究非常合适，我至今仍然这么认为。

戴：从"是"出发理解西方哲学，您得出一种认识，认为哲学是关于认识本身的认识。就我所知，这是学界第一次提出此种观点，非常具有启发性。您在一些论文中说过，您的这个说法来自亚里士多德，借用了他关于"是本身"的说法。但据我对您的了解，这个问题不会是这样简单吧？

王：这个观点的提出和亚里士多德的《形而上学》直接相关。《形而上学》一共 14 卷。第一卷是哲学史。第二卷过去很多人认为是伪卷，不重要。我不这样看，我认为第二卷很重要。因为有很多论述是在第二卷提出来的。比如亚里士多德说，把哲学称为关于真的知识是恰当的。这个说法凸显了真，相当于是从语义角度来谈哲学的，当然重要了。第三卷的主体内容是亚里士多德提出的十几个问题。在第四卷，亚里士多德明确提出，有一门科学研究是本身，就是 being qua being。这句话最开始我是读不懂的，后来才理解是怎么回事。比如数学研究什么是奇数、什么是偶数。"是什么"不就是表达数学认识的方式吗？医学研究什么是健康、什么是疗效，"是什么"不同样是表达医学认识的方式吗？哲学不研究是基数、是健康的这些东西，而研究"是本身"。明白这一点后，我们就可以把哲学与其他学科区分开。

亚里士多德在关于是本身的讨论中重点谈论了矛盾律。矛盾律表达的是"一个事物不能同时既是又不是"，这显然是与认识相关的东西，而且是与表达认识的方式相关。亚里士多德认为，我们必须把矛盾律看作一切论证的出发点。亚里士多德的这一看法值得我们深思。矛盾律显然不是一条数学定理，不是一条医学规律，也不是一个日常认识，但是矛盾律的表达似乎适用于数学、医学和日常表达。为什么会这样呢？因为矛盾律与"是"本身相关，与认识本身相关。深入研究以后我们可以发现，亚里士多德所说的 being，无论是它与哲学之间的关系，还是它与矛盾律之间的关系，甚至它与真之间的关系，最终都是与认识相关的。我明确提出，哲学是关于认识本身的认识，只是将亚里士多德的观点做了一次转换表述，在一定程度上可能比亚里士多德的观点说得更明白一点。因为亚里士多德的观点是借助希腊语的一个用语表达的，因而带有希腊语的表达特点，我用一种更好的方式将它表示成一种具有普遍性的认识，就是说，脱离了希腊语的语言表达方式，这样不是更好吗？当然，今天说起来似乎很容易。但是这个认识过程确实很长，用了几十年的时间。

戴： 有一个问题是：如果我们将哲学视为对认识本身的认识，那我们怎么看待一些认知科学以及认知哲学？因为从字面上看，认知科学与认知哲学的研究对象也是认识。

王： 一门科学是关于一类事物的认识。"认知科学"，指的大概是科学中的某一类科学。用我的话说，它指的是与"认知"相关的东西，并将科学看作自明的概念，对这种东西做出说明。同样，"认知哲学"也是如此，区别仅仅在于它假定哲学是自明的概念，并以此对"认知"所表达的东西做出说明。早在《"是"与"真"》中我就说过，哲学或者形而上学是一种最宽泛的、知识论意义上的研究。我这样说，也是为了将它与哲学中的认识论、知识论这样的概念相区别。我认为哲学本来是不加字的，关于认识本身的研究是先验的。哲学不是不可以加字，但是应该看到，一旦加字，哲学就变为与某一种加字所表达的东西相关的，因而变为经验的。

戴： 在日常生活中，认识主体的认识活动经常出错，这是否会阻碍哲学对认识本身的研究？

王： 这涉及认识本身和具体认识之间的区别。认识有对错，认识本身是认识方式，没有对错。从句子图式看，认识本身就是句子图式的第三行结合第一行，或者结合第一行和第二行的结合物所说明的那个东西，那个东西就叫作认识本身。或者用我的话来说，就是句子的真之条件。它对真假没有断定，但是它可以告诉你，一个句子在什么条件下是真的。这是我们关于认识本身的研究。有对错的认识是经验的，是句子图式第二行表达的东西。人们认为，知识论的讨论从笛卡尔之后有很大的进步，但我认为，相对于亚里士多德而言，它是一个退步。因为亚里士多德谈论的是认识本身，但笛卡尔把认识本身弱化了，他谈论更多的是认识。或者说，他引入了"我思（考）"，使人们考虑的范围和方式扩大了，这是讨论的好处，但是这也使人们在关于认识本身的讨论中增加了一些东西，比如加入主体，讨论主体怎样、客体怎样，由此讨论身怎样，心怎样，并导致心理主义的讨论和其他。康德和胡塞尔等人的讨论明显也有这样的问题。当然，康德和胡塞尔相对于笛卡尔来说，进步很大，但相对于亚里士多德而言，他们也有所退步。比如康德本人在讨论理性认知能力的同时，也保留了关于上帝存在、灵魂不死、自由意志这类东西，这些东西显然是认识，而不是认识本身。

戴：有些学者认为，从 being 出发理解哲学并且将认识本身看作哲学的研究对象似乎过于狭隘，没有看到哲学其他的研究领域，比如伦理学、价值哲学等。您怎么看待这一批评？

王：首先，"狭隘"这种批评可以有两种意思，一种是人格批评，一种是学理批评。我不太在乎前者，我谈的是学理。其次，这种批评背后有一个预设，这就是哲学观，即什么是哲学。这点值得我们重视。当我说哲学就是形而上学的时候，其实我已经明确了什么是哲学。当然，我的说法排除了很多内容，但至少我很明确地表达了什么是哲学。所以人们说我狭隘，我是可以理解的。因为我在哲学中的确排除了很多东西。问题在于，当你说哲学是什么的时候，无论如何你是一定会排除一些东西的。即使你认为自己很"大度"，即使你把哲学说得比较模糊，似乎很宽泛，其实也还是排除了一些东西，比如排除了哲学的科学性和专业性。这大概也是人们认为哲学不是那样专业，不是那样科学的一个主要原因。

我认为哲学是对认识本身的认识，字面上这是我基于亚里士多德的观点给出的一种认识。你可以提出一种新的认识，只不过这种认识需要容纳亚里士多德对哲学的理解，容纳西方哲学家延续亚里士多德传统所做出的对哲学的理解，还要容纳他们所主张的、他们认为不应该被排除出去的哲学理论。我关于哲学的看法是有依据的，我的认识会在哲学中排除一些东西，这也是有依据的。比如亚里士多德明确说过，伦理学附属于政治学。也就是说，哲学和伦理学一开始就有所区别。当然，亚里士多德当时将他的哲学称为"第一哲学"，这大概是因为他觉得当时的"哲学"（爱 - 智慧）不足以说明他想要说明的东西，后来人们称他的哲学为"形而上学"，至少是与"物理学"做出了区别。这就说明，哲学与其他学科确实有一些区别。多少年以后康德重新提出形而上学是不是科学以及形而上学成为科学是不是可能的问题，在我看来，他也是看到了这个区别并且强调这个区别。今天我也看到了这个区别，而且强调这个区别，并且主张继续在这个区别的基础上向前走。在我看来，如果你对哲学史有过深思的话，你会发现一些伟大的哲学家都对这个区别有所坚持，都是沿着这个区别努力推进哲学的发展的。近年来我喜欢谈康德，因为国人谈康德的比较多，谈亚里士多德的比较少。康德在讲完纯粹逻辑之后又讲到先验逻辑。而他论述先验逻辑的第一步就是给出一个完整的范畴表，并根据范畴表得出 12 个先验范畴或先验概念，然后以此为基础从事他的先验哲学研究。虽然他后来也保留了很多其他东西，但他的主线是形而上学，他努力的方向是形而上学。而且，这一部分与亚里士多德的研究非常相似。我们可以设想，如果康德没有这部分内容，如果他没有《纯粹理性批判》，那他还是康德吗？所以我提出哲学与加字哲学之间的区分。我认为，我们需要重视哲学或者说形而上学，这也是我国哲学研究中最为欠缺、最为薄弱的一部分内容。

戴：我觉得您的认识有道理，但是如果我们坚持认为哲学是对认识本身的认识，那么这是不是意味着哲学和其他科学一样，其实只具有描述功能，而不具备人们通常所说的批判或规范功能？

王：我认为哲学和其他科学一样，确实只具有描述功能，它描述的是认识本身。如果用达米特的话来说，它描述的是我们的语言如何运作。描述语言是如何运作的，也就是描述我们的思维活动是如何运作的。因此，描述语言是如何运作的，也就是描述我们的认识本身。换句话说，我们通过描述我们语言的运作方式来说明我们的认识方式，从而达到关于世界的认识的说明。我的句子图式提供了一种描述。如果用康德的话来说，它是对"认识方式"的一种描述。所以在这一点上，哲学和其他科学是一样的。只不过，它们描述的对象不一样。认为哲学具有批判功能的人没有认清什么是哲学。或者说，他用加字哲学代替了哲学，将加字哲学比如伦理学、社会批判理论看成了哲学，并以此来阐述哲学的特点。我认为这样说不是不可以，但是应该有一些区别。这样的东西可以称为哲学，但一定是加字的，而且因为是加字的，所以和不加字的哲学也就有了一些区别。

戴：那么人们通常认为哲学是世界观、方法论，这种观点应如何理解呢？

王：在我看来，将哲学看作世界观、方法论，这种观点多来自马克思主义哲学。马克思曾经有过一句名言：哲学家们只是以不同的方式解释世界，而问题在于改变世界。关于哲学家，马克思的这句话至少表达了两层意思。一层是说，哲学家的目标是解释世界，而解释世界的方式各有不同。解释世界当然与认识相关，而解释世界的方式表明哲学家们一定要有一些理论和方法。我谈的东西与马克思表达的这一层意思恰恰是一致的。我主张哲学是关于认识本身的认识，这显然与解释世界相关。20 世纪分析哲学家们相信通过分析语言可以达到关于世界的认识，因此我们通过分析语言可以解释世界。20 世纪以来哲学研究的成果表明，逻辑的理论和方法是哲学研究的必要条件，因此才有了罗素的说法：逻辑是哲学的本质。无论这种认识是不是有道理，它至少体现了马克思所说的解释世界的方式，与马克思的说法是一致的。

另一层意思是说要"改变世界"。这与上述意思明显不同。你可以说这是马克思对哲学家的批评，也是他的观念的主旨，甚至你还可以认为这是马克思作为哲学家而说的话。我认为，改变世界与解释世界根本不同，但是，改变世界也是要有对世界的看法和方法的。在这种意义上，哲学是世界观、方法论只是一种省略的说法。如果加上"马克思主义"，那么我也是赞同的。但是这样一来也就有一些区别。简单说吧，马克思主义哲学是哲学，这个说法你同意吗？哲学是马克思主义哲学，这个说法你同意吗？我赞同前一个说法。我想，大多数人不会赞成后一个说法。早在学习逻辑和哲学以前，我就知道马克思主义哲学是世界观和方法论了。在我们的国家里，马克思主义具有意识形态的地位、意义和价值。当人们说马克思主义哲学是世界观和方法论，就含有这种意思，就是说，它具有指导意义。说久了，就简化为哲学是世界观、方法论了，就像分析哲学的口号一样，说久了，"哲学的根本任务是对语言进行逻辑分析"就变成"哲学的根本任务是对语言进行分析"，或者就是"语言分析"。

戴：谢谢王老师。这次访谈解决了我的很多困惑，也让我对 being 与哲学有了更多的理解。非常感谢！

（戴益斌、王路：《Being 与哲学——访王路教授》，原载"外国哲学研究"公众号，2024 年 5 月 13 日。）

逻辑、语言与世界

访 谈 者：戴冕
访谈时间：2018 年 2 月 6 日

戴冕，哲学博士，现为国家图书馆中文采编部馆员，研究方向为分析哲学、逻辑哲学以及弗雷格与逻辑主义数学哲学。

清华（左一为戴冕），2019 年 5 月 31 日

戴冕（以下简称"戴"）：《语言与世界》（北京大学出版社，2016 年）是您最近出版的比较有代表性的学术作品。我注意到您之前的著作中谈"是"与"真"比较多，这两个主题贯穿了您关于亚里士多德和弗雷格的研究，您甚至还直接以《"是"与"真"》为名出版过专著。为什么您这次不再专注于这两个逻辑学和形而上学的核心概念，转而开始谈"事实""世界"这样的东西？

王路（以下简称"王"）：你是认为事实、世界这些东西不是传统意义上逻辑和形而上学讨论的东西，对吧？实际上它们与我在《语言与世界》这本书里所要强调的认识密切相关：要区别语言和语言所表达的东西。我们说出的话，这是语言层面的东西，那么它表达的是什么呢？人们一般回答，表达的是我们的认识。可是它们是关于什么的认识呢？可以笼统地说，是关于世界的认识，对吧？在谈到世界的时候，有的人说世界是由事物构成的，而维特根斯坦认为，世界是由事实组成的。无论是哪种观点，都已经是在语言表达的东西层面上谈论问题了。至于你的疑问，为什么我以前集中谈论的是"是"与"真"，它们和我这次谈论的话题有什么不一样的地方？这就要涉及具体思考和论述的细节了。"是"与"真"是关于世界认识的两个维度："是"是一个句法的维度，"真"是一个语义的维度。在传统哲学里，实际上这两个维度是一直有的。但是由于某种原因，"是"的那个维度更凸显，集中出现在柏拉图、亚里士多德、康德、黑格尔等人的讨论中，而"真"这个维度不太凸显。可是分析哲学产生之后，"真"的维度一下子就凸显出来了，而"是"这个维度没了，或者说是大大地弱化了。所以说，这实际上是探讨哲学的两个维度。而《语言与世界》主要显示"真"这一维度。

谈论哲学总是要有一种方法和角度，或者说有一种眼光，一个切入点。谈"是"与"真"即是我探讨哲学的方式，其中包含着我的哲学眼界和方法。别人总认为王路你是搞逻辑的，你不是搞哲学的。假如我们把这话当作褒义的（笑），那么搞逻辑的就得有点搞逻辑的特点，所以我谈"是"与"真"。在我看来，"是"与"真"恰恰是哲学中的根本问题。当我谈论"是"与"真"的时候，我是着眼于最根本的哲学问题，这说明我已经研究哲学很多年了，只不过我此前一直没有写这方面的文章而已。人们看到我关于逻辑的文章，比如探讨逻辑的观念，探讨逻辑的一些具体问题，包括亚里士多德的逻辑学说，弗雷格的逻辑思想及其相关理论方法等等。但是，谈这些东西并不意味着它们与哲学没有关系，并不意味着我们在读书过程中没有学习和研究哲学。哲学的学习需要长期的积累，不是花三四年时间写一个论文获得一个学位那样简单的事情。哲学也是需要有境界的。一旦我们思想达到这个境界，达到它所产生的结果的时候，就是说，当我们认识到哲学是形而上学的时候，你的看法是不一样的，你谈出来的东西也是不一样的。所以 2003年我那本书的名字叫《"是"与"真"》，它的副标题就叫《形而上学的基石》。

戴： 这个问题非常重要，一会儿再谈。我们还是先谈《语言与世界》。您这次谈论的"事实"这个词本身，好像也是有歧义的。维特根斯坦的事实是针对客观世界所讲的，是语言外部的东西，而弗雷格在《概念文字》中也提到了事实，即断真符号后面的部分，这是一种语义层面的东西。您在《语言与世界》中说的事实，究竟是哪种含义呢？

王： 我的这个说法主要是维特根斯坦意义上的。弗雷格的"事实"其实是一个常识性的说法，主要在他早期的著作中。他在《概念文字》中引入的第一个符号是"├"。他说过，当写下其中这条横线时没有断定它是真的，但是当写下这个竖杠时，它表示"是一个事实"。这说明他用"事实"表达一些东西，但对这些东西所做的考虑其实是关于真假的。后来他就不用"事实"这个概念了，比如1906年的《逻辑导论》里边，他直接使用"真"这一概念。这表明他早期的说明很可能是借助一个常识概念、一个大家都知道的东西，来解释与真假相关的东西。所以这个"事实"是一带而过的，这个概念在弗雷德思想中并不占有很重要的地位。

戴： 在《语言与世界》这本书中，您集中使用了句子图式 ① 来进行对语言哲学问题的分析。但是您最早谈论弗雷格语言哲学的时候，使用的并不是句子图式。我记得您在《弗雷格思想研究》一书中提供了一种模式解释。我最初读您的书对您那个模式解释很感兴趣。这两种解释方式显然是不一样的。因此我想请问您，为什么会有这样的一种转变？您又是如何实现这种转变的？

王： 这个问题说来话就长了。我 20 世纪 80 年代初期在德国念书的时候，学

---

① 句子图式指一种刻画语言与语言所表达的东西的图式。它区分出三个层次，而且是可构造的，适用于不同句子类型，从而为语言分析提供帮助。比如以下最简单的一种：
（语言）句子：谓词　　　　　　/ 专名
（涵义）思想：思想的一部分　　/ 思想的一部分
（意谓）真值：概念　　　　　　/ 对象
该图式适用于简单句，比如：亚里士多德是哲学家（参见王路：《语言与世界》）。

过语言学，后来对语言学的东西关注和研究的时间也比较长，那时有一种比较流行的语言学研究成果，叫作范畴语法。它很时髦，一些哲学家也喜欢用它来讨论问题。特别是 1992 年我去英国访问的时候，跟很多人做过交流，发现大家都在用这个方法，我也感觉到这个方法的一些优点。我发现解释弗雷格的思想可以使用这种范畴语法。所以我在 1994 年写书的时候，也沿用了这种方法。但是后来我发现范畴语法这个东西不太好用，为什么？因为范畴语法是从语言学来的。它有一个好处，对于语言的结构刻画得好，清晰简便。但是它的语义却跟不上。因为它所考虑的语义不是真假，这跟我们考虑问题的方式是不一样的。特别是弗雷格的基本思想：句子的涵义是思想，句子的意谓是真值，本身就是考虑真假的，真假是其核心概念。如果你弄一套语法，你能解释他的语法结构，可是语义方面没有帮助，那就比较麻烦。还有，范畴语法不能很好地解释量词。我们都知道，量词在弗雷格这里太重要了，如果解释不了量词的话，那么很多关系的东西都显示出不来。后来在研究弗雷格的过程当中，我发现这个问题了。其实《弗雷格思想研究》一完成我就发现了。那是个国家社科基金项目，最终成果必须得发表。但是既然认识到这种模式解释不行，就得想办法解决。大概在 2006 年、2007 年，中译本《弗雷格哲学论著选辑》再版时，我已经把句子图式的雏形搞出来了，就是弗雷格最初表达的那个，但是还没有形成整体的东西，还没有形成一种方法。我在译著序中第一次给出句子图式，就是一个句子，一个谓词，一个专名。我开始做的时候，那个顺序和现在是倒着的，专名—谓词—句子，后来我把它改为句子—谓词—专名。我发现句子图式要比范畴语法好，第一它有真假概念，第二它能显示出三行来，而范畴语法显示不出来。在模式解释中，涵义层面和意谓层面的东西都是我说出来的，而不是那个模式展示出来的，而句子图式本身就显示出三个层次。我们可以根据这三个层次来说明涵义和真假。因此有了句子图式后，我就把范畴语法那样的模式解释放弃了。但是，认识到句子图式的好处，和真正拿它来做事情，这是两个完全不同的概念，这中间还有相当长的一段距离。我记得最开始在课堂上用句子图式讲弗雷格的思想，也讲句子图式本身，当时还说这里有些问题，比如为什么谓词的意谓是概念，围绕着这些问题还有很多讨论。但那个时候，我已经觉得句子图式是显然的好。因为它这三行的核心是真，这样语义就有了，它与句子相对应，句法也是清楚的。这样，相关哲学问题讨论的重要性才能体现出来。没有真假，这个讨论是不行的。

戴：您刚才提到过，句子图式是受弗雷格启发的，不过您在《语言与世界》中分析问题时，又对它进行了一种拓展，产生了包括量词、数词以及内涵语境等的讨论内容，而这些似乎超过了弗雷格的图示中显示的内容。我觉得句子图式的功能很好，但是想请问您，它会不会与弗雷格原有的想法不相合？

王：我认为不会的。我这个图式是受了弗雷格给胡塞尔信的启发，在弗雷格的信里边，我们已经可以看到今天的图式了。比如从概念词到概念，再到对象，他多画了一步。多画的那一步是什么？概念的外延，也就是量词域。所以实际上，这些也是弗雷格谈的问题，只不过他谈论问题的方式不是句子图式，而是一阶谓词逻辑。我这个句子图式，不可能比他的一阶逻辑更厉害。我现在做出的东西，仍然是按照他的想法，在做出三个层次（语言—涵义—意谓）的区分后，谈论关于量词，关于模态词、认知词及其相关内容。这里当然有我自己的一些工作，但是基本思想完全是弗雷格的，基本的理论依据也是建立在一阶逻辑和模态逻辑的研究成果上。比如说我在讲模态句和认知句的时候，讲内涵语境，讨论间接意谓，那不就是借助了弗雷格的思想吗？这些都是弗雷格当年讨论过的东西，只不过他没有系统化。还有一点是受到达米特的启发。当年他对我说过一句话，大意是当一个人解释别人思想的时候，总是还要有一些自己的东西。比如他把弗雷格的意义理论解释为关于所指的理论，关于涵义的理论，关于 force（力）的理论，而他本人特别强调那个 force。同样的，我研究弗雷格也是会有自己的一些想法。我搞出句子图式，希望它最好能起到一种辅助的作用，就是对不懂逻辑的人能有帮助，也对于只懂逻辑的人有所帮助。另外，既然它是一种方法论意义上的东西，我当然希望它一方面对于研究弗雷格的思想能够起到帮助，另外一方面也能够进行扩展，扩展到弗雷格以外的其他哲学，所以这里边肯定也有我的一些想法。但就基本精神来说，句子图式跟弗雷格的思想是一致的。

戴：您提到，希望句子图式可以应用到弗雷格之外的哲学理论。可我们知道，后来分析哲学的理论有了很多新的发展，跟弗雷格时期的思想已经有很大的不同。我们为什么还能认为，来自弗雷格的句子图式可以在这些理论上保持解释力呢？

王：我把你的问题变换一下说法吧：当我们有了一个理论和方法后，我们该如何应用它，如何往前走？我们可以想一下，弗雷格给我们提供的是一阶谓词逻辑。那么我们该如何看待它呢？有了这样一个理论，并不意味着我们只能做与一阶谓词相关的东西，而不能做一阶谓词以外的东西。我认为关键问题是我们怎么样去做这个东西。戴维森不是说过一句很出名的话吗？他说，是弗雷格使我们认识到有这样一种探讨意义的方式，但是还这么走是不行的，我们必须要另辟蹊径。他走的路是什么？他把"真"这个词作为一种自明的东西使用，做出他那个著名的 T 语句：x 是真的当且仅当 p。他的成果好像是脱离了弗雷格的东西，但这并不意味他真的脱离了弗雷格的理论。实际上到目前为止，我们都是从弗雷格思想来的。你想想，假如我们把戴维森的 T 语句放在句子图式中去看的话，它就相当于拿第三行在解释第二行的东西，就是利用真来解释一个句子的意义是什么。所以我说我的句子图式是一个辅助手段，你对它有了一个比较好的认识以后，就能够用它来认识戴维斯的思想。当然这里边还会产生其他问题。甚至当你这么解释的时候，本身就会出一些问题，因为你直接在用真来做事情。按照弗雷格的解释，当我们说一句话的时候，这句话本身先天地就有真假。这里说的"这句话"自然也应该包含 T 语句，那么 T 语句是否也先天地包含真假呢？这里当然是有许多问题值得思考的。所以 T 语句一出来，很多人就开始批评戴维森了。所以我在书里讨论这个问题的时候说过，说出的真和隐含的真是有区别的，就是这个原因。

戴：那么模态句呢？您关于模态词的句子图式显然是依据模态逻辑做的。弗雷格并没有形成模态逻辑的东西啊？

王：确实是这样。但是模态逻辑是怎么来的？我在课堂上反复强调弗雷格的论述：逻辑关系到处反复出现，你可以选出具有特殊内容的符号，使它适应概念文字的框架。模态逻辑并不是脱离了一阶谓词逻辑另起炉灶的东西，它是将"必然"和"可能"这样的算子加到一阶系统上，它的产生和形成恰恰证明弗雷格是对的。所以，你可以说我的句子图式中有些超出了一阶逻辑的范围，但是更应该看到，即便如此，它仍然是弗雷格思想的延续。

戴：我知道您一直非常重视一阶逻辑。我就再问一个与它相关的问题。您提到了弗雷格建立一阶逻辑是不需要句子图式的，您也曾经说过弗雷格在构造一阶逻辑之前，一定先有了自己的一套直观的思想。那么我想请问这个直观思想是什么，是不是就是句子图式显示的东西？

王：我这么说过吗？这种说法大概有些问题。我可以承认弗雷格在构造他的逻辑之前一定有些想法。至于这个想法是不是直观的，这是另外一个问题，因为"直观"这个词本身有一些歧义。弗雷格当时想法是很明确的，就两个方面。第一是要为从逻辑推出数学做准备，第二是在这样一个准备过程中，他发现现有的逻辑不行，所以他立刻把它放弃了。弗雷格没有说为什么不行。而我要替他补充一个说明。弗雷格在《概念文字》中说，用函数和自变元来取代主词和谓词的做法，将能经受住长时期的考验。这也就是我总是强调的一个思想的来源：传统逻辑基于"S 是 P"这样一种句式，而现代逻辑基于一种函数结构，二者具有根本性的不同。函数结构的最大特点是可以借助两个及多个自变元来表达关系。罗素曾说过：当我发现关系以后，我的思想再也没有回到从前。罗素讲的关系不是一个简单的像"鲁迅爱许广平"这样的关系，它指的是量词所表达的关系，是两个值域之间的关系。这个才是一阶逻辑表达的最关键的东西。所以按照弗雷格的说法，他最初一定在这方面遇到了麻烦，因为传统逻辑无法表达关系。这是我为他补充的说法，当然这个补充是基于我对弗雷格的认识，基于我们对逻辑本身的认识。假如这个补充是对的话，那么他最开始的想法，我认为就是这样的东西。

戴：最后我还想引申一下。您的句子图式显示出了三行，即语言—涵义—意谓。我想请问，这是否在直观上，恰好对应着哲学中的语言转向—认识论—本体论这样的问题维度呢？

王：不是这样的。在意谓层面，我们用了几个基本概念，比如说真值，比如说对象，比如说概念，然后是个体域等等这样的东西。那么这里边用的对象和概念，是不是我们日常所说的对象和概念？不是，我觉得它首先是语义值。这里的"对象"和"概念"只是说法，我也可以把它们换成"个体"和"性质"，或者说一元的是性质，二元的是关系。因为弗雷格当时用"对象"和"概念"这样的词，我们也跟着弗雷格用，而这些只是说法而已。对于他来说，只是借用了日常语言中的说法，实际上，这和我们日常使用的对象和概念，还是有所区别的。但是，当我们用这样的东西去解释日常语言中的表达时，有些对应起来非常自然，比如专名指称的对象。但是有些对应起来就不是那样自然，比如谓词指称的概念，句子指称的真假。所以，对理论的认识和把握是一回事，对理论的应用是另一回事。若不认识清楚这一点，会发生非常严重的混淆。句子图式中的"对象"不是外界中的对象，这里的表达和哲学中通常的说法是有所区别的。

戴：您在《走进分析哲学》的序中说，写那本书一点激情都没有，因为您是在说别人说过的东西。但是您在写《语言与世界》这本书时的感觉不一样了。为什么？是因为句子图式吗？我也很为您的句子图式触动，它确实给人一种新的思考方式。但是我发现您在《语言与世界》中，大部分论述是关于语言哲学，关于真的，可是在后面，您专门用了一章谈到了传统哲学。我想请问，这是否意味着，句子图式也可以用来研究传统哲学？如果是的话，那么它能不能支持您在传统哲学研究中秉持的"一'是'到底论"？

王：我在书中说得很清楚，我希望句子图式不仅能够用于解决弗雷格思想本身，同时也能用来解释分析哲学的问题。刚才咱们提到过的，一个人在解释别人思想时，总是想加入自己的东西，而这就是属于我的一个想法。因为我确实觉得句子图式是有作用的。我觉得自己在做自己想做的事情，在做自己的事情，这就是句子图式可以被看作一种工具，被用来讨论分析哲学中的问题。关于句子图式，其实我还有一个想法，在书中没有明确表露出来，那就是我认为句子图式不只对分析哲学有用，对传统哲学也依然是有用的。但一本书应该有它的重点，不可能做所有的事情。

戴：可是我从句子图式中，看不出来它对传统哲学的解释力，因为传统哲学中强调的是"是"，而句子图式中强调的是"真"。还有您刚才也说，传统哲学基于基本句式"S 是 P"，而分析哲学基于一种函数结构。二者是根本不同的。我想请问，句子图式如何用来做传统哲学分析？您能说具体一些吗？它和您一直强调的"是"的系词涵义和普遍性，又有什么关系呢？

王：句子图式是什么？直观上它是用来告诉我们几个层面的：语言层面，语言所表达东西的层面，语义层面。这三个层面的区分，不仅对分析哲学有效，对传统哲学也是有效的。比如面对 being 进行讨论，首先认识到它是一个词，是语言层面的东西，位于句子图式第一行。那么对它进行翻译，结果也是一个词，因而也是语言层面的东西。人们一定会认为，翻译涉及对 being 的解释，涉及它的涵义。这是没有问题的，那么，这是哪个层面的？当然属于语言表达的东西范围，所以是处于句子图式第二行的。无论你的理解是什么，比如系词含义，或者存在含义，它们都属于第二行。也就是说，当你基于自己的理解将它翻译为中文之后，它就成为第一行的东西。它对应的外文也是第一行的东西。难道我们在翻译时不是首先看到一个词吗？所以使用句子图式来解释"一'是'到底论"是可行的。我所讨论的两个问题，是与真，可以简单地这样看："是"位于第一行，"真"位于第三行，一个是句法层面，一个是语义层面。那么第二行的东西是什么？这就是人们想拿 being 来说的那些东西、那些事情。西方哲学一直就是这么做的。所以可以说，句子图式的分析是具有普遍性的，它完全可以应用到对传统哲学的讨论中。

戴：对我来说，这个看法真的是很新鲜，我根本就没有想过。那么我想请问，句子图式的理论基础是现代逻辑，它所用来分析的东西不是语言转向后的成果吗？我们怎么才能确定，这之前的哲学家们，也是按照类似的方式进行哲学思考的？

王：你这个想法，在直观上是有道理的。从 20 世纪六七十年代开始，语言转向这个词就大行其道。那么，语言转向的特征是什么呢？我的看法是，对语言进行逻辑分析。这就要求两点，第一要考虑语言，第二要进行逻辑分析，就是把逻辑的理论应用到对语言的考虑中。传统哲学中难道没有这两方面东西吗？也就是说，传统哲学中没有逻辑理论的应用吗？没有对语言的考虑吗？有。这就是关键。因此可以说，对语言进行考虑，应用逻辑的理论和方法，并不是分析哲学产生以后才有的，实际上在传统哲学就已经有了，只不过它不凸显，不像今天分析哲学表现得那么充分，仅此而已。所以说，句子图式是完全可以应用到传统哲学的分析中去的。

戴：可是王老师，传统哲学中使用的传统逻辑，与分析哲学中使用的现代逻辑是很不一样的。从句子图式看，它的第三行显示了现代逻辑中的"真"，第一行也没有凸显传统逻辑中的"是"，这样的差别对句子图式的应用难道不会造成影响吗？

王：我在书中说过，句子图式是可以构造的。如果没记错的话，我在书中构造了七个句子图式，它们的结构不一样，有谓词 - 专名的，有量词 - 谓词的，有模态词 - 子句的等等。但它们有共同的核心，就是句子。就分析句子的方式来说，传统哲学和分析哲学确实有很大的不同，但是从传统哲学的角度看，句子也有思想，有真值，能够被句子图式的层次所解释，这就够了。句子图式不是可构造的吗？你可以据此构造出符合传统哲学的句子图式，比如有主词、系词和谓词的，然后进行分析。通过这种构造，可以看到传统哲学的问题，就是不考虑真假，或者说，在讨论 being 或者主词谓词时，不能把其中的真假考虑和句子图式显示的语言结构直接联系起来。但有一点还是明确的，那就是 being 一定和真假相关，因为 being 就相当于句子。比如说，亚里士多德说"说是者是，就是真的"，这句话中提到的对"是者"的"说"，就是语言层面的，是句子图式的第一行。"是"是被说出的，当然也是第一行。"真"是句子图式的第三行，而你说出的"是"所表达的东西就在第二行，第二行的东西跟世界中的东西是对应的，"是者"就是世界中的或相应于世界中的。

戴：我大致明白了，但是老实讲，还是不特别清楚。您别怪我啊，我想这也可能是大多数人的问题。

王：举个例子吧。过去符合论的说法是：真就在于知识与对象相一致。现在的说法是：真就在于命题（或认识）与事实相符合。放在句子图式看，"真"在第三行吧。对象不在图式之中，是外界的东西。那么"知识"应该在第几行？如果说直观上不清楚的话，你可以把它看作语言所表达的东西。（戴：那当然是第二行。）对，这是第二行的。所以，在传统哲学中，其实也是有这样的或相似的考虑和论述的。句子图式完全可以帮助我们来认识这样的讨论。我以后会慢慢讲这些东西。

戴：有人批评您的"一'是'到底论"时认为，您的逻辑背景让您倾向于将 being 翻译成"是"。您认为这种批评有没有道理？如果有，您认为"一'是'到底论"的客观性是否因此会被动摇？

王：如果有人说，我今天所有的研究成果都和逻辑有关，那我一点也不反对。这里说的逻辑并不是人脑子中的逻辑能力，而是作为一门学科的逻辑所提供的理论和方法。这些东西包括弗雷格、罗素、奎因等的经典著作，它们的基本内容已经形成了我的知识结构的一部分。所以如果有人说，我思考问题离不开逻辑，这本身是没错的。而且，逻辑也是哲学所要依据的最重要的理论和方法。所以通过逻辑思考哲学的方式，我认为是没有问题的。但是很多时候，当人们抛出你所提的观点的时候，总是含着一个潜台词，即王路不懂哲学，或者过分强调逻辑。所以，我从来也不在乎人们怎么说我。重要的是讨论什么样的问题，如何讨论问题，讨论的结果如何。我在谈论哲学的时候，一定是立足于文本的。所以，人们对我的观点提出批评其实是很容易的，只要讨论相关文本就可以了。比如，我使用的那些文本是不是有意思的，是不是重要的，我的讨论是不是有道理，如果不赞同，那么不赞同的理由是什么。这些其实是很容易做的，也是应该做的。换句话说，说我依据逻辑是可以的，但是仅仅这样说是不够的，还应该说，这样做的结果如何，这才是最重要的。

戴：按照您的观点，逻辑是哲学最重要的方法论。那么在现代逻辑中，being，或者说"是"，已经不是逻辑常项了，是不是我们据此可以认为，在现代哲学中，关于 being 的讨论也没有那么重要了？

王：要回答这个问题，首先需要明确，你提到的"现代哲学"中"现代"是什么意思？是现代人做的哲学研究，还是用现代的方式做的哲学研究？海德格尔算是现代哲学家吧，但是他讨论问题的方式还是传统的，和语言转向之前的方式一样。你的问题大概是这样的：在弗雷格之后，人们讨论问题的方式变了，使用的逻辑也变了，而在这一过程中，关于 being 的讨论没有了。这一现象的背后，实际上就是我常常提到的观点，即不同的逻辑导致不同的哲学，或者不同的方式形成不同的哲学。自从亚里士多德建立了逻辑这门科学，他就针对 being，也就是他的逻辑中的常项进行了一系列讨论。而当弗雷格建立起一阶逻辑之后，being 不再是逻辑常项，因而相应的哲学讨论中这部分内容就没有了，或者说就不凸显了。依据一阶逻辑，现代哲学讨论的主题变成了对象、概念、事实、真、必然性与可能性，等等。关于本体论问题的讨论，奎因说：To be is to be a value of a variable。（我把它翻成"是乃是变元的值"。）这个命题包含丰富的内容，比如可以将专名转换成摹状词，然后应用罗素的摹状词理论将摹状词消去，最后只剩下量词和变元。所以，它的基本思想和精神实质，它实现的每一步都是应用一阶逻辑的结果。如果不懂一阶逻辑，自然就不太容易看懂这样的观点。所以我说，同样是关于世界的认识，只是因为使用的逻辑理论和方法不一样了，表达的方式和内容，讨论的结果和提供的认识就发生了变化，这是很正常的。

戴：您说表达的内容和提供的认识发生变化，这让我忽然想到一个问题。您在阐述"一'是'到底论"的观点时坚持认为，用中文中的"是"可以翻译英语中所有时态的 being，可是中文本身和英文有极大的差异，比如说您提到过的，前者不是语法语言而后者是，那么我们怎么才能知道，把 being 的所有出现换成"是"，原来表达的东西仍然保持一致呢？

王：这个问题我讨论过很多了。我们就以最简单的翻译来做一个说明吧。一个句子，比如说"天是蓝色的"，是否可以采用其他翻译？比如说，翻译成"天蓝色的"，或者"天蓝色也"，可不可以？如果只是理解这句话，那么只要它不造成理解的困难，我认为是可以的。对句子的理解与句子图式的第二行相关，而句子本身是句子图式的第一行。只要第二行的理解不出问题，第一行的东西是可以调整的。比如海德格尔在谈论 being 这个词的自明性时论证说，在每一个命题中都会用到它，然后举例"天是蓝的"。这时你必须把这个"是"翻译出来，否则，这个例子怎么能够说明他所说的在每一个命题中都会用这个词，又怎么会以此来说明它是自明的呢？所以我一直在强调，关于 being 的问题不是简单的翻译问题，而是如何理解西方哲学的问题。

我去年写了一篇文章，叫作《语言的转换与思想的呈现》。语言的转换实际上是句子图式第一行，是从一种语言的第一行转化到另一种语言的第一行。思想的呈现是第二行的东西，正是通过第一行的转换，才能将第二行的东西呈现出来。好的翻译在我看来需要满足两点，第一是保持第二行的东西不走样，第二是保证第一行的东西表现得漂亮。这就是所谓信达雅的要求。尤其是在形而上学讨论中，being 的系词含义非常重要，我们需要认识这种含义。怎样认识，当然是从第一行来认识。所以要把它翻译成"是"。当然，人们说 being 也有存在含义，但那是第二行的东西。国内的主流做法是将它译为"存在"，这样就使"存在"这个词成为第一行的东西，这无疑是错误的：它至少没有系词含义。关于这两行，也就是语言和语言所表达的东西，弗雷格从来不混淆，奎因基本不混淆，罗素有时候混淆，所以不要以为区分这两层东西很容易。实际上，我最初在翻译弗雷格著作的时候也出现这方面的问题，比如有的时候译文中"谓词"其实是有问题的，原文表达的意思是"谓述"。这些问题在再版时我就要做出修正。在讨论"一'是'到底论"的过程中，我发现人们经常出现这种混淆，由此形成的批评和观点我认为是有问题的。

戴：我在阅读《语言与世界》时，感到很多新奇的地方，其中最重要的一点是，我发现这是您的一部充满原创性的学术著作。这种感觉，以前我在读您的《逻辑的观念》时也有过。但是读您的其他作品，包括《亚里士多德的逻辑学说》《走进分析哲学》《弗雷格思想研究》等等，总觉得您做解读性的工作比较多，这次为什么会转到阐述自己的学术观点上来了？

王：对我来说，好像没有什么特别的原因。这就是水到渠成的事情。我还真没有考虑过你说的原创性或非原创性的事情，真的没有这种感觉。

戴：原创性或创新性是对博士论文的主要要求之一，所以我特别在意。而且我确实发现您这本书与您其他著作不太一样。

王：是这样吗？我的研究体会是，在解读别人的过程中，其实我也在向那些人学习，包括亚里士多德、弗雷格、奎因、康德、黑格尔等。解读工作的实质是一种跟大师的交流。其实《语言与世界》这本书，你仍然可以把它看作是一种解读，一种关于西方哲学思考和探讨问题方式的解读。我没想过专门地刻意地去创新。在我看来，按照文本进行解读，形成自己的认识，阐述自己的想法，这就叫哲学家的工作。一些人谈到哲学研究，总说要有问题意识。这话本身不错，可问题从哪来的？难道不是从文本来吗？先要有文本的解读，才会有问题。这是我对哲学中问题本身和问题意识的一个看法。只要认真读他们的论著，解读他们的思想，我们一定会有收获。除了带来问题和对问题的思考，解读还会给我们提供新的知识结构和思考方式。比如弗雷格的东西，你如果都能够吸收，那么你的知识结构会发生变化，与传统哲学看问题的角度一定会不一样。你说我有原创性，我想，你的意思可能是说，你觉得王老师现在写的东西比以前有进步。其实，原创性也好，有进步也罢，这都不是刻意而为的，也不是想做就能够做到的。我的看法是，你阅读和解读的那些人太牛了，你跟着他们往前走，只要态度端正，方法得当，持之以恒，一定会有自己的收获，一定会有自己前所未有的东西，或者说产生你说的"原创性"的东西。

戴：谢谢您的回答！我确实感到应该向您学习，应该认真学习逻辑，应该认真阅读好的哲学文献，用您的话说，应该不断地进步。

（戴冕、王路：《逻辑、语言与世界——访清华大学王路教授》，原载《哲学分析》，2018年第4期，第179-188页。）

逻辑与形而上学的深层关系

访　谈　者：宁莉娜
访谈时间：2021 年 7 月 22 日

　　宁莉娜，哲学博士，现为上海大学哲学系二级教授、博士生导师，兼任中国逻辑学会副会长、上海市逻辑学会会长。主要研究方向为中西方逻辑思想比较、中国逻辑、归纳逻辑，在《哲学研究》、《哲学动态》、《人民日报》(海外版)、《光明日报》(理论版)等发表学术论文近百篇，多篇被《中国社会科学文摘》等转载；独著和参编著作几十部。主持国家社会科学基金及省部级项目多项，获得省级哲学社会科学成果奖一等奖等多项。

都江堰，2009 年 10 月 25 日

　　逻辑作为一门科学，无论其形态上发生怎样的变化，其特有的方法论性质并没有改变，这一点在逻辑与哲学的深层互动关系的研究方面不断得到印证。王路教授在逻辑与形而上学关系的研究领域深耕细作，取得了独到而丰硕的学术成果，为学界所瞩目。本文通过专访形式，与王路教授探讨其对逻辑和哲学关系的理解及其研究的思想进路。

　　宁莉娜（以下简称"宁"）：王老师好！非常荣幸有机会对您进行这次访谈。从 1981 年研究生毕业到现在，您从事逻辑和哲学研究已经整整 40 年了，您入行早且成名早，论著等身、硕果累累，名扬学界，十分令人钦佩。按照我的了解，您的研究前 20 年主要在逻辑方面，后 20 年扩展到哲学。拜读了您最近在《中国社会科学》杂志上发表的题为《论关于认识本身的认识》这一力作，更加清晰地感觉到您已将逻辑与哲学的研究融为一体，仅是"关于认识本身的认识"这一提法，就显示出您对逻辑与哲学的独到见解。我觉得，国内有些学者或者只关注逻辑的研究，或者只关注哲学的研究，而用逻辑的理论与方法去深入探究形而上学的逻辑基础问题并不多见。您的研究独树一帜，为逻辑与哲学关系研究的拓展打开了新的视野，应该说是一种开创性的工作。我的这种理解对吗？您能谈一谈对这个问题的看法吗？

　　王路（以下简称"王"）：前 20 年研究逻辑，后 20 年研究哲学，你这个说法应该是对的，至少从我发表的文章来看是对的。但是，真正要说我的研究前 20 年是逻辑，后 20 年是哲学，就不见得完全准确。回想一下，其实我一开始就读了很多哲学的东西，比如我在德国学习的时候要在哲学系听很多课，要读很多哲学著作，包括康德、黑格尔、胡塞尔的。但是那时候我总觉得自己是研究逻辑的，因此把逻辑放在一个比较主要的位置上。可以说，读书的范围很广，思考的范围却比较窄，写文章就更窄了，主要还是落实在逻辑问题上，最主要的还是亚里士多德逻辑。

　　研究时间长了，大约在 2000 年前后，我考虑的问题比较多了，一些认识也比较成熟了，于是讨论的问题开始宽泛起来。大概在 2000 年前后，我写的两本书，最后一章都在谈逻辑与哲学。《逻辑的观念》最后一章是"逻辑与哲学"，《走进分析哲学》最后一章也是"逻辑与哲学"。就是说，无论是写逻辑著作还是哲学著作，我都在考虑逻辑与哲学之间的关系问题。20 年前的认识比较直观，我觉得这两个问题很重要，它们相互联系，谁也离不开谁，一定要研究。2003年我出版了《"是"与"真"——形而上学的基石》这本书，比较明确地提出一个看法："是"与"真"乃是形而上学的基石。"是"与"真"可以是逻辑的问题，也可以是形而上学的问题。我的提法表明，这个时候我已经看到了逻辑与形而上学的关系问题，即逻辑与哲学是融为一体、密不可分的。认识到这一点并不容易，但是真正把它们及其相关问题梳理清楚就更不容易了，这是一个更加漫长的过程。

你我都是学逻辑的。一开始我们都认为，逻辑是逻辑，哲学是哲学。当时在德国我是在三个系读书的：在数学系学逻辑，在哲学系学哲学，在语言学系学语言学。那时我们认为逻辑就是"四论"，就是集合论、模型论、递归论和证明论。我当时认为，这就是逻辑，其他东西都不是逻辑。我在哲学系学的是哲学，是柏拉图、亚里士多德、康德、黑格尔、胡塞尔，是弗雷格、罗素等等，我认为这些就是哲学。后来在研究中我才慢慢发现不是那么回事，问题并不是这样简单。亚里士多德是逻辑的创始人，也是形而上学的奠基人；弗雷格是现代逻辑的创始人，也是分析哲学和语言哲学之父。特别是后来我读了很多弗雷格和胡塞尔之间关系的东西，包括反心理主义，以及胡塞尔是不是受了弗雷格的影响等等，我慢慢觉得这里的问题不是那么简单：胡塞尔是现象学的创始人，可他的奠基著作却是《逻辑研究》。这里有两个复杂的问题：一个是一定要说清楚，到底什么是逻辑，什么是哲学；另一个是能不能说清楚，怎样说清楚。这里的实质就是关于逻辑和哲学的认识，关于逻辑与哲学的关系的认识。假如说逻辑仅仅就是像"四论"那样的东西，那么可以说逻辑就是逻辑，跟哲学一点关系都没有。如果说逻辑不是这样的，那么它是一个什么样的东西？所以，20年前我提出逻辑的观念的时候，我只是有一个直观的认识：逻辑与哲学不是像想象得那么简单，不会就是逻辑是逻辑、哲学是哲学，不应该是那样的。那时我有一个直观的认识，开始讨论这种认识，但是并没有把它说清楚。所以在随后20年，我就一直在谈逻辑与哲学的关系这个问题了。

回过头来看，这里也可以有一个原因：逻辑问题比较容易说清楚。比如说亚里士多德逻辑就是三段论，弗雷格逻辑就是一阶逻辑，这些总是比较容易说清楚的。但是哲学似乎不是那样容易说清楚的。我的做法是从一些文本入手，比如弗雷格关于涵义与意谓的论述，罗素关于摹状词的论述。这些理论都是哲学分析的典范，从中可以分析出哪些是逻辑，哪些不是逻辑。所以，这项工作是一项非常细致的工作，做到后来就会发现，康德哲学里面有逻辑，黑格尔哲学里面也有逻辑，也只不过不是现代逻辑。所以，这项工作慢慢深入之后就会发现，在整个西方哲学中，逻辑与哲学是非常密切地结合在一起的，而不是像国内不少人以为的那样：逻辑就是逻辑、哲学就是哲学。国内有些研究逻辑的人一点不懂哲学，对哲学不屑一顾，而有些研究哲学的人因不懂逻辑，还会批判逻辑，排斥逻辑，这都是有问题的。我的做法与他们不同。你说我的工作独树一帜、有开创性，其实我觉得真正的开创性工作不是我做的，真正的开创性工作是亚里士多德、弗雷格他们做的。我只是接着他们的工作在往前走，或者用今天的话说，是在"汉语哲学"的语境下我多说了一点东西。

宁：我们都知道，金岳霖先生对我国逻辑和哲学的研究具有开创性的贡献。他的《逻辑》《论道》和《知识论》被称为融逻辑与形而上学、中国哲学与西方哲学为一体的哲学体系。周礼全先生是金先生的学生，既有逻辑著作，也有哲学著作。您又是周先生的学生。您这种研究逻辑与哲学的思路和途径是不是受到了金先生和周先生的影响呢？

王：直观上可以这么说吧。金老显然既有逻辑也有哲学。周先生有逻辑，也有哲学，比如他的《概念发展的两个阶段》《黑格尔的辩证逻辑》是哲学著作，《模态逻辑引论》《逻辑——正确思维和成功交际的理论》是逻辑著作。我是学生，老师的思想会影响学生，这么说没问题。但是我觉得，确切地说，我在这个学脉的影响下做了逻辑与哲学的研究。我们可以换一种说法，在金先生的学脉下，沈有鼎先生做逻辑而不做哲学，王宪钧先生也是这样的。冯契先生不同，他研究哲学但不研究逻辑。还有苏天辅先生，他也是只做逻辑，不做哲学。这虽然只是一个大概的说法，但是很明显，周先生和他们不太一样。了解周先生的人都知道，他早年学了逻辑，但是他不研究逻辑，而是研究哲学，他对意义理论感兴趣，对形而上学感兴趣。"文革"以后他才转而研究逻辑。他研究模态逻辑，一个原因是他认为，从与语言相关的表述来看，模态逻辑的表达力更丰富，模态逻辑的作用比一阶逻辑的作用还要大，所以他写了国内第一本模态逻辑的书。如果说我受到金先生和周先生的影响，那是因为在逻辑室工作多年，长期待在周先生身边。周先生跟你谈这些东西，逻辑室的人和你说金先生这事那事，不受他们的影响是不可能的。但是真正说到在逻辑与哲学关系的认识上受到他们多大的影响，就要认真考虑一下了。我觉得有一点可以肯定，就是周先生带我研究亚里士多德。当年硕士论文题目是周先生给我定的，这一点对我一生的影响至关重要，对我的学术研究发展到今天具有极其重要的作用。所以，我认为在这一点上，在关于亚里士多德的研究上，我是深受周先生影响的。

你从一些前辈的回忆文章中可以看到，金先生教学生是一对一，讲的是知识论，那一定是哲学。周先生带我读书也是一对一，读的是《论辩篇》，这大概可以说是逻辑，也可以说是哲学。我不知道周先生是怎样受金老影响的。当年为了写论文，我把亚里士多德的《前分析篇》《后分析篇》以及《形而上学》都读了，但是觉得读不懂。1983年我出国时，目标就是要研究亚里士多德逻辑。所以，出国以后我首先就去研究亚里士多德的《分析篇》，同时继续研究亚里士多德的《形而上学》，说是研究，其实就是学习，常常是去读别人的二手文献。为了学习亚里士多德，我当时学了拉丁文、希腊文，还学了很多东西。所以，研究亚里士多德也许从一开始就不是单纯的逻辑研究，这为我以后的研究定下了基调。今天我可以坦然地说，在金老的学生里边，既研究逻辑又研究哲学的人大概是周先生，在周先生的学生里面，既研究逻辑又研究哲学的大概就是王路，在这一点上我还是比较满意的。所以我可以接受你的看法：我受到他们的影响。

宁：我拜读过您写的《金岳霖先生的逻辑观》和《论加字哲学——从金岳霖先生的一个区分谈起》以及其他关于金先生的文章，它们都涉及金先生关于逻辑和哲学的看法，所以，我以为您对逻辑和哲学的认识应该是受到金先生的影响。能谈一下您对金先生的逻辑和哲学思想的理解吗？

王：这个问题不太好谈，因为到目前为止我对金先生的研究是很不够的。金先生《逻辑》《论道》和《知识论》我都看过，以前许多地方看不懂，但是觉得金先生在学界的地位那样高，影响那样大，我作为周先生的学生，总还是要读懂的。我在社科院逻辑室工作的时候参与过编译金先生文集的工作，第一次编辑的文集是甘肃出版社出版的。那次我的主要工作是抄写金先生的一份英文手稿。那是1943年金先生去美国讲学的手稿，写在两个笔记本上，因为字迹比较潦草，出版社没法打印，我以印刷符号把它抄了一遍。那个手稿的题目叫"Tao、Naturte and Man"，我记得非常清楚。抄完这个稿子之后我就明白了，金老去美国讲学，总要讲点有特色的东西，他就以中国哲学的方式去给外国人讲哲学。不仅如此，我还明白了金先生的《论道》是怎么回事。它不是中国哲学的著作，或者说它只是一本用中文写的哲学著作。搞中哲的人总认为金老那是在讲中哲，其实不是。"道""式""能"是金先生借助的三个中文字，他讲的其实都是西方哲学的东西。他实际讲的是形式和质料，讲形式的质料、质料的形式。然后，他在规律的意义上或超出规律的意义来解释中国人所说的那个"道"。这样再去理解金老的《论道》，就明白了它不像人们通常所理解的中国哲学。金老的《知识论》我认真读过两遍，零零散散的翻看不算。在我看来，《知识论》的核心思想是谈论演绎和归纳，简单说就是演绎。所谓知识论其实主要就是两个问题，一个是我们对世界的认识以及对我们这种认识的刻画，再一个就是我们对世界的认识提出的解释以及关于我们这种解释的说明，这个说明过程的核心就是论证。到目前为止，科学告诉我们的论证方式主要就两种，一种是演绎，一种是归纳。演绎的方法就是逻辑，归纳的方法就是从培根、穆勒等人以来所提出和探讨的方法。金老在《知识论》里谈的主要是演绎与归纳的关系。这是我大致的看法，但如果要我展开论述，还需要花费很大的功夫。

金先生是一个历史人物，每5年会开一次他的讨论会，我也会努力写一篇文章参会。你刚才提到的那两篇文章都是我为了参加会议而写的。它们表面上是在谈金老的思想，其实是借金老的东西谈我自己的想法。比如我谈金老的逻辑观，其实也是谈我自己的逻辑观，我赞同金老的逻辑观，所以可以借助它来谈我自己的逻辑观。比如"加字哲学"，这是我这几年来一个研究成果。但是，我是以谈金老的思想方式把它给谈出来的：我谈金老的"中国的哲学史"和"中国哲学的史"的区分，并将这一区分上升为"中国哲学"和"哲学"的区分，这样就提出了哲学与加字哲学的区别。我对金老的研究还很不够，在过去15年里写了三篇文章参会，除了你提到的两篇，还有一篇就是去年写的《〈论"所以"〉与〈关于《论"所以"》〉》。我认为，我的逻辑观和金老的逻辑观是一样的，金老的逻辑观简单说就是演绎，就是有效的推理，甚至金老在很多地方都谈"必然"，我们能看得很清楚，他说的"必然"，不是我们日常语言所说必然怎么样那个模态词的必然，而是一种逻辑的东西，一种关于逻辑的性质的东西。所以，金老的逻辑观可以说是比较清楚的。金老的哲学观我认为不太好说，我借助它来谈加字哲学，来谈我自己的认识。可以肯定的一点是，他的哲学观是与演绎相关的，因而是与先验性的东西相关的。我认为这是认识论中非常重要的问题，在国内关于金老《知识论》的研究中，对这个问题尚缺乏充分的认识。

宁：您对亚里士多德和弗雷格有深入的研究，无论是您关于他们思想的专著还是译著，都对国内相关研究具有重要的参考价值，并产生了重要影响，也使我本人受益匪浅。能谈一下亚里士多德和弗雷格关于逻辑与哲学的思想对您的影响吗？

王：这是个好问题。弗雷格和亚里士多德对我逻辑和哲学的研究影响巨大，这一点我是承认的，而且近年来我越来越明确地认识到这一点。前些天我应邀在"荣休会"上作了一个报告，题目是《论亚里士多德和弗雷格给我们的启示》，说的其实就是他们给我的启示，就是他们关于逻辑和哲学的看法给我的启示。前面说过，最开始我做硕士论文的时候，读了亚里士多德的逻辑著作，也读了他的《形而上学》。虽然都读了，但没有都读懂。所以毕业以后，出国以后继续学习。周先生当时有个教导对我影响很大。他说，我们做学问一定要扬长补短：不懂的东西一定要去学、去补，不能总是躲着，否则到头来只能不懂装懂。当时我只是照着周先生的话去做，后来我认识到，周先生的话是对的。学术研究一定要不断学习，不懂的东西如果不去学，就永远不懂，所以，不懂就要学。我写《亚里士多德的逻辑学说》那本书下的功夫比较大，读懂了他的三段论，也基本上了解和掌握了传统和现代关于三段论的研究成果，知道了亚里士多德逻辑到底是怎么回事，"必然地得出"到底是怎么回事。这些都弄清楚了，然后就写了那本书。

后来我翻译弗雷格的著作，这样就进入现代逻辑的学习和研究。其实在学习和研究中我一直在学现代逻辑，学习了许多形式化的东西，包括在德国明斯特大学的哲学系和数学系上课学习一阶逻辑和递归论。我一度一直认为逻辑就是演算，就是构造形式语言，建立形式系统，证明可靠性和完全性定理等等。我在德国的时候已经读了一些弗雷格的东西，听了一些关于他的课，我觉得弗雷格思想是很有意思的东西，很吸引人，但是真正研究弗雷格却是从翻译他的著作开始的。研究的过程也是学习的过程。我认为，自己真正理解一阶逻辑也是学习和研究弗雷格著作的结果。有一天我忽然明白，一阶逻辑不仅仅是符号的东西。一阶逻辑的符号表达只是表面的东西，它背后有一套思想，你要把握住那套思想，才能够明白它以符号的方式呈现出来的是什么。我认为这一点是弗雷格告诉我们的非常非常重要的东西。今天学逻辑的人，都是学习现代逻辑的成果，比如形式化方法、公理系统的方法等等。这样的东西还是比较简单的。但是很遗憾，今天很多人连这一点也没有学好。我认为这里有两个层次的问题，一个是一阶逻辑本身，另一个是它是怎么来的，它背后的那套思想是什么？比如弗雷格说："我相信，我用函数和自变元来代替主词和谓词的思想，将能经住长时间的检验"，这句话是什么意思？这里有一个非常了不起的洞见，就是他把过去亚里士多德逻辑那个"S 是 P"结构转变成了一种函数结构。这个变化太大了，为什么会有这样的转换？为什么能够做这样的转换？比如弗雷格给出的量词不叫全称量词，它叫"普遍性"，为什么？比如弗雷格给出的第一个符号是"⊦"，他说它表示"是一个事实"，这又是为什么？弗雷格逻辑是形式化的，有句法和语义两个方面。它的语义的核心概念就是"真"，但是，他一开始没有用"真"这个概念，而到了后来的遗著《逻辑》里，他的第一个概念就是"真"，就是"真"这个词，再往后他则明确地说："'真'这个词为逻辑指引方向"。弗雷格著作中有很多这样的东西，它们会使你发现，这是逻辑，是这一系列思想让他最后把今天称之为一阶逻辑那样的东西给做出来了。学习逻辑是必要的，但是从研究逻辑的角度说，不能把握到一阶逻辑后面的这套思想，这是我们与弗雷格的差距，而当我们把握了这套思想之后就会发现，今天分析哲学所讨论的东西都是从弗雷格这套思想上发展起来的。这样我们才会认识到，为什么人们那么推崇弗雷格？为什么达米特等当代哲学家会把弗雷格推到那样一个高度？

　　弗雷格逻辑产生之后，人们认为亚里士多德逻辑不灵了。站在现代逻辑的立场上，人们对亚里士多德逻辑提出批评，有人甚至认为主谓结构逻辑是逻辑的"堕落"。但是我在研究中发现，亚里士多德是非常不起了的。亚里士多德逻辑告诉我们两个东西，除了"S 是 P"这样的主谓句式和三段论以外，他还提出一个观念，如果没有这个观念，逻辑是出不来的。这个观念就是我 20 年前说的那个"必然地得出"。一开始我抓住亚里士多德这个"必然地得出"的时候，仅仅就是一个直观的说明。后来我认识到，逻辑实际上有两个东西：一个是观念，一个是技术（理论）。弗雷格对逻辑的发展只是在技术上的发展，但观念上没有变。就是说，他在观念上与亚里士多德是一样的。像培根、穆勒，还有黑格尔这些人，他们都想发展逻辑，但是完全改变了观念。观念上变了，就与亚里士多德逻辑不是一个东西了，技术上也就不会有突破，最后也就不能发展。弗雷格逻辑在观念上与亚里士多德逻辑是一个东西，同时技术上有突破，所以，弗雷格发展了逻辑。掌握了一阶逻辑以后，人们认识到亚里士多德逻辑的弱点，这是事实。但是应该看到，亚里士多德逻辑在哲学中是有用的，它影响了哲学 2000 年。西方哲学一直在讨论 being 问题，而这个问题与"S 是 P"相关，与亚里士多德逻辑相应，being 问题非常清楚地表明逻辑与哲学的紧密结合。所以，近 20 年来我总是从弗雷格到亚里士多德、再从亚里士多德到弗雷格来回看：研究弗雷格帮助我更好地去理解亚里士多德逻辑及其在哲学中的应用，研究亚里士多德又帮助我更好地理解弗雷格的逻辑和哲学思想。特别是，这样的研究使我可以更好地接近和把握他们的逻辑思想背后的那些认识。

将弗雷格和亚里士多德思想的研究引申一步，自然就会看到逻辑与哲学之间的关系。这时就会发现，在西方哲学中，逻辑与哲学是融为一体的、密不可分的，现代是如此，传统也是同样。因此，在这一认识上，我深受弗雷格和亚里士多德的影响。在 20 年多前的论著中，我谈逻辑与哲学的融合和分离，现在就不这么谈了。我现在谈论"是"与"真"，谈论形而上学的基石，谈论从"是"到"真"的转变等问题。另外，我最近谈的是我构造的句子图式。句子图式是我基于弗雷格的思想构造的，它把逻辑和哲学融为一体，并且凸显了"真"这一概念。这两年我不仅用它解释分析哲学，而且解释传统哲学。这就能看出弗雷格和亚里士多德对我的影响确实是非常非常大的。他们对我的影响，其实就是他们关于逻辑和哲学的看法对我的影响。

宁：您是主张现代逻辑的。在我们国家改革开放之初、百废待兴之际，现代逻辑的研究与教育尤为迫切和必要，记得当时还有诸葛殷同、张家龙和弓肇祥等一些学界前辈，都为此作出了重要贡献。还有吴家国等老师对逻辑教育的普及也是功不可没的。我看到您除了研究弗雷格，也谈论罗素、奎因、达米特等人，我觉得您的研究特点非常本色和自然。但是自您提出"是"与"真"是形而上学的基石以来，我看到您经常谈论传统哲学，特别是最近几年您经常讨论康德和黑格尔。这是为什么呢？您把这些研究都称为形而上学的研究，您不认为这之间有很大的区别吗？

王：这里有两个问题。一个是现代逻辑和传统逻辑的区别。弗雷格和亚里士多德在逻辑的观念上是一样的，但是他们的理论毕竟是不一样的，也就是说他们的技术性的东西是不一样的。使用不同的技术或理论去工作，就会产生不同的结果，形成不同的看法。比如说弗雷格对自然语言有很多批评，他认为自然语言束缚了我们的思想，里边有很多歧义的东西，使我们不能清晰无误地表达思想等等。亚里士多德尽管也有一些关于谬误的讨论，也有关于自然语言歧义的批评，但是他与弗雷格是不一样的。这大概更多地是由于他们的逻辑理论不一样，导致的结果也不一样。既然不同的逻辑理论会有这些区别，我们当然要倡导一种能够为我们带来更大帮助的逻辑，当然要倡导现代逻辑。金老那本《逻辑》就对传统逻辑提出批评，指出其中的一些问题。那本书主要讲罗素的逻辑系统，这是很清楚的。改革开放以后，你刚才提到的几位老师都是主张现代逻辑的，他们都看到了现代逻辑的有用性：一阶逻辑能解决的很多问题，传统逻辑根本解决不了。

另一个问题是逻辑与哲学的关系。今天人们谈论弗雷格、罗素、维特根斯坦、奎因等人的时候，人们会认为这些人是分析哲学家，是讲现代逻辑的，人们认为分析哲学与现代逻辑是融为一体的。但是也有人排斥逻辑，认为现代逻辑是现代的产物，并不适用于传统哲学，也有人认为逻辑只研究形式不研究内容，因而逻辑是有缺陷的，解决不了哲学问题，比如康德和黑格尔就是要克服和超越这种缺陷，更极端的人甚至认为传统哲学研究不需要逻辑。这里就涉及你谈到的第二个问题：为什么我要谈传统哲学，要谈康德、黑格尔？许多人承认对达米特、戴维森等人不够了解，但是他们自认为很懂康德、黑格尔。在我看来，他们在一些基本问题上没有读懂。这就是这些年为什么我谈 being 问题的原因之一。我认为，把 being 翻译成"存在"，那就读不懂康德、黑格尔。康德说"是"不是谓词，而是系词，你非要把这说成"存在"不是谓词，而是系词，这就注定会曲解康德的思想。关于黑格尔逻辑学的初始概念，国内有两个说法，一个是"有""无"和"变"，还有一个是"存在""无"和"变"。这两个说法依据的翻译都是错的。翻译有错的话，就把黑格尔的基本思想搞没了。黑格尔的基本思想并不是存在（有）、无和变。那是什么呢？乃是"是""不"和"变"。为什么呢？因为黑格尔明确说他是从逻辑寻找初始概念，这样就只能是"是"和"不（是）"这两个最基本的概念。此外，谈"是"什么与认识相关，谈论认识的时候，谈论"是"什么这是非常自然的。同样，与"是"相对应的就是"不"，即"不是"什么。而且，当你谈"是"什么的时候，就已经意味着它"不是"什么，比如"它是白的"，就已经意味着它不是黑的了，因此，"是"自身就包含着辩证法，包含着对自身的否定，黑格尔的思想就是这么来的。你把它翻译成"存在"，黑格尔的辩证法思想就都没有了。这里面的基本思想是逻辑，也就是说，并非只有现代哲学家那里才有逻辑，在传统哲学家那里也是有逻辑的。不是说亚里士多德的逻辑只在亚里士多德自己那里管用，它对黑格尔和康德也是有影响的。并不是说现代逻辑只能在现代哲学研究起作用，而对传统哲学研究就没有帮助，不是这样的。所以，我的这些研究实际上就是要告诉大家，在西方哲学研究中我们要做的工作实际上还是很多的。

西方哲学从古到今是一体的，形而上学一直是主线上的东西。本体论、认识论和分析哲学是它表现的三个不同形态，它们的共同特点是什么？就是它的先验性，就是我最近在《论关于认识本身的认识》那篇文章里提出来的，它们的共同特点就是先验性，它跟经验无关；形态不一样，是因为它的理论、方法不一样。所以，它导致的结果就不一样。为什么这两年我谈传统哲学比较多？传统逻辑也是跟哲学融为一体的，亚里士多德的逻辑对于传统哲学的研究也是有帮助的。现代逻辑的理论与思想，对于我们认识传统逻辑是有帮助的，因此，对于我们认识传统逻辑在传统哲学中的作用也是有帮助的。今天许多哲学史研究，包括对柏拉图、亚里士多德、康德、黑格尔等人的研究，都采用了现代逻辑的方法，成果显著。国内对这方面的研究了解得不够，有人还认为那些研究没用，我不这样认为。我认为哲学研究是有科学性和专业性的，而且哲学研究是需要不断进步的。

宁：对的，认同您的观点，因为我也觉得在传统逻辑与现代哲学之间、现代逻辑与传统哲学之间需要进行融通性的研究，这是很重要的。您的研究方式其实是打破了逻辑和哲学之间的一种壁垒或者说是一种疆界，视野开阔，具有开拓性。接下来，我还有一个比较尖锐的问题，就是20年前您出版的《逻辑的观念》一书在逻辑界影响很大，我发现自那以后您经常谈论逻辑的观念。当然，您的逻辑观念也受到了一个普遍的批评，被认为是"狭隘"的小逻辑观，也许与您对现代逻辑的强调与坚持有关，也许还有其他的原因。对此您的看法如何？

王：《逻辑的观念》这本书出来以后，当时就有很多人批评我，说我是小逻辑观。实际上，早在1994年就有人说我狭隘，是"小逻辑观"，这本书不过是提供了证据：归纳不是逻辑、辩证逻辑不是逻辑，白纸黑字都是你说的。我认为这其实是一个很简单的问题。是不是逻辑，这是一个学理问题，就是说，大逻辑也好，小逻辑也好，都是对逻辑的看法。最近我在"荣休会"上作报告时说：逻辑观就是一把尺子，有了这把尺子，你就可以去量东西，在你尺子范围内的就是逻辑，超出范围的就不是逻辑。我当时开玩笑说，如果希望把更多的东西容纳进来，就把你的尺子放宽、拉长：尺子拉长了，很多东西就进来了；如果尺子缩小，排除的东西就多了。逻辑研究始终有一个逻辑观的问题，就是怎么理解和看待逻辑的问题。如果认为逻辑是"必然地得出"，是有效推理，那么归纳显然就不是逻辑。金先生当年说过，演绎和归纳迟早要分家。这也是逻辑观的问题。至于"狭隘"还是"不狭隘"，那是一个带有情感色彩和价值判断的话。作为学者，我更注重学理上的认识和讨论。

宁：如今您谈论"加字哲学"，其实是在深入地谈论哲学的观念。您强调哲学的先验性，强调哲学与逻辑的联系。但有人认为您关于"是"的理解是逻辑主义的，是狭隘的，甚至不是哲学的。您如何看待这些批评呢？

王：我觉得你说的是对的，谈"加字哲学"，也可以把它看作是一种哲学观，即我是怎样看待哲学的。众所周知，关于哲学有很多说法，比如认为哲学是世界观，是方法论，比如认为哲学是无为之学，比如认为哲学无法定义等等。今天我不太赞同这些说法，我认为哲学是形而上学，或者说形而上学一直是哲学史主线上的东西。这就是我提出的一种哲学观，就是我怎么看哲学。与这个观点相匹配，我提出"加字哲学"这一概念。所谓"加字哲学"，就是在"哲学"前面加字，如中国哲学、马克思主义哲学。"加字哲学"如今大行其道，如教育哲学、儿童哲学、休闲哲学等等层出不穷。人们要把这些说成哲学大概也可以，但是我认为它们是加字的。在我看来，哲学本来是可以不加字的。这就是一种哲学观。这两种哲学是有根本性区别的。我认为哲学是先验的，一加字就变成经验的了。我区别出加字哲学，并不是说讨论这些东西就没有意义。我是想从学理上讨论什么是哲学。我认为，哲学就是形而上学，是关于认识本身的认识。因此，我可以不用加字而直接谈这样的东西。我再强调一遍，哲学与"加字哲学"是有根本性区别的：哲学是先验的，加字哲学是经验的。在我看来，能区别这一点就够了，但是，一定要区别这一点。

宁：我关注有关逻辑的争论，包括关注您在学界引起的一些讨论。您明确认为归纳不是逻辑，您在书中也分析探讨过穆勒的归纳法，但是您却一直支持我研究穆勒的《逻辑体系》，认为这一研究是有价值的。这又是为什么呢？能谈一下您对穆勒《逻辑体系》的看法吗？

王：我个人认为，关于穆勒的问题要区分两点，一点是谈观念，什么是逻辑，什么不是逻辑。从观念上说，穆勒所谈的东西不能满足"必然地得出"，因此，我说它不是逻辑，这是第一点。另一点谈意义。我认为研究穆勒思想本身是有意义的。就是说，它不是逻辑，并不意味着我们就不可以研究。如同刚才说过的，"加字哲学"虽然不是形而上学，但是并不意味着就不可以研究，研究就没有意义。是什么与是不是有意义，这是两回事。我认为这两个问题要区别，所以我支持你研究穆勒，我认为你的研究很有意义。我记得你申请了课题，研究成果也很好。

穆勒是一个很重要的人物，他的思想影响很大，但是我无法评价他的《逻辑体系》。简单地说，《逻辑体系》是一本非常厚的著作，我当时写《逻辑的观念》那本书的时候，翻看过这本书，但是我看得不是很细，没有从头看到尾。我感觉从这本书本身来说，它的重要性在于，它体现了一种意识：在近代科学产生并获得比较大的发展以后，人们普遍存在着对传统逻辑的不满，要求在方法论上寻求大的突破。亚里士多德逻辑确实是有贡献的，但亚里士多德逻辑有一个最大的问题就是它的力量太弱了，人们发现用逻辑工作的时候，尽管亚里士多德逻辑能够帮助人解决定义问题、本质问题、原因的问题，但是人们觉得它远远无法满足需要。这种认识自培根提出，在《逻辑体系》中得到继承。《逻辑体系》的重要性还在于，它做出一个贡献：不仅提出穆勒五法，使归纳法上升到方法论意义上的理论，还试图使它成为科学，就是说，使它成为逻辑。你对穆勒了解得比较多，肯定知道他的逻辑体系含有演绎和归纳，因此涉及演绎和归纳之间的关系。他把这两部分内容都放在一起以后，就要想办法提出一个统一的定义，使这个统一的定义既能容纳演绎，又能涵盖这个归纳，使它们成为一体。这一点我在《逻辑的观念》中已经说过了。所以，穆勒是继培根之后归纳法的最重要的代表人物。研究者们对《逻辑体系》的评价好像不太一样，有一种评价说它重演绎轻归纳，也有一种评论承认穆勒在《逻辑体系》中把归纳上升到方法论的高度，但是认为还不够。还有几种评论我现在记不清了。

我个人认为，不管怎么样，穆勒已经把当时科学发展起来的人们所用的科学方法总结出几条来，同时他有一个意识，他努力想把这些东西说成是逻辑，把它们融入逻辑体系中去，从而使这些东西成为科学，在这种意义上他的工作是重要的。另外，他的体系有很多东西是与认识直接相关的，因此他的著作深受知识论研究的重视，比如我们刚才谈到金老的《知识论》的核心内容，那里讲到演绎和归纳之间的关系。还有，在我的阅读中，许多人都谈到穆勒，比如胡塞尔关于穆勒谈得很多：穆勒体系中谈到了认识，谈到了心理上的一些东西，胡塞尔涉及心理学认识的论述非常多，借鉴了穆勒的认识。弗雷格在《算术基础》中也谈到穆勒。所以，从认识论的角度说，穆勒一定是有重要贡献的，穆勒的《逻辑体系》一定是有重要意义的。

宁： 谢谢您！我研究穆勒《逻辑体系》既得益于您的支持，也有对德国逻辑史学家肖尔兹将穆勒逻辑评价为"影响到全世界"的这一点的认同，还有我对穆勒逻辑思想的理解。我倒是没有考虑您在逻辑观上是不是狭隘，我感兴趣的是另一个问题：您的学术批评精神是不是受到金先生和周先生的影响呢？周先生批评金先生的故事我们都听说过，文章我们也都读过，去年您还写了文章重谈此事。他们都是我们敬仰的前辈，关于学术批评，您能不能结合他们的言传身教多说几句？

王： 我觉得还是正面谈一下这个问题吧。学术批评有两种，一种是公开的，一种是私下的。像我们私下讨论，我们可以提出不同见解，算是一种学术批评；还有一种是白纸黑字写出来的学术批评。我认为金先生和周先生给我的影响，大概就是私下的批评。就是在私下里，我们师生去可以相互讨论，每个人可以各抒己见，坚持自己的观点。当年我在准备硕士答辩的时候，心里有点不安。周先生建议我去读一读罗素的哲学答辩。有一套哲学丛书，其中有一本叫《罗素哲学》，那里收集了当时很多专家对罗素提出的批评意见，罗素一个一个回答，罗素的回答非常绅士。周先生说，你答辩时要心里坦然，自己写的东西，自己就是专家、就是权威，同时，还可以对他人提出问题。周先生讲的核心思想是什么？当时我的理解没有那么深刻，很多年以后我理解，这就是一个专家身份的问题，这就是你自己是不是专家，你自己如果是专家的话，那么在讨论这样问题的时候，你就可以站在专家的角度说出你自己的观点，这就叫学术批评，或者说，你站在自己的角度，说出和别人不同的观点，这也叫学术批评。我们是学术讨论，而不是相互攻击，这就是一个学术的观念，这也是好多年以后我的一个认识。至于摆到桌面上去说，这是我自己多年来践行的一个观点，就是为学术而学术。那么什么是学术？我认为，学术就是大家按照共同的学术规范把自己研究中所认识到的东西与产生的看法和结果写出来，提交给学术共同体。当你看到某人谈了不同观点时，可以跟他进行商榷，提出自己不同的看法，这就是学术批评。因此，我们没有必要把这个东西看得那么重，这就是一种学术讨论，这就是延续学术生命的一种方式。它的核心是学术，它的基础是专业。这些年来我跟很多人做过学术讨论，或者说批评过许多不同看法。比如在 being 问题上，我批评过一些有影响的学者的观点，那就是学术讨论。我认为这是一种正常的学术活动。在这一点上，我认为自己超过了金先生和周先生。学术批评是对事不对人，我们通过批评这种方式，使学术得到发展，我们延续的是学术，我们立足的基础是专业性，我们提倡的是学术性，只要能维护学术性、维护专业性，促进学术和专业的发展，这样的学术批评就是好的。在学术批评里面，我们不要谩骂，不要进行人身攻击。这是我对学术批评的理解，我认为自己的理解是对的。

宁：是的，您所讲的学术批评精神，其实是一种学术发展的动力，在学术研究过程中，如果没有学术批评，学术发展就会受到阻碍。另外，您在 20 多年前写过一本名为《寂寞求真》的书。这本书虽然是一个随笔，但非常有学术的代入感，许多内容都好似一幅幅鲜活的画面，集中地反映出您对学术的理解，包括学术情结和治学态度。您在书中说，寂寞是一种生活方式，求真是一种学术境界。现在 20 多年过去了，您的看法发生变化了吗？您可以解释一下这句话的意思吗？

王：这句话就是一个感想。当时人家来找我写这本书，然后我就写了一些关于学术的想法。自己每天读书、思考，再把一些想法写出来，然后就是讲学，和别人讨论、交流，大概这就是我的生活方式，这也就是我在书里讲的"寂寞是一种生活方式"。这本书是 20 多年前写的，1999 年出版。那个时候讲的"寂寞"显然是针对社科院外面那个"喧嚣"的世界。当然，今天也一样，有些教授把太多的精力放在了研究以外。我觉得研究其实就是寂寞的，研究者的生活方式就是一种寂寞的生活方式，所以，我觉得"寂寞"是对我这样一种生活方式的一个总结。即便在今天，我认为也是如此。我认为这是一种正确的方式，是我采取的一种正确的生活方式，我用这种方式来排斥外部世界的纷扰，这是第一点。

　　第二点，关于"求真是一种学术境界"，这是一句双关语，当时我写的时候也是这样考虑的。一方面，我们可以把"求真"看成是一种学者的求真，也可以理解为要达到古人所讲的那种真善美的意思，在这种意义上，"求真"就是要达到一种比较高的精神境界，努力提高自己的精神境界，简单说就是这个意思。也就是说，我们的"寂寞"并不是平庸的，而是有追求的。另一方面，我把"求真"看作是哲学本身的追求。因为，我研究的哲学是形而上学，"真"是我研究的哲学的核心概念，正如亚里士多德所说，将哲学称为关于"真"的学问是恰当的，正如弗雷格所说："真"为逻辑指引方向。因此，"真"本身是我专业最核心的东西，所以，"求真"也是一种哲学境界。同样做哲学研究，如果达不到"求真"这一点的话，如果与"真"甚至没有什么关系，说明哲学研究的境界还不够。所以在我看来，所有"加字哲学"，也许可以达到"求真"的第一种境界，但是大概不会达到"求真"这第二种境界。所谓双关语，指的是我们做学问可以把它做到极致、做到最好，做到学者最高境界，这个我觉得"加字哲学"大概也是可以做到的。但是作为哲学研究本身来说，达到"求真"这种专业意义上的境界，还是有不小区别的。毕竟加字本身就是往经验上做了。因为，"是真的"乃是经验的，而真之条件则是具有先验性的东西。所以，关于"求真"，今天我仍然认为是这样的。我觉得，抓住"寂寞"和"求真"这两点，说明你对我非常了解。今天我也没有改变我的看法。我认为，这仍然是我今天的生活方式，仍然是我的学术追求。

　　宁： 从您的学术成就中，完全可以感受到"寂寞"与"求真"的执念所产生的力量，期待您继续带给我们更多的关于逻辑与哲学研究的理论建树。非常感谢您给予我这次说是访谈而实际是学习的宝贵机会。

　　（宁莉娜、王路：《探求逻辑与形而上学的深层关系——王路教授访谈》，原载《哲学分析》，2021 年第 6 期，第 166-178 页。）

第三部分

哲学是讲究论证的科学，其核心是形而上学。正确的哲学观念与正确的逻辑观念是紧密联系在一起的。本部分的四篇访谈《哲学的本质是逻辑》《真、意义与逻辑》《问题研究与哲学史研究》和《加字哲学的"是"与"非"》，谈的是哲学的本质，涉及关于哲学的认识。

形而上学是一种关于认识本身的研究，一种关于具有先验性的东西的研究，对于这样一种东西，王路先生认为，"借助经验的东西来研究乃是远远不够的，必须借助可以使我们达到先验性的东西来研究，逻辑无疑是这样一种东西，因为逻辑本身就是先验的。语言也是这样一种东西，因为我们的一切认识都是通过语言表达的。由此也可以看出，为什么罗素要说逻辑是哲学的本质，为什么我要借用他的话说，哲学的本质是逻辑"。

在分析语言进而认识世界的过程中，逻辑的理论和方法起到至关重要的作用。所有的语言表达都是由句子组成的，王路先生提出用句子图式可以认识句子及其构成，以及由此形成的不同语言层次。在这一说明过程中，"真"这一概念的作用就凸显出来；所有这些层面的说明，都是来自逻辑。国内不重视逻辑研究的一个重要原因"在于加字哲学大行其道，换句话说，就是人们不太重视形而上学研究"。对于哲学问题，他认为"把它放在哲学史的背景下，结合哲学史上关于它的讨论来进行研究"是恰当的。形而上学与加字哲学区分的提出，句子图式的提出和应用，这些由王路先生倡导的工作已经在学界引起了反响。

哲学的本质是逻辑

访 谈 者：杨红玉
访谈时间：2017 年 8 月 5 日

杨红玉，哲学博士，现为河南大学哲学与公共管理学院教授、博士生导师，河南大学人文社科高等研究院副院长、河南省"中原千人计划"专家，兼任河南省逻辑学会副会长、《人文》集刊编委。主要研究方向为现代逻辑、语言哲学，出版《量词理论研究：从蒯因的观点看》等专著，在《哲学研究》《中州学刊》和《河南大学学报》等刊物发表学术论文多篇。

开封·铁塔公园，2023 年 10 月 31 日

杨红玉（以下简称"杨"）：王老师，最近读了您的新书《语言与世界》和您的两篇文章《论加字哲学——从金岳霖先生的一个区分谈起》《形而上学的实质》，①有很多收获。特别是关于语言与语言所表达的东西之间的关系，关于逻辑与哲学的关系，以前在清华读书时曾经听您讲过多次，这次看到您系统地论述，感到非常亲切。我想根据您讲的内容向您提几个问题，由您来回答，您看可以吗？

王路（以下简称"王"）：可以的。

一、关于加字哲学

杨：我发现您多次谈到"加字哲学"。开始我还以为是一种新的哲学，看了以后才明白这是指一些加了修饰语的哲学，比如中国哲学、马克思主义哲学等等。我发现这似乎是您区别它们与形而上学的一种方式。您说形而上学被亚里士多德称为"第一哲学"，因而"第一"也是加字，您还称分析哲学是当代形而上学，其中的"分析"也是加字，但是这两种加字没有对象、地域、流派的意义，而只有方法论或学科性质的意义，这样您就将形而上学与其他哲学区别开来。我认识到，加字哲学虽然不是一种新的哲学，却是一种新的提法。您这样做是为了强调形而上学的重要性吗？

王：其实，早在1999年出版的《走进分析哲学》（生活·读书·新知三联书店，1999年）中，我就区别了语言哲学与泛语言哲学。语言哲学与分析哲学一样，强调的是对语言进行逻辑分析，凸显的是逻辑的理论和方法的应用。而以语言为对象的所谓哲学研究被我称为泛语言哲学。我一直研究逻辑、分析哲学和形而上学，近年来有了一些认识。人们都说国内不重视逻辑研究，我发现，一个重要的原因在于加字哲学大行其道，换句话说，就是人们不太重视形而上学研究。而所谓逻辑与哲学关系密切，实际上是指逻辑与形而上学关系密切。

杨：您在《走进分析哲学》以及《逻辑的观念》（商务印书馆，2000年）等书的最后一章都以"逻辑与哲学"为题，您还有一本书书名就叫《逻辑与哲学》（人民出版社，2007年；清华大学出版社，2019年）。我知道您一直强调逻辑在哲学中

---

① 参见王路：《语言与世界》，北京：北京大学出版社，2016年；《论加字哲学——从金岳霖先生的一个区分谈起》，载《清华大学学报》，2016年第1期；《形而上学的实质》，载《清华大学学报》，2017年第3期。

的重要作用，以及逻辑与哲学的密切联系。现在您说逻辑与形而上学关系密切，您的观点与以前的观点有什么变化和发展吗？

王：大体上说，我对逻辑与哲学关系的看法没有什么变化，但是在认识上确实有了一些发展。《走进分析哲学》最后一章的题目是"逻辑与哲学"，但许多内容却是与亚里士多德以及他的形而上学相关。我在研究中发现，重视逻辑、强调逻辑重要的哲学家，通常都是形而上学家。亚里士多德不用说，他是逻辑的创始人，也是形而上学的奠基人。康德说要从成熟的学科出发建立形而上学，结果从逻辑出发建立起他的先验哲学；黑格尔强调要在逻辑中寻找初始概念，最终建立起他的整个辩证思想体系；胡塞尔则以逻辑研究为基础，建立起一种新的现象学研究。逻辑与形而上学关系密切，这是一种普遍的哲学现象。从亚里士多德以来一直是这样。

杨：分析哲学家采用逻辑方法，他们不是批评形而上学是没有意义的吗？

王：这是以前逻辑实证主义的看法。其表述是：一切形而上学命题都是没有意义的。这样说的理由在于，一个命题的意义就在于能够被证明：要么被理论（逻辑、数学）证明，要么被经验证明。形而上学命题由于既不能被逻辑和数学证明，也不能被经验证明，因此是没有意义的。后来人们改变了这种看法，分析哲学也被称为当代形而上学。戴维森有一句很出名的话：正是弗雷格才使我们认识到有这样一种分析意义的方式。这既是指分析哲学的一种主要研究方法，也是指应用逻辑的理论和方法进行分析的方式。20世纪的一些哲学名著，比如维特根斯坦的《逻辑哲学论》、奎因的《从逻辑的观点看》、达米特的《形而上学的逻辑基础》等等，除了显示出逻辑的重要性外，还直接表明了逻辑与哲学、逻辑与形而上学的密切联系。

杨：您的认识似乎只是与形而上学有关，与加字哲学又有什么关系呢？

王：形而上学只是一个称谓，它的实质是一种先验性的研究。明确了这一点就可以认识到，加字哲学不是形而上学，即不是先验性的研究。所谓加字，是在哲学前面加上一个名字，这个名字通常表示具有对象意义，比如环境哲学、文化哲学。这当然不会是先验性的研究，因为要和环境或文化相结合。马克思主义哲学和中国哲学是我国的显学。前者显示出一种流派性，后者表明一种地域性，因而也不会是先验性的研究。区别加字哲学与形而上学至少有两个好处：一是说明它们与形而上学的区别，二是明确在有关逻辑与哲学的研究中，我们可以将重点放在形而上学上。

杨：说明加字哲学与形而上学的区别有那么必要吗？换句话说，这个区别的好处有那么重要吗？

王：价值判断从来都是见仁见智的事情。我的工作只是学理层面的澄清。我国学界占据主导地位的是加字哲学，形而上学研究非常薄弱。但是人们对这一点缺乏认识。由此产生关于哲学的一些认识则是有问题的。比如一个常见的说法是，哲学应该解决时代、社会、现实的重大问题。从形而上学出发，这显然是有问题的，因为这样的问题都是经验的，而不是先验的。但是如果给这样观点中的"哲学"加字，这样的认识就会是有道理的。比如我们都知道，马克思主义哲学的使命是改变世界。

二、关于形而上学

杨：在最近的几篇论著中，我看到您多次谈到罗素的观点"逻辑是哲学的本质"，而您要说的是"哲学的本质是逻辑"。您的这种看法在国内确实比较罕见。这与您关于逻辑与哲学关系的看法有关系吗？此外，您的说法和罗素的说法一样吗？

王：按照亚里士多德的说法，一个主谓形式的句子，谓词如果表达本质，则可以和主词换位表达，所以我和罗素的说法意思差不多。但是，从表达方式看，它们还是有些区别的。罗素的话是对逻辑的说明，似乎是站在哲学的角度说逻辑。我的话是对哲学的说明，似乎是站在逻辑的角度说哲学。其实，我不过是借用罗素的话来说明自己的观点。我的观点来源于罗素，与罗素一致。

杨：什么叫站在哲学的角度说逻辑和站在逻辑的角度说哲学，您能多说几句吗？

王：罗素之所以说逻辑是哲学的本质，因为在他看来，真正的哲学问题都可以还原为逻辑问题。将哲学问题化归为逻辑问题，这当然是比较极端的看法。我认为哲学的本质是逻辑，我主要是想说明，哲学研究中一些最核心最重要的问题归根结底要借助逻辑的理论和方法，或者说，无论这些问题是不是逻辑问题，至少它们的研究离不开逻辑的理论和方法。所以我说，这两种说法意思差不多，表述上稍有不同。确切地说，罗素的说法更强，我的说法要弱一些。

杨：您认为弱吗？在我看来，这已经很强了。我看到您有两个说法：一是说哲学就是形而上学，二是说形而上学是哲学主线上的东西。我想问您的是，这两个说法与您区别哲学与形而上学有关系吗？和您区别哲学与加字哲学有关系吗？

王： 当然有。在国内，哲学是一级学科，其下有 8 个二级学科，后者主要是加字哲学，唯独没有形而上学。前面说了，形而上学是先验的，加字哲学是后验的，我的说法实际上是明确和确定哲学研究的先验性。在我看来，对于哲学研究而言，看不到它的先验性是不应该的。至少应该看到它的一部分是先验的，并且这一部分非常重要。一旦认识到哲学研究的先验性，就会认识到形而上学的重要性和地位，这样也就有了我的以上两种说法。加字哲学的研究一般是后验的，与形而上学的区别非常明显。而且，二者之间这一区别是根本性的。所以，这种区分是一种学理上的区分，是一种认识上的区别。当然，我这样说的主要目的还是为了从研究的角度凸显形而上学。

杨： 不管怎样，您的后一种说法我可以接受，但是前一种说法实在是太强了。

王： 其实，你看一看亚里士多德的《形而上学》，就会觉得这种说法很正常。亚里士多德是西方思想史上一位百科全书式的学者，同时也是西方学科分类的奠基人。假如我问你，他留下哲学著作了吗？他的哲学著作是什么？你会如何回答呢？

杨： 当然是《形而上学》。

王： 对，这就是为什么我说哲学就是形而上学的主要原因。因为书名是后人起的，而亚里士多德称他在这本书中探讨的东西为第一哲学。所谓"第一"不是对象意义上的，也不是流派和地域意义上的，而是学科意义上的。按照我的理解，这就是他说的超出其他学科之上的意思，就是要与其他学科明确地区别开来。所以在我看来，你把亚里士多德所谈的东西看作哲学，它必须是第一哲学，因为要与所有其他认识形成区别。你把它看作形而上学，它就是哲学本身。

杨： 我明白了，难怪您在这几篇论著中都谈到亚里士多德的那句话"有一门科学，它研究是（being）本身"，而且您特别强调它由此与其他学科形成区别，因为后者只研究是的一部分。但是既然您有这样的认识，为什么不坚持到底，还要有第二种说法呢？

王： 因为现实情况是我们有 8 个二级学科，大部分的名称是加字哲学，而且加字哲学也是人们研究和谈论哲学的一种方式。现在我们许多哲学系的学生毕业了，获得哲学学位了，但是对于形而上学知之甚少甚至一无所知，这无疑是个缺陷。在我看来，说法不重要，重要的是要认识这里的区别，即关于先验性研究的性质以及由此带来的关于哲学的认识。明确和强调这一认识，对于我国哲学研究和教学发展是必要的，也是有好处的。

杨：您的文章论述得很清楚，您说中国哲学中的一些概念是不清楚的，比如智慧、道等等。我从您的相关讨论中读出一个潜台词：您似乎对中国哲学持批评态度。是这样吗？

王：如果你说我对中国哲学的研究方式持批评态度，大概我们还可以讨论一下。即便如此，充其量这也是你读出来的潜台词。我总是在形而上学意义上谈哲学，所以我说哲学的本质是逻辑。我不会批评中国哲学的。我说得很明白，中国哲学是加字哲学，与形而上学是有根本区别的。

杨：我觉得您非常重视和强调形而上学研究，我其实是想问：您如何看待加字哲学的研究？

王：我强调形而上学研究，将它与加字哲学区别开来，并不意味着我认为加字哲学不可以研究，也不表示加字哲学就不重要。我只是要提请人们注意，形而上学在哲学中的地位和重要性。不能一提形而上学就认为它难懂、脱离实际。不能一提分析哲学就认为它过时、走到尽头了。不能还不知道形而上学是怎么回事就认为它无用，是负面的东西。不能根本不懂分析哲学的理论和方法就认为它只关注小问题，只会零敲碎打，将哲学搞坏了。不能将形而上学和分析哲学看作只是哲学史才提及的东西而将其排除在当下的哲学研究之外。在哲学研究中，每个人会依据自己的知识结构，因循自己的路径，做自己喜欢的事情。但是作为哲学专业，至少也应该有审美追求。所以，我自己研究形而上学，提倡人们应该认识到形而上学的意义和重要性，但是我也不反对他人有自己的研究，包括加字哲学。不过有一点可以肯定，形而上学的研究对加字哲学的研究肯定是会有帮助的。

三、关于分析哲学

杨：以上问题比较宏观，下面我想提一些具体的问题。您在《语言与世界》一书中提出一种句子图式，它有三个层次：语言、涵义、意谓。它们非常清楚地显示出语言与语言所表达的东西的区别。您多次强调对这个区别的认识是语言哲学的一个重要成果。我觉得理解句子图式没有什么问题，但是您为什么说它有助于研究哲学的人认识到逻辑在其中所起的作用呢?

王: 从句子图式看,语言层面的东西是清楚的。句子是表达思想认识的基本单位。语言表达认识,而它表达的认识与语言本身是不同的。比如我们谈话至此,所有表达都是由一个一个句子组成的;我们相互理解,理解的是句子所表达的东西。这是常识,是容易认识到的。但是如何对语言和语言所表达的东西做出说明,则是另一个问题。20 世纪分析哲学的一个基本认识是,我们关于世界的一切认识都是通过语言表达的,因此有望通过对语言的分析而达到对世界的认识。所以,语言分析只是手段,目的还是认识世界。正是在这一过程中,逻辑的理论和方法起到至关重要的作用。在句子图式中,这即是"意谓"这一层面。它所显示的是真值、对象、概念、个体域等等,由此可以显示出语言对应的构成部分,比如句子、名字、谓词、量词等等。这样我们可以认识句子及其构成,以及由此形成的不同语言层次。特别是在这一说明过程中,真(真值)这一概念的作用就凸显出来。而所有这个层面的说明,都是来自逻辑。缺乏逻辑知识的人只知道真假、对象、概念等观念,但是不太清楚它们所依据的逻辑理论,为什么关于它们哲学家可以那样讨论。借助句子图式则可以比较清楚地认识到它们所处的层次、所涉及的问题以及可能会引起的一些混淆和区别。

杨: 但是您为什么又说句子图式也有助于研究逻辑的人理解哲学中所探讨的问题呢?

王: 逻辑研究主要考虑两个层面,一个是句法,一个是语义。意谓层面是语义方面的考虑,那只是一个层面,语言是另一个层面,即句法。这两个层面是对应的。研究逻辑的人对这两个层面是有认识的,一般来说也是清楚的。但是他们有时候会忽略,除了逻辑所考虑的语义,即真假这一层面外,语言所表达的东西还有一个层面,这就是句子图式中的涵义。而哲学讨论却会非常重视这个层面。在这一点上可以看到弗雷格的洞见。他明确地说,句子的涵义是思想,句子的意谓是真值。这就表明,他既借助逻辑看到真假这一语义层面,也看到通常语言所表达的东西这一层面,并且依据自己的理论将它们区别得非常清楚。对这一点认识不清的人很多,比较典型的是克里普克:他对弗雷格关于涵义和意谓的区别提出批评。他看不到涵义这一层面,或者说,他依据他的可能世界理论不知道如何解决涵义这一层面的问题,因此他不相信涵义会决定指称,他只能说不相信有弗雷格所说的涵义那样的东西。我在书中借助句子图式澄清了克里普克对弗雷格的批评所涉及的一些问题：他的可能世界理论是对的，他对弗雷格的批评却是有问题的，因为他没有看到有涵义这个层面，或者他混淆了语言和涵义这两个层面，因而他没有看到应该如何解决涵义层面的问题。

真之载体也是与此相关的一个问题。真之载体有人说是句子，有人说是命题或意义。原因很简单。说句子是真之载体，句子在语言层面，说命题是真之载体，命题在涵义层面，都可以说出一些道理来。奎因认为这两种说法都有道理，但是他倾向于说真之载体是句子。奎因是公认的聪明睿智之人，人们可以认为他这样说乃是聪明的表现，但是我更倾向于认为，这是因为他懂逻辑，而且也理解弗雷格关于涵义层面的区别和认识。

杨：是这样！我也关注真之载体的问题，还曾经写文章专门讨论过奎因的这一观点，您的这个理解我是赞同的，语言与语言所表达的东西之间的区分，对于语言哲学而言，是一个关键性的区分。另外，《语言与世界》如您所说，可以用作语言哲学导论，但是第十章谈系词及其含义时，所谈内容涉及亚里士多德和康德等人的论述。在分析哲学和语言哲学著作中谈论传统哲学，这种写法我还是第一次见到。这是为什么呢？

王：书名是"语言与世界"，书的核心是通过语言分析达到关于世界的认识，在这一过程中凸显逻辑的理论和方法的运用。这无疑是分析哲学告诉我们的东西。但是，在充分展示这一过程和结果之后，我想将这种哲学研究的视角和方法扩展到传统哲学，因为在我看来，亚里士多德是逻辑创始人，自他以后逻辑的理论和方法就一直得到运用，因而是哲学中不可或缺的东西。按照句子图式，应该区别句法和语义，因而我们可以因循这一线索来探讨传统哲学，从而提出一种系统的说明。而在这一过程中，系词恰好是核心。关于系词的认识，得益于这些年关于being 及其问题的研究，我又恰好可以将它说清楚。这样则可以看出，在哲学讨论中，关于语言的考虑，其实一直是存在的，只不过亚里士多德逻辑还保留了希腊语言的形式，因而句法和语义的区别似乎不是那样清楚，对二者之间关系的考虑似乎不是那样清楚，至少不像现代逻辑产生以后人们对句法和语义做出明确的区别。但是，这并不意味着亚里士多德以及传统哲学家在形而上学讨论中没有关于语言的考虑，没有关于句法和语义方面的区别和考虑。

杨：您没有考虑过书的体例吗？在一本分析哲学著作中用一章专讲传统哲学，

这不会有什么问题吗?

王: 我认为不会。分析哲学被称为当代形而上学,而前面我也说过,我的一个基本看法是,哲学就是形而上学。通过书中分析可以看出,从形而上学的角度说,传统和现代很明显有一些共同的东西,比如应用逻辑的理论和方法,借助语言来探讨问题,区别语言与语言所表达的东西等等。特别是,通过对不同逻辑的应用以及产生的不同结果的分析,我们可以看出逻辑对哲学起着什么样的作用,从而说明逻辑对哲学的重要性。不过这还只是研究的一个方面。还应该看到,分析哲学的研究方法和成果也有助于我们更好地认识传统形而上学,借助分析哲学的视野和方法,我们可以更好地研究传统形而上学,促进它的不断进步和发展。

杨: 关于这一点请再多说几句好吗?

王: 分析哲学通过语言分析来达到关于世界的认识,这是因为它所使用的逻辑本身有自己的语言,这种语言与自然语言不同,因而分析哲学家可以明确地说,哲学的根本任务就是对语言进行逻辑分析,所以它做出那样的分析,产生那样的成果似乎都是自然的。传统形而上学则不同。由于逻辑语言与自然语言不能完全区别,甚至往往不能明确地区别,因此虽然也应用逻辑的理论和方法进行分析,尽管也常常有关于语言的考虑,但是这种关于语言的考虑本身似乎并不是那样清楚。今天借助分析哲学的成果我们认识到这一点,我们自然就会思考,形而上学的研究为什么要考虑语言,为什么要借助逻辑和语言来进行?这样,我们对形而上学的性质会有更好的认识,对形而上学从传统到现代的发展变化会有更好的认识。因为形而上学是一种关于认识本身的研究,一种关于具有先验性的东西的研究。对于这样一种东西,我们不能借助经验的东西来研究,或者保守地说,借助经验的东西来研究乃是远远不够的。我们必须借助可以使我们达到先验性的东西来研究。逻辑无疑是这样一种东西,因为逻辑本身就是先验的。语言也是这样一种东西,因为我们的一切认识都是通过语言表达的。由此也可以看出,为什么罗素要说逻辑是哲学的本质,为什么我要借用他的话说,哲学的本质是逻辑。

杨: 反思和认识中国当下的哲学研究,需要一个宽广的视角,需要放到世界哲学发展的大历史和大趋势中去看。您的视角对我很有启发意义,非常感谢!

（杨红玉、王路:《哲学的本质是逻辑——再访清华大学王路教授》,原载《学术研究》,2018年第1期,第24-28页。）

真、意义与逻辑

访 谈 者：周志荣
访谈时间：2014 年 4 月 22 日

周志荣，哲学博士，中南财经政法大学哲学院副教授，兼任全国法律逻辑学会常务理事和副秘书长、湖北省逻辑学会秘书长。主要研究方向为逻辑哲学与法律逻辑、分析哲学史、语言哲学，尤其专注于逻辑常项、逻辑后承、真之理论、意义理论、法律论证相关问题以及弗雷格、维特根斯坦、达米特的哲学思想研究，出版《真与意义的元语义学研究》等专著，在《哲学研究》《世界哲学》《逻辑学研究》和《湖北大学学报》等刊物发表学术论文 30 余篇。

清华，2014 年 4 月 20 日

一、意义理论中的真概念

周志荣（以下简称"周"）：王老师，您好，我有本书要出版了 [①]。这本书主要是关于意义问题的，是在我的博士论文的基础上形成的。您比较了解我的博士论文，而且您对这本书的主题，也就是"真与意义"，也很熟悉，是这方面的专家。所以，我很冒昧地请您为我的这本新书写一个序。

王路（以下简称"王"）：你的书稿我看过了，觉得很不错。你让我写序，让我有些为难。我不认为老师就一定可以为学生作序，老师的序就一定会为学生的书增色。一本书的序应该是关于这本书的，因此是它很重要的一部分，应该认真而慎重地对待。提个建议好吗？！与你这本书相关，你看有些什么问题，我们一起讨论一下，这样对你的书，对读者可能会有所帮助。比如，我就有一个问题：你的书探讨真与意义，书名中的"元语义学"是什么意思呢？

周：好吧，那我就围绕这本书的主题向您再请教几个问题吧。首先我解释一下这本书标题的意思。我博士论文的题目是《真之条件的意义理论研究》，主旨在于探讨真与意义在解释上的先后关系。最近这两年我在不断修改原来的内容并增加一些讨论的时候，渐渐发现原有的标题容易引起混淆，因为国外已有专门的《真之条件的语义学》的著作，是在戴维森的基础上，借助塔尔斯基的真之理论构造关于其他各种类型自然语言语句的真之条件。相比之下，其实我讨论的东西并不是戴维森的意义理论或者任何其他一种意义理论（有的也称语义学，例如证明论的语义学或推理论的语义学）的延续，我没打算在一些核心思想的指导下借助一些技术去解决一部分自然语言语句的意义问题。所以这本书不是语义学的著作，但它确实讨论了语义学的很多核心问题，例如，"真概念对于构造一种意义理论有什么样的作用"，"以戴维森的意义理论为例，真概念在这种意义理论中发挥了什么样的作用"，"非真之理论的意义理论是否能满足组合性原则"。我还论证了，反实在论者和紧缩论者因不同的真观念对戴维森的意义理论提出的批评是否成立，都取决于真概念在意义理论中的作用。这些讨论显然不是某种具体的语义学的研究，与语义学的研究层次不一样，它以意义理论或语义学本身作为讨论的对象。为了突出这一点，避免误会，我想了很久，才想出"元语义学"这样的词。

[①]　周志荣：《真与意义的元语义学研究》，北京：中国社会科学出版社，2015 年。

我查了一下，国外也有"meta-semantics"这样的使用，但不多，不过这也没有关系，我只需要在导言中对这个词专门做一下解释，应该能够让大家知道我在干什么。

我这本书的目的，是要讨论真概念与意义概念以及真之问题和意义问题之间的关系。我对于这个论题感兴趣，是因为在读博的时候受到您的影响，对真之理论感兴趣，接触戴维森和达米特的理论之后又对意义理论感兴趣。这些年来，您一直强调真概念是西方哲学的核心概念，例如，在《"是"与"真"——形而上学的基石》（2003）中，您说："哲学家的工作是求真"，"把真作为主要的核心概念凸显出来，乃是哲学的发展和进步"①。这种立场一直贯彻到《涵义与意谓——理解弗雷格》（2004）、《意义理论》（2006）、《从"是"到"真"——西方哲学的一个根本性变化》（2008）这些文章中，您认为，真在语言哲学中同样也是核心概念，甚至真概念也是意义理论的核心。然而，在诸多意义理论（语义学）中，并不是所有意义理论都是以真概念为中心，而至少达米特、后期维特根斯坦、紧缩论者（例如霍维奇、菲尔德）主张应该以其他概念为基础来解释意义。他们认为意义概念比真概念更为基础。我们应该怎么来看待这些人的意义观？

王：你的问题很大，涉及的面比较宽。后期维特根斯坦除外，你提到的其他人都是围绕真来探讨问题的。但情况不一样。紧缩论的出发点是批评戴维森的真语句，他们认为，戴维森的句子模式赋予真太大的作用，而真本身没有那么大的作用。所以他们要紧缩真的作用，乃至取消真在解释意义中的作用。真与意义对应，真与意义的讨论结合在一起，是20世纪以来语言哲学讨论的一个共识。紧缩论强调意义为先，并不意味着不讨论真，不涉及真。

达米特的情况则更为复杂。他的意义理论无疑是以真为核心的，因为他明确说过，一个意义理论包括一个关于所指（reference）的理论，它的外壳是一个关于涵义的理论；这两部分构成了意义理论的核心。此外它还有一个部分，这就是关于力量（force）的理论。句子有真假，但是说出的句子还有各种各样的力量，比如断定句有断定力，疑问句有疑问力，等等。这三部分一起构成了意义理论②。很明显，这种意义理论是基于弗雷格关于意谓（Bedeutung）的理论。其核

---

① 王路：《"是"与"真"——形而上学的基石》，北京：人民出版社，2003，第411页。

② Dummett, M.: "What Is a Theory of Meaning?(II)", in G. Evens & J. McDowell (eds), *Truth and Meaning*, Oxford: Clarendon Press, 1976, p. 74, p. 117.

心概念当然是真。但是在涉及逻辑、涉及真这个概念的时候，达米特还有许多不同的讨论。比如，他批评戴维森的真句子模式不是一种完全的意义理论，因为它预设了对一部分语言的理解。他不接受排中律，他提出的对句子要有正当性说明（justification）的观点，等等，往往超出真假二值讨论的范围，甚至也不预设真这个概念，这与他的直觉主义逻辑背景相关。但是达米特从来没有放弃真这个概念，他明确指出，离开真这个概念，许多逻辑性质无法讨论，也无法辩护[1]。晚年他有一本小书《思想与实在》，他说，如果上帝有逻辑的话，那么一定是三值的[2]。这一观点无疑与他一辈子的直觉主义逻辑观点相关，但是你能说与真无关吗？

周：我同意，真概念确实是西方哲学的核心概念，它始终是哲学家们关注的中心。不过我有个想法，那就是，西方哲学的核心概念并不只有真一个，意义大概也是一个核心。只不过我现在没有确实的证据，仅仅是感觉而已。与您的看法不同的是，我认为真概念并不是意义概念的核心。这也是这本书要论证的观点。这并不否认真概念的重要性，而是说，在构造意义理论时候并不需要用到它。由于它们的重要性，哲学家们总是将真与意义结合起来说。

王：你陈述的情况大致不错。我分几步来回答吧。首先，西方哲学中有许多核心概念，这个说法是不错的。比如知性（understanding）、因（果）性（causality）、先天、先验、必然、可能等等，当然，还有近年来我所讨论的是（being）这个概念。因此，真并不是唯一的核心概念，这样说也是不错的。我强调真，主要在于真这个概念始终占有一个重要的位置。比如亚里士多德一方面说，有一门科学，它研究是本身，另一方面又说，把哲学看作关于真的知识是恰当的，这就几乎把真与是放在同等的位置。而他关于真的讨论也是特别多的，尤其是结合是来讨论真，或者结合真来讨论是，这样的地方非常多。在其他人的著作会有一些差异，但是不谈真的几乎没有。随便举一个例子，比如黑格尔的《精神现象学》，这无疑是哲学著作不是逻辑著作吧，似乎 being 也不会是它的核心概念吧。但是，它在序中一开始就谈论真，不仅谈到各种不同的真，特别还谈论了哲学的真的实质和方法等等[3]。中文有多种翻译，如"真理""真相""真假"等等，含糊了"真"这个

---

[1]　Dummett, M.: *Truth and Past*, Columbia University Press, 2004, p. 32.

[2]　Dummett, M.: *Thought and Reality*, Oxford University Press, 2006, p. 109.

[3]　Hegel, G. W. F.: *Phänomenolgie der Geistes*, Verlag der Dürr'schen Buchhandlung, 1907, SS. 3-61.

概念本身，读外文却是可以看得非常清楚的①。即使从中文字面上进行思考，是不是也应该思考一下，这些概念是不是与真相关，为什么与真相关呢？

其次，你说意义理论中意义是一个核心概念，这当然是不错的。问题在于，当我说真是一个核心概念的时候，我只指人们通过真这个概念来认识意义，并且通过真这个概念获得关于意义的认识。这一点，不仅弗雷格是这样，戴维森是这样，达米特也是这样的。霍维奇等人不同意这种看法，这很正常。他们在讨论中突出意义本身，也不是不可以。问题在于他们对真这个概念有些什么讨论，对弗雷格到戴维森等人的思想做出什么样的批评和反驳，因为他们要紧缩真，就不可能不讨论真，而只讨论意义，或者赤裸裸地讨论意义。最保守地说，他们不可能对迄今为止围绕真来讨论意义所取得的成果不闻不问、弃之不顾吧。

第三，你说真不是意义理论的核心概念，构造意义理论可以不要真这个概念。在这个问题上，我们两人的看法是不一样的，我们也讨论过多次了。我认为你能够坚持自己的看法是好的，能够不断深入思考，并为自己的看法提供文本支持和证明也是好的。但是我还是不大赞同这种看法。"核心"是一个比喻，不过是指重要，离不开的意思。今天的意义理论不可能离开现有的成果，另起炉灶。这一点是共识。因此，真是它的核心概念已是一个事实。具体就真与意这两个概念来说，你说不依靠真来讨论和认识意义，总要提供一种方法吧。我一直认为，弗雷格提供了一种非常好的方式来回答这个问题。这就是利用真（意谓）来探讨思想（涵义或意义）。举例来说，我们俩这些日子一直在进行讨论，写了那么多东西，我们都理解它们。那么，我们理解的是什么呢？当然是这些文字的意义，而不是它们的真。所以，意谓（Bedeutung）和涵义（Sinn）是两个不同的层面，真在前一个层面，意义在后一个层面，通过真来探讨意义是可行的。现在，不用真来探讨意义不是不可以，问题在于，你用什么来探讨？做出什么样的探讨？顺便说一下，今天有许多人不满意弗雷格关于意谓的探讨，而想对他说的涵义做进一步的探讨。比如，把组合原则应用到关于涵义的探讨上。这样的工作是不是能够说明涵义，我是非常怀疑的。即使可以，实际上这也是用弗雷格的方法来探讨，因而依然是依赖于真。

周：您提到达米特，我的理解也有所不同。达米特在《什么是意义理论 II》中的确探讨了一种以真之理论为核心的意义理论，但他的目的不是要为这种意

---

① 王路：《论"真"与"真理"》，《中国社会科学》，1996 年第 6 期。

理论辩护而是进行批评，进而提出他自己的证实主义的意义理论（verificationist theory of meaning）[1]。他的批评也是建立在三值逻辑和反实在论的基础上，虽然我认为达米特对戴维森的批评很有问题，但我同意他的意义观念，我在书中也给出了论证。语句的意义可以独立于真而得到解释，但正如您所说，语句的意义总是要与语句的真放在一起讨论。这是弗雷格的哲学传统。不过，另外有一些哲学家，例如 Searle 以及 Grice，他们讨论意义的方式与此大有不同。他们将意义还原为言语行为[2]或说话者的意图[3]。这就意味着在他们的理论中，语言始终是与具体的使用相联系的。我认为，这些东西对于语言表达思想而言并不重要，而且与语句的真假也没有关系，这大概也是弗雷格很少谈到这些东西的原因。不知道我的这种看法对不对？

王：达米特在早期理论中使用了 verification 这个词，受到许多批评，后来他改用 justification 这个词。辛提卡教授曾经对我说过，这依然没有解决问题。实际上，他的这一理论也确实受到质疑。Verification 这个词是早期逻辑实证主义者的用语，意思是"证实"，其拉丁词根与真相关。Justification 这个词的词根是 justify，字面意思是使某物成为正当的（或说明某物是正当的）；我曾经说过，一些英文名词与动词的翻译无法对应，比较难译，这个名词即是其中之一。有人采用中国台湾地区译语"证成"，我觉得不合适。它没有"证"的意思，"成"也比较含糊，因为"just"的意思是明确的。达米特不承认排中律，拒绝二值原则，并不意味着他拒绝真这个概念。他强调以弗雷格的理论为核心，但是还不够，因为弗雷格的理论是基于二值原则的，但是在语言表达中，还有其他情况，比如三值的情况，没有真假的情况等等，所以他提出不预设二值，探讨语言表达的力量。前一点从直觉主义逻辑出发很容易理解，后一点其实也很容易理解，因为二值考虑是外延的，而考虑表达力量，就涉及内涵语境。二值原则当然是要出问题的。但是，这绝不意味着他不考虑真，甚至拒绝真。

Searle 和 Grice 讨论意义的方式确实不太一样，至少与弗雷格非常不一样。

---

① Dummett, M.: "What Is a Theory of Meaning?(II)", in G. Evens & J. McDowell (eds), *Truth and Meaning*, Oxford: Clarendon Press, 1976, p. 117.

② Searle, J. R.: "What Is a Speech Act?" (1965), in A. P. Martinich (ed.), *The Philosophy of Language*, 3rd edition, 1996, pp. 130-140.

③ Grice, P.: *Studies in the Way of Words*, Harvard University Press, 1989.

主要是因为他们没有从真出发，没有围绕真来考虑意义。关于意义的讨论是非常多的，中世纪的讨论很多，近代也不少，比如洛克就讨论过字词的意义，20 世纪 20 年代有一本书叫 *The Meaning of Meaning* 就是专门讨论意义的 ①。但是弗雷格的工作改变了关于意义的研究方式，或者说开创了一种新的意义研究方式，一如戴维森所说，是弗雷格使我们知道有这样一种研究意义的方式 ②。值得注意的是，近年来在一些古典研究中，"意义"也作为重要概念出现，比如 2001 年出版的 *Aristotle's Theory of Language and Meaning*，我读过这本书，有意思的是其中一章专门讲真 ③。这样的研究给人以启示：由于有关于真与意义的认识，因此人们可以从这样的角度来进行研究；同时，如果古代没有相关理论，这样的研究大概不会有意义。

二、意义理论的逻辑基础

周：是的。我从一些二手资料中得知亚里士多德以及斯多噶学派对于意义也有探讨，而且意义问题在中世纪哲学中也是重要问题 ④。这方面我没有深入的研究，但这使得我意识到意义问题可能不是直到 20 世纪语言哲学产生之后才摆在哲学家面前的一个哲学问题。您刚才的意思是说，在弗雷格之前，哲学家也谈论意义，但讨论的方式不是弗雷格的这种方式，是吗？这会不会与背后的逻辑不同有关？

王：这里有两方面的问题，其一，是不是重视和讨论意义问题，其二，如何讨论意义问题。比如亚里士多德讨论"是"，他说，说是者是就是真的，说是者不是，就是假的。这是不是与意义相关，是不是关于意义的讨论？又比如他的范畴理论，一个谓词表述可分为实体、质、量、关系等等，这是不是关于意义的讨论？再比如中世纪的指代理论，这个理论所探讨的是：句子中的词项所表达的东西究竟是

① Ogden, C. K. and I. A. Richards: *The Meaning of Meaning*, Harcourt, Brace & World Inc., 1923.

② Davidson, D.: "Truth and Meaning", *Synthese*, 1967(17), p. 306.

③ Modrak, D. K. W.: *Aristotle's Theory of Language and Meaning*, Cambridge University Press, 2001, pp. 52-83.

④ ［英］威廉·涅尔、玛莎·涅尔:《逻辑学的发展》，张家龙、洪汉鼎译，北京：商务印书馆，1985 年。

什么。谈论方式不同，但它是不是关于意义的讨论？弗雷格的贡献是不仅探讨句子的意义，而且指出并提供了一种谈论的方式，这就是他说的："'真'这个词为逻辑指引方向。"①这使人们认识到，真与意义相关，可以通过真来讨论意义。因此，戴维森假定真这个概念是明确的，因而我们可以用它来解释意义。当然，这些讨论也反映出背后理论背景的不同，或者逻辑理论的不同。

周：这倒使我想到 20 世纪产生的另外一种语义学——证明论语义学（proof-theoretic semantics）。这两年我沿着达米特的语言哲学和逻辑出发读了些材料，发现有一批逻辑学家坚持直觉主义逻辑的立场（例如 Gentzen、Prawitz、Heyting、Schroeder-Heister 等等），并在哲学上也坚持与达米特类似的观点，他们在讨论逻辑常项和逻辑后承的时候不是借助真而是借助证明概念，并且认为真概念是由证明概念定义出来。这些逻辑学家在 20 世纪八九十年代提出了这种不同于真值语义学的语义学，而且现在也有人试图将像戴维森一样，将它用于刻画自然语言的意义。

王：20 世纪逻辑的发展，确实为讨论哲学的基本问题提供了雄厚的理论基础和丰富的成果。弗雷格和塔尔斯基的工作使人们可以在同一个平台上展开自己的工作，这就是一阶逻辑和真之语义学。逻辑可以发展，但需要基于弗雷格的逻辑。语义学可以发展，但不能脱离基于弗雷格逻辑所发展的逻辑，因而不能完全脱离真之语义学。在这些讨论中，有些可以是纯逻辑的，比如你说的这些，真这个概念与证明这个概念之间是什么关系。这些讨论的结果也可以是逻辑的。但是它们无疑也可以应用到其他领域，比如应用到哲学上去，如你所说，探讨自然语言的意义。我认为这里面的问题比较复杂。不管怎样，由于一阶逻辑是基础，真之语义学是基础，因此真这个概念一定是必要而且重要的。

周：我想问一个具体问题。尽管戴维森赞扬弗雷格为探讨意义提供了方法，但他也提出了两点批评。一是"意义等于指称"无法解释逻辑等值的语句往往不同义；二是"意义等于指称"无法满足组合性要求。②我认为戴维森误解了弗雷格的意义理论，他将弗雷格的指称理论当成了他的涵义理论（意义理论）。这可能是

① ［德］弗雷格:《弗雷格哲学论著选辑》，王路译，北京：商务印书馆，2006 年，第 129 页。
② Davidson, D.: "Truth and Meaning", *Synthese*, 1967(17), p. 306.

因为"意义"一词的翻译问题，您在《弗雷格关于意义和意谓的理论》（1993）谈到过这个问题。[①] 就第二点批评而言，尤其是关于弗雷格对涵义的说明，后来有许多讨论，不过您好像讨论得不多。我认为，涵义在弗雷格那里是可以作为意谓的，只不过一个表达式的涵义与意谓总是有所区别，"'A'的涵义"这个表达的意谓就是"A"的涵义。Schwayder 在 1967 年的论文中将弗雷格的涵义的组合性表示为：$\sum (A \oplus B) = K (\sum (A), \sum (B))$，意思是说，复合表达式的意义是由构成部分的意义按照一定组合方式构成的。这个表达肯定会将"A"的涵义转化为"'A'的涵义"的意谓。[②] 涵义层面的组合性变成了意谓层面的函数运算。您觉得，Schwayder 的表达符合弗雷格关于涵义的组合性的本意吗？

王：在一些文献中，尤其是近年来，确实可以看到许多关于涵义的探讨。关于弗雷格的意义理论，我确实只讨论意谓，而不怎么讨论涵义。这里面至少有两个层次的问题。一个问题是，弗雷格是不是有关于涵义的讨论？另一个问题是，人们关于涵义的探讨，无论形成什么样的结果，是不是对弗雷格思想的确定解释？也就是说，关于涵义的探讨是一回事，关于弗雷格思想的探讨是另一回事。区别了这两个层次，就比较容易回答你的问题。

首先，弗雷格没有关于涵义的探讨，说明他不重视或不在意这个层次的问题。那么，在探讨弗雷格思想的时候，我们应该考虑，为什么他会这样？其次，人们可以对涵义进行探讨，但是这样的探讨可以形成什么样的结果，有什么样的道理，是可以讨论的。但它们是不是可以解释弗雷格的思想，是不是有助于说明弗雷格的思想，这是另一回事。我不认为这样的探讨会对理解弗雷格的思想有什么帮助。

周：即使弗雷格没有这样的探讨，人们也可以探讨呀。即使对于理解弗雷格有偏差，能够获得一些理论成果也是好的呀。

王：这个问题大概没有那么简单。直观上考虑，弗雷格区别出涵义和意谓，为什么只探讨意谓而不探讨涵义呢？他是故意留下来让后人探讨吗？在我看来，他关于意谓的探讨，其实就是关于涵义的探讨，他通过关于意谓的探讨来说明涵义。比如，他认为，对专名涵义可能会有不同理解，但是只要不改变句子的真值，

---

① 王路：《弗雷格关于意义和意谓的理论》，载《哲学研究》，1993 年第 8 期。
② Schwayder, D.: "On the Determination of Reference by Sense", in Matthias Schirn (ed.), *Studien zu Frege*. Vol. 3 *Logik und Semantik*, Verlag-Holzboog, 1976, pp. 85-95.

这种歧义就是可以容忍的。这难道不是通过意谓（真值、对象、概念）而对涵义（思想、思想的一部分）的说明吗？人们可以不满足于这种说明，而对涵义做进一步的说明。比如把组合原则同样应用于涵义本身，比如你引述的"$\sum(A \oplus B) = K(\sum(A), \sum(B))$"。问题在于，这样得到的是一种什么样的说明呢？它肯定无助于对弗雷格思想的说明。那么它有助于我们关于涵义的认识吗？这就是为什么前面我说，我对这样的工作表示怀疑。

周：弗雷格在《否定》《思想结构》和《逻辑导论》这些文章中也讨论了思想（涵义）的组合性。他没有使用"函数—主目"（function-argument）这样的术语，而是经常使用"饱和—不饱和"（saturated-unsaturated）来分析涵义，在谈论表达式意谓的时候，他有时候也用"饱和—不饱和"的分析方法。例如，谓词意谓的概念是不饱和的、不完全的、有待补充的，专名意谓的对象是饱和的、完全的。可不可以说，"饱和—不饱和"较之"函数—主目"这种分析是更为基础的分析？我这种提法本身有问题吗？

王：函数—主目，或者我的译法：函数—自变元，是弗雷格讨论的一个基本结构。我这样翻译，一个主要的原因在于，弗雷格那里一般没有 Fx 这样的表达式，即我们通常所说的开语句。而只有 Fa、∀xFx，以及 A → B 这样的句子，即我们通常所说的闭语句。因此，专名的意谓、句子的意谓，是饱和的，而谓词的意谓是不饱和的。不过，怎么翻译并不重要。重要的是弗雷格以此提供了一种崭新的看待句子的方式。你问的哪种解释更为基础，我还真没有考虑过。直观上说，讲函数结构，是从句法的角度说的，讲饱和不饱和，是从语义的角度说的。似乎只能说是不同的角度吧。当然，如果认为语义优先也是可以的。问题是，在弗雷格那里，是不是有这样的考虑？我还真没有认真考虑过这个问题。

周：按照您的观点，弗雷格提供了讨论意义问题的基本方法或基本路线。您也说了，弗雷格对一般的涵义其实讨论得不太多，不过关于"思想"他却专门做出过论述，思想也是一种涵义啊。是不是可以认为，他这样做的原因在于，他区分涵义与意谓、讨论思想都是为他的逻辑学研究服务的；所以，具有真值的语句的涵义，也就是说思想，才是他关心的？

王：这个问题涉及对弗雷格的解释。我的理解是，弗雷格建立了逻辑，当他基于他的逻辑来看待或分析语言的时候，他提供了一种系统的分析方法。我给你们讲过他的句子图示，在这个图示中，句子与思想和真值对应，因而思想与真对应。真值在意谓的层面，这一层面还有对象和概念，因而真值与对象、概念相关。很明显，真为逻辑指引方向。基于逻辑来探讨语言，或者确切地说，探讨语言所表达的东西，当然也要围绕着真来讨论。所以，真才是他关心的东西。因此，区别涵义和意谓、探讨思想等等，不是为逻辑服务，而是基于逻辑而进行的工作。

周：一般这样说是容易理解的，但是涉及具体文本理解就容易出问题。比如，他在《涵义与意谓》这篇文章中花了很大的篇幅来讨论各种从句，这些讨论是为了明确哪些从句表达思想，哪些不表达思想吗？

王：这个问题让很多人纠结。直观上说，从句也是句子，既然句子的意谓是真值，从句的意谓似乎也应该是真值。但是不行。因为在语言中，从句相当于一个名字，比如弗雷格说的名词从句，因而它的意谓实际上相当于一个对象。所以，弗雷格说从句的意谓不是真值，而是间接的意谓，即思想。我给你打个比喻吧：这有些类似塔尔斯基区别的句子的名字和句子。实际上，这里涉及外延语言和内涵语言的转换问题。弗雷格关于句子真值的讨论，一般来说是外延的，但是一旦涉及从句，语境就发生变化，仅有外延的考虑就不够了。弗雷格的认识是深刻的，他的工作是有意义的，由于这些认识和工作他后来不是被称为内涵逻辑第一人吗？

周：能再具体一些说吗？

王：随便举个例子吧："小王知道李红留校了。"在这个句子中，"小王"是专名，"知道"是谓词，我们只讨论"李红留校了"这个从句。单看它是一个句子，"李红"是专名，"留校"是谓词，它的真之条件是清楚的。用弗雷格的理论很好解释。但是在例子中，它是从句。就是说，它不是一个独立的句子，因此不能单独来看。那个例子相当于"小王知道'李红留校了'"。英文加 that，德文加 dass，作用差不多。直观上也可以理解呀：他知道的不是真假，而是这个句子所表达的东西，这当然是它的涵义了。

周：我明白了，您的意思是说，弗雷格力图借助逻辑将自然语言中模糊的东西讨论清楚，这样就要围绕真来进行。但现在不少人却希望直接研究自然语言，发现自然语言的（语言）逻辑，借助的手段往往是引入语境要素、语句的使用、说话者的意向等等。您认为这些研究有价值吗？弗雷格会认同吗？去年广州现代逻辑讨论会上，有的学者报告了这方面的一些研究成果，我觉得您似乎不太认同这种研究。

王：弗雷格是不是认同我不知道。但这些工作当然是有意义的。我对它们有时候表现出来一些不同看法，主要有两个原因。一个原因是，哲学家与语言学家研究的东西不同，看问题的角度不同，因而同样是研究自然语言，区别会很大。即使同为哲学家，也存在同样的问题。从逻辑出发来考虑语言与从语言出发来考虑语言，区别也会很大。早期维特根斯坦与晚期维特根斯坦的区别就是最好的例子。另一个原因是，探讨语言问题或从语言出发探讨哲学问题是一回事，解释弗雷格的相关思想是另一回事。我大概没有也不会单纯地探讨语言问题，因为那样就会"出圈"了。在《走进分析哲学》一书中，我曾谈过这个问题。我区别出语言哲学与泛语言哲学，就有这个意思。①

周："出圈"是什么意思？

王：科学就是画圈。哲学是个圈，语言学是个圈。我只能在哲学这圈里讨论。

周：现在不少哲学家将关于意义的讨论扩展到那些没有真值的语句（例如，包含索引词、副词的语句）或包含含混语境的语句上，而且弗雷格认为是语气或色彩的那些东西都成了讨论的热点。戴维森也研究过隐喻。这些工作是补充了弗雷格的研究，还是偏离了他的路线？这些工作出圈了吗？换句话说，如果弗雷格活在今天并且还是持有他当年所坚持的逻辑观，他会不会认同这些工作？

王：圈是个比喻，不必太当真。弗雷格也讨论过索引词的问题，当然没有后来讨论得那么多，那么具体。他会不会认同这些工作我不知道，但是我认为，除了隐喻的工作以外，这些工作与弗雷格的方向是一致的。简单地说，弗雷格的理论可以用于有真值的句子。由此并不意味着他的工作不可以帮助人们探讨超出具有真值范围的句子。比如，索引词的探讨就是在句子真值考虑的基础上进行的。因为索引词会改变句子的真之条件，所以人们探讨含索引词的句子及其处理办法。关于语气和色彩的考虑被达米特用来区别出与真相关与真无关的句子，并进而扩展为关于力量（force）的探讨。副词语句至少有两种处理办法。一方面它可以看作一种从句，这样就可以认为，弗雷格也讨论过这样的问题。另一方面，副词可以被看作谓词，因而它所修饰的东西被看作名字。这样就可以用弗雷格的理论

---

① 王路：《走进分析哲学》，北京：中国人民大学出版社，2009 年，第 4-13 页。

来进行处理。所以，你说的这些情况与弗雷格的思想方式是一致的。有些本身就是弗雷格考虑过的，有些是他没有考虑过的，却可以是相关的。关键在于，它们的探讨都与真相关。

周：可以说当今的分析哲学的很多主题都能在弗雷格的哲学中找到起点。就像您所说的，弗雷格的工作可以帮助人们讨论真值以外的语句。虽然我不认为弗雷格主张真之条件的语义学，但戴维森对于自然语句的处理很多确实可以追溯到弗雷格的工作。在《意义理论》[①]一文中，您有过详细的论述。您认为，戴维森以弗雷格的理论为基础，就是从逻辑出发来探讨意义理论。这肯定也是您认为真是意义理论的核心的主要原因吧。关于这一点，您能否再多说一点？也就是说，从逻辑出发探讨意义问题，这意味着什么？

王：你的问题归根结底是逻辑与哲学的关系问题。意义理论的研究与逻辑相关，这是显然的。如何认识这种"相关"，如何说清楚这种"相关"，似乎也不难，但是一定会引发许多讨论。尤其是在我国逻辑研究相对较弱、对逻辑在哲学中的作用认识不够的情况下，一些表达可能显得有些刻意强调逻辑的作用和重要性了。比如你说的"从逻辑出发"。即使抬杠也可以问：明明是从意义出发，怎么是从逻辑出发呢？我认为，这里至少有两个问题，一个是哲学中是不是应用逻辑的理论和方法，另一个是把逻辑的考虑放到一个什么样的位置。我认为，前一个问题是显然的。比如，弗雷格关于涵义和意谓的区别及其讨论，显然是基于逻辑，而且其中涉及许多逻辑的问题，比如个体与真值的关系，个体与类的关系，以及二值原则、组合原则等等；罗素的摹状词理论被称为"哲学的典范"，显然也是基于一阶逻辑；奎因著名的本体论承诺"是（to be）乃是变元的值"无疑是基于量词理论；戴维森的真句子模式"x 是真的当且仅当 p"字面上就是基于塔尔斯基理论。对于后一个问题，逻辑背景强一些的人似乎是不考虑的。这一点也很容易理解。一般可以认为，逻辑是一个理论体系，有自身的研究对象，与哲学没有关系。在哲学研究中，是不是应该应用逻辑，如何应用逻辑，这不是逻辑学家的事情，而是哲学家要考虑的问题。我认为这样的看法是有道理的。但是近年来我在研究中发现，亚里士多德不是这样看的，弗雷格也不是这样看的。尤其是当我看到逻辑和哲学有共同的东西的时候，比如它们都关注真这个概念，我的看法也有一些变化。弗

---

① 王路：《意义理论》，载《哲学研究》，2006 年第 7 期。

雷格说真为逻辑指引方向，由此出发探讨思想。你如何区别和看待逻辑与哲学呢？这个问题可以悬置，暂且不下结论。但是由此出发来看西方哲学，其实不难看出，关于逻辑在哲学中的应用，不同的人认识也是不同的，强调也是不同的。有些人清楚一些，有些人糊涂一些。有些人有明确的论述，有些人没有论述。我们都知道，罗素说哲学的本质是逻辑。这大概是最强的论述了。所以，对"从逻辑出发"可以做多样理解，大致意思是，对逻辑的理论和应用有明确的考虑。

三、逻辑与语言哲学

周：与这个问题相关，我还想问一下：您在《走进分析哲学》中区分了语言哲学和泛语言哲学，这种区分是否也可以看成是"从逻辑出发"和"没有从逻辑出发"之间的区别呢？

王：差不多吧，但是也有其他一些意思。语言哲学被认为是一种哲学形态，它突出了关于语言的考虑，这种考虑不仅是对象意义上的，而且是方法论意义上的。但是"语言哲学"这个术语出现之后，也有人在字面意义上理解它，认为这是关于语言的哲学，因而把语言哲学扩展到所有与语言相关的讨论。这样做有许多弊端，一是使语言转向的意义贬值，二是消解了逻辑分析的作用。从对象意义上说，语言哲学要探讨语言，但是它还有方法论的意义呀！这就是如何探讨语言。所以，假如不考虑弗雷格以来人们应用逻辑而产生的那些方式，以及人们基于逻辑而形成的那些成果，谈论语言哲学就没有多大意义。如果说关于语言的考虑就是语言哲学，那么在柏拉图那里就已经存在了。所以我要区别语言哲学与泛语言哲学。

周：除了区分语言哲学和泛语言哲学，您还在语言哲学和语言学哲学这两者之间做出了区别。您把乔姆斯基的生成转化语法以及蒙塔古的语义学归入语言学或语言学哲学的研究。不知道我的理解是否准确？可是，据我所知，蒙塔古作为逻辑学家，同样是借助逻辑方法来分析自然语言，在这一点上，他的工作与戴维森的工作有很大的相似性，您认为他俩的不同之处是什么？

王：这里有两个问题，一是区别语言哲学与语言学哲学，二是如何看待乔姆斯基和蒙塔古的工作。刚才说了，语言转向，语言哲学，都与语言相关。语言学家的研究也与语言相关，因此谈论语言哲学的不仅有哲学家，也有语言学家。或者弱化一些说，谈论语言哲学的人中，有些人哲学背景强些，有些人语言学的背景强些。这些不同的背景在文献中是有体现的，具体的体现就是一些语言学背景的人愿意使用并谈论 linguistic philosophy，而哲学家们一般谈论 philosophy of language。Language 一词是名词，语言转向中的"语言"是形容词 linguistic。这两个词的字面差异可以带来意义方面的差异。这一点与德文不同。名词 Sprache 可以同时有形容词 sprachlich。Linguistic philosophy 不是我研究的范围，我区别二者一是为了不使我在行文中造成含混，二是为了使有心的读者可以进一步考虑它们的区别。至于乔姆斯基和蒙塔古的工作，我认为那是用逻辑方法做的，但是结果并不是逻辑的，而是语言学的。形式化的工作并不一定是逻辑，比如可能会是一些形式构造。至于是什么，要看怎么解释。逻辑是有语义的。这一点，你我都是清楚的。

周：您好像表达过这样的意思：假如没有弗雷格和罗素等现代逻辑学家，也没有产生现代逻辑，仍然会有海德格尔及其众多追随者，他也有许多语言分析，他的追随者对他分析语言的方法也会津津乐道，但是不会形成语言转向，也不会产生今天这样的语言哲学。所以，您区别语言哲学与语言学哲学，区别语言哲学与泛语言哲学，目的主要还是为了强调逻辑，尤其是现代逻辑对于哲学的重要性吧？

王：现代逻辑产生之后，人们对逻辑以及逻辑在哲学中的作用确实有了与以往不同的认识。罗素说，哲学的本质是逻辑，大概是这种认识最典型的体现。当然，哲学的根本任务是对语言进行逻辑分析，这句口号也能够很好地体现这一点。我对这个口号印象深刻，除了在文献中看到，主要是 20 世纪 80 年代留学德国时在收音机里听鲍亨斯基亲口说的。那时他年事已高，但声音依然浑厚。既然是逻辑分析，就一定要运用逻辑的理论和方法。但是，这个口号常被简化为"对语言进行分析"，虽然突出了语言，逻辑却不见了。喜欢这个简化口号的人一定更多。比如语言学家非常推崇这个口号，一些人甚至认为，一定还会有语言转向，那时一定会完全转到语言学（linguistics）上来。在我看来，没有逻辑的理论和方法的运用，仅有语言的考虑是不够。海德格尔是一个典型的例子，他关于语言的考虑和论述非常多，比如，"语言乃是是的家"（Die Sprache ist das Haus des Sein）[1]，"语

---

① Heidegger, M.: *Über den Humanismus*, Vittorio Klostermann GmbH, 1981, S. 5.

言说"（Die Sprache spricht）[①]，等等。但是无论如何，仅仅这样考虑，不会形成语言哲学。但是，在语言哲学大行其道的情况下，人们是愿意赶时髦的，纷纷谈论语言哲学，因此凡是与语言相关的东西似乎都成了语言哲学。既然探讨语言，对这些情况总要有一个交代。

周：看来，在学习哲学或者做哲学研究时，一些细微的概念上的区别还是有必要的。这样的区别不仅对澄清概念本身有帮助，而且对学科的理解，对理论的理解都是有帮助的。

王：在学理上讨论问题，总是要深入，而深入讨论的起点是概念。比如我们做逻辑，总是有起始语言，有引入的语言，对它们要采用定义的方式使它们成为自明的，没有歧义的。哲学讨论其实意思是一样的，如果一些基本概念不清楚，那么讨论起来就比较麻烦。保守地说，对一些基本概念进行辨析，至少不是没有意义的吧。顺便说一下，我区别语言哲学和泛语言哲学还有另一层引申的意思。我觉得语言哲学这个名字确实有一个弊端：它容易产生歧义，使人以为这是关于语言的哲学。今天不是出现了许多哲学吗？比如环境哲学、休闲哲学、儿童哲学、工程哲学等等。人们似乎也很有理由这样做：既然哲学可以研究语言，当然也可以研究其他东西啊？！我觉得这就有些问题了。我说了，语言哲学这一命名有方法论的含义，但是所有其他那些"哲学"的修饰语显然都是没有方法论含义的。哲学就是哲学，它也许可以讨论不同的问题，但是在我看来，充其量那只是问题的不同，怎么就成为不同的哲学了呢？

周：关于"真与意义"咱们谈论了很多有意思的问题，有宏观的，也有细节的。咱们在一些问题上观点大概是有分歧的，例如在"真是否是意义理论的核心"这一点上，我的回答是否定的，毕竟这是我的这本书的目的嘛。不过在很多方面我是赞同您的，例如，真概念确实是西方哲学的核心，逻辑对于西方哲学，尤其是现代逻辑对于语言哲学具有基础性的地位。感谢您不厌其烦，花费时间和精力，发了十数封邮件回答我的问题！您为我，当然也为这本书的读者提供了一些基本的视角、原则和方法，这对我们理解和研究哲学与逻辑学的确非常重要！遗憾的是，可能我准备得不太充分，也可能限于文字表达，关于一些问题的讨论无法像

[①] Heidegger, M.: "Die Sprache" (1950), in his *Unterwegs zur Sprache*, Günther Verlag Neske, 1975, S. 32-33.

在清华跟您读书时那样直接而深入。但是，这开启了一种向您请教学习的新方式，在这一过程中，我常常回想起在清华与您一起讨论、跟您学习的美好时光，那是我一生难忘的。再次感谢您！

（王路、周志荣：《真、意义与逻辑》，原载《科学·经济·社会》，2014 年第 2 期，第 21-27 页。）

问题研究与哲学史研究

访 谈 者：张娟娟
访谈时间：2021 年 8 月 19 日

张娟娟，哲学博士，现为中国人民警察大学马克思主义学院副教授，兼任中世纪哲学专业委员会常务理事。主要研究方向为西方逻辑史，在《哲学研究》《求是学刊》和《湖北大学学报》等刊物发表学术论文多篇。主讲的"逻辑学"被评为河北省课程思政示范课程和警察大学教学金课，微课获"全国教育教学信息化大赛河北赛区"高教组一等奖。两次荣立个人三等功，被评为"公安部直属机关优秀共产党员"和"河北省课程思政教学名师"。

清华，2009 年 6 月 28 日

哲学研究到底是问题研究还是哲学史研究，学界一直存有争议，看法不同。我发现王路教授的研究有一个显著特征，这就是将问题研究与哲学史研究紧密结合。王路教授从事逻辑学和哲学研究 40 多年，涉及领域从古希腊到现代，包括对亚里士多德、康德、黑格尔、弗雷格等众多哲学家的研究，成果显著。他提出一系列原创性的观点，如称"必然地得出"为逻辑的观念，构造"句子图式"作为哲学讨论的工具，认为哲学是"关于认识本身的认识"，以及近期提出"加字哲学"这一概念，由此认为哲学就是形而上学，是先验的，加字哲学是经验的。他还指出，"是"与"真"是形而上学的核心概念，应该将西方哲学中的 being 一词翻译为"是"，应该在系词的意义上理解 being，并且应该将这样的理解和翻译贯彻始终等等。王路教授的理论成果在学界已经产生影响，引起关注。但是我认为，他的研究方式与他的研究成果直接相关，也值得重视。2021 年 6 月，我借参加王路教授"荣休会"之机对他做了一个访谈，向他请教了这方面的一些问题。

一、史学研究与问题研究的关系

张娟娟（以下简称"张"）：王老师，我认为您的著作大致可以分为三类。一类是史学研究，如《亚里士多德的逻辑学说》（1991）、《弗雷格思想研究》（1996）、《逻辑的起源》（2019）等。一类是问题研究，如《走进分析哲学》（1999）、《逻辑的观念》（2000）、《语言与世界》（2016）、《一"是"到底论》（2017）等。还有一类是具有史学意义的研究，暂且称为（二者相）结合研究吧，如《"是"与"真"——形而上学的基石》（2003）、《逻辑与哲学》（2007）、《读不懂的西方哲学》（2011）、《解读〈存在与时间〉》（2012）等。您赞同我这样划分吗？您能谈一谈史学研究与问题研究的区别吗？

王路（以下简称"王"）：我觉得大体上可以吧。我的著作里边应该说带有史学意义的研究。我最开始读书写论文的时候，写的是《亚里士多德的四谓词理论》。我记得当时不太会做，看了周（礼全）先生的两篇文章，一篇是《亚里士多德关于推理的逻辑学说》，另一篇是《亚里士多德论矛盾律和排中律》，然后就照着周先生的样子做：关注亚里士多德是怎么说的。这篇论文大致就算是史学研究吧。当时的认识就是要把亚里士多德的话说清楚。后来研究弗雷格的时候也有这样的认识，要研究弗雷格的思想，总要把弗雷格的思想讲清楚。

我认为史学研究与问题研究有一个比较大的区别。史学研究往往是从一个重要的哲学家的思想出发。在史学研究中，人们一般不会研究那些不重要的哲学家，人们会研究非常重要的哲学家或者比较重要的哲学家。这些人在哲学史上曾经产生过较大的作用和影响。再有人们要研究一个哲学家最重要的思想和理论，包括说明他的某些概念和方法在他的思想中具有什么样的作用。如果研究更深入的话，要进一步研究他的某个概念、方法在他的某一部著作中有什么作用，在他的整个思想（所有著作）中有什么作用。还有，当研究某一个人的时候，往往不是对他单纯的个人研究，还要考虑他的思想与他同时代人有没有关系，相互有没有影响，对于后人有什么影响。比如亚里士多德的范畴理论在他的思想中非常重要，在哲学史上也是人们都谈的，对后人影响很大，这都是要研究的。如果做得更细一点的话，要谈他的思想对于他前人有什么继承关系，从前人那怎么来的？这就是所谓承上启下，思想的产生和发展，这是哲学史研究中比较注重的。

问题研究的方式不是这样的，它可能会提到张三说什么，李四说什么，但不会细究他们说的内容，不太会在意他们所说的东西的来龙去脉。问题研究考虑的是所谈论的问题本身：这个问题的实质是什么，怎么解决这个问题，解决了这个问题有什么作用，因此想得更多的是问题本身。比如摹状词理论，这是罗素提出来的一个理论。罗素提到了弗雷格，认为他不区别专名和摹状词是不对的，为什么呢？因为从语言的表达上来看，摹状词跟专名的逻辑作用是不一样的。今天人们研究摹状词理论，一定会谈到罗素，可能也会谈到弗雷格，这是因为这个理论与他们的思想相关，他们都对这个理论有贡献。但是如果研究罗素的思想，就要探讨摹状词理论的产生和形成，比如《数学原理》中摹状词理论的构造和证明,《论指称》中摹状词理论的提出和意义，它与《数学原理》中相应理论的关系，为什么会有这样的联系，罗素后来比如在《逻辑原子主义哲学》中的相关论述有哪些不同，为什么，等等。这是两种不同的研究。大概前一种可以叫问题研究，后一种可以叫史学研究。最简单说，做史学研究总得有些专门的考据，要整理出一个思想的来龙去脉；而做问题研究可以不需要做这样的事情。

张：《逻辑的观念》显然是讨论一个理论问题：什么是逻辑？但是这本书第一章讲"逻辑"名称的由来，整理归纳了许多逻辑教材、重要逻辑史学家的观点，

第二章讲亚里士多德逻辑的产生和形成，第三章讲现代逻辑的基本内容和思想。这三章似乎是逻辑史意义上的研究。《一"是"到底论》讨论您对 being 一词及其问题的认识，但您详细谈到亚里士多德、康德和黑格尔的论述，讨论中还涉及柏拉图、胡塞尔和海德格尔的论述，似乎同样是具有史学意义的研究。这本书与《"是"与"真"——形而上学的基石》相呼应，《"是"与"真"——形而上学的基石》也探讨了许多人的思想，如巴门尼德、亚里士多德、波爱修、笛卡尔、康德、黑格尔、海德格尔等人，明显是具有史学意义的研究。我把这两部著作分为两类，还担心您不赞同。因为在我看来，在您的著作中，问题研究与史学研究有时候似乎很难区别。您如何看待这个问题呢？

王：是的。这可能跟我讨论的问题有关系，跟我讨论问题的方式有关系。比如讨论逻辑的观念，如果仅仅是说逻辑是什么，那我觉得甚至都不用讨论，因为我们都知道逻辑研究有效推理或者推理的有效性，我们都知道什么叫有效，就是保真，即从真的前提得到真的结论。但是，当时我写《逻辑的观念》这本书的时候，国内有一股思想潮流，许多人提出要研究自然语言逻辑，要回到亚里士多德，还有很多人说这是周先生提出来的观点，并且说要树立大逻辑观。我认为这些提法跟周先生的说法不太一样。

说回到亚里士多德的逻辑观没有问题，但是亚里士多德的逻辑观难道就允许我们把逻辑说成那样，把那些不是逻辑的东西都给弄进来吗？这是错误的。所以我写《逻辑的观念》的一个目的就是要回答一个问题，到底什么是逻辑？既然说回到亚里士多德，那咱们就谈亚里士多德，所以就有了这一章。关于教材那一章也是有针对性的。当时国内很多人谈逻辑观主要是根据教材。教材中关于逻辑的说法很乱。再有就是按照自己的想象，诉诸权威，比如康德说过"先验逻辑"，黑格尔说过"辩证逻辑"，那就要考虑这样的东西。当时我想，既然这样，咱们就好好看一看文本吧。逻辑史或者哲学史上第一本逻辑教材肯定是亚里士多德的《工具论》，这就同样回到亚里士多德那里去了。所以，问题不在于回到亚里士多德，而在于亚里士多德是怎么说的。由此就有了你提到的前两章：一个从教材来谈，一个从亚里士多德的著作来谈。这个工作有点追根溯源的意思，所以你会有史学研究的感觉。

后来讨论 being 的问题也是同样。我们国家西方哲学引进多少年，being 的问题就存在多少年了。人们把being翻译为"存在"，我认为这等于把西方哲学最核心的思想给翻译没了。因为being不应该翻译成"存在"，而应该翻译成"是"。但是你仅说being有系词含义，being不应该翻译成"存在"，应该翻译成"是"，仅这么说是说不清楚的。怎么办？你必须得拿文献来说话。但是怎么拿文献来说话呢？有人就说，being这个问题，在亚里士多德这里就应该翻译成"是"，在黑格尔那里就应该翻译成"有"，到海德格尔那里就应该翻译成"存在"。所以讨论这个问题，你就得一个人一个人去说。结果给人的感觉这是一个具有史学意义的研究。

所以，虽然我谈的是问题，可是我总会谈到亚里士多德是怎么说的，康德是怎么说的，黑格尔是怎么说的，弗雷格又是怎么说的，是吧？无论是谈论逻辑的观念还是谈论being问题，都是这样。就是说，我总是站在哲学史的角度上来探讨问题，所以这给人一种感觉，我的工作不仅仅是一个单纯的问题研究。题目像是问题研究，考虑问题的方式却又不是。我总是拿哲学史上这些人所说的话来佐证，这就让人认为这是一种具有史学意义的研究。我觉得，你这种感觉是很对的。

怎么区分史学研究和问题研究？除了前面说的来龙去脉、承上启下，我个人认为没有必要刻意地区分。我们讨论问题是为了把一个问题说清楚，无论是问题研究还是哲学史研究，都会有讨论的问题，都需要把问题说清楚。比如我要讨论逻辑的观念，那我就要想办法把它说清楚。至于我以什么样的方式能把它说清楚，那是一个方式方法的问题。在研究的过程中，假如我认为需要谈一下亚里士多德，那我就去谈亚里士多德。谈being问题我认为也同样，我的目的是把这个问题说清楚，假如需要我用亚里士多德的文本来说话，那我就用；假如我需要用康德的文本来说话，那我就用康德文本，就是说讨论文本实际上是一种方式方法的问题，而目的是为了把问题说清楚。

这里还有一个问题，为什么我们要谈亚里士多德、康德等哲学家说了什么？因为这些人在哲学史上产生了非常重要的影响，他们的研究具有开创性，他们的一些话并没有过时，所以研究西方哲学的人重视他们说的话，拿他们的话来讨论问题，来寻找一些出发点，寻找一些可以理解拓展问题的空间，寻找一些讨论问题的方式。这可以说是一种正确的方法，也是一种走在正道上的方法。具有史学意义的研究一定是与重要哲学家的思想相关的，这样的研究是要花费大力气的。

张：有人说哲学研究就是哲学史的研究，也有人认为哲学研究主要是哲学问题的研究，这两种观点泾渭分明。看来您是不太赞同这样的看法了。

王：你对这个问题这么感兴趣啊！我看过这方面的一些讨论，没有认真思考过。真正的哲学问题会与哲学史没有关系吗？或者，有那种单纯的哲学问题研究吗？我说的"单纯"指的是与前人思想没有关系。单纯的哲学问题研究，我认为大概没有。如果说有，大概一定会是加字哲学。加字哲学就是在"哲学"前面加字，比如我看到有人讨论动物哲学。这样的讨论大概历史上没有人做过，亚里士多德没谈过动物哲学，康德、黑格尔也没有谈过，他们也不会谈这种哲学。加字哲学你愿意谈就谈吧，它与哲学史肯定也没有什么关系。问题是在不加字的情况下，哲学问题是什么？我觉得哲学研究的问题实际上就是哲学史上的哲学家提出和研究的问题，或者与这些问题相关、从它们派生出来的问题。他们提出的这些问题给人以启示，他们建立的理论并没有被完全接受，被认为是有缺陷的并受到批评。这样说当然是过于简单了。举个例子吧。许多人在表达中喜欢加"ism"，就是"主义"或"学说"。而我总是说你们谈问题要尽量避免加"ism"。因为每一个 ism 背后都有一个知识谱系。这是什么意思呢？就是任何一个哲学概念、主张、学说、理论，它都有一个产生、形成和发展的过程，它一定是具有哲学史意义的。你可以单纯地谈论一个概念，也可以把它放到它的知识谱系中去谈论。但是一旦你谈论"ism"，你就必须要考虑相关用语的知识谱系，就不会那样简单。所以真正的哲学问题一定是与哲学史问题相结合的。

张：难道哲学研究中就没有新问题了吗？

王：我刚才说了，加字哲学会有新问题，也就是说，所谓"新"来自加字，而加字似乎是可以随意的。若是不考虑加字哲学，我认为新的哲学问题大概与讨论哲学的方式有关。也就是说，问题不见得是新的，但是讨论的方式变了，导致讨论的结果发生变化，形成新的理论，并由此产生新的问题。比如过去谈论概念和对象这样的问题，用的是亚里士多德提供的方法，形成了谈对象和概念的一些看法，甚至理论。今天用现代逻辑的方法再谈对象和概念，我们获得了一些新的认识。比如对象处于概念之下，对象是与真值相关的东西，如果一个句子中的名字没有指称对象的话，那么这个句子就没有真假。这都是现代逻辑产生以后才有的一些认识。

我个人觉得，字面上看，问题是问题，哲学史是哲学史，二者似乎是可以分开的。但是我想，如果你面对一个哲学问题，你把它放到哲学史的背景下去研究，你借助哲学史上关于这个问题的讨论去研究这个问题，难道对你的研究会没有帮助吗？同样研究一个哲学问题，一种方式是不考虑哲学史，就事论事进行讨论，一种方式是把它放在哲学史的背景下，结合哲学史上关于它的讨论来进行研究，这两种方式你觉得哪种方式更好呢？我认为是后一种方式好。所以我觉得不必刻意区别哲学问题的研究和哲学史的研究。

二、文本的解释与观点的原创

张： 您的研究有一个显著特征，这就是阅读和分析文献。我还发现最近这些年您引用最多、讨论最多的就是亚里士多德在《形而上学》中的两段话，一段是关于"研究是本身"的，一段是关于"是"有多种含义。您的讨论方式给人一种感觉，好像您的观点都是有文献依据的，甚至就是从亚里士多德那里来的。这与今天一些人提倡的观点——不要总是解释别人的，要说自己的话——似乎是完全相悖的。您是如何看这个问题的呢？

王： 这里边好像有好几个问题，我倒着说吧。有人说，解释别人的思想没有意思，要说自己的话，这个说法字面上是对的。一项研究总是要说自己的话，不要老去解释别人，说得没错。问题在于，你自己的思想从哪儿来？你自己的话从哪儿来啊？你能说出什么来呀？关键问题在这儿！你说亚里士多德那两段话我最近两年引得比较多，这是因为我最近几年提出了几个新的观点，一个是"哲学是关于认识本身的认识"，还有一个是"一'是'到底论"，多少都与它们有关。人们不是说必须说自己的话吗？这毫无疑问就是我自己的话，这不是别人的话！但是这话哪儿来的呢？这话其实不是我的，实际上这都是从亚里士多德那里来的。

"关于认识本身的认识"这句话就是亚里士多德《形而上学》第四卷开始说的"是本身"。他说一门科学研究"是"的一部分，而哲学研究"是"本身，这是亚里士多德说的。那么按照亚里士多德所说的，今天我提出，一门科学是关于一类事物的认识，而哲学是"关于认识本身的认识"，这是借助亚里士多德这句话来说的，这就把哲学跟其他科学区别开了。同时用这种方法，我也可以把哲学跟加字哲学区别开来。为什么？哲学是"关于认识本身的认识"，而一加字就把这种"关于认识本身的认识"变成了一种关于某一种事物的某一种认识的认识，就将其经验化了。所以我这个想法来自亚里士多德。

还有我认为应该把 being 翻译成"是"，而不是把它翻译为"存在"，应该在系词的意义上理解 being，并且应该把这一理解贯彻始终，人们说我这是"一'是'到底论"。我的这些说法也是从亚里士多德那里来的，特别是《形而上学》第七卷开始那段话。为什么这两年我反复引这两句话呢？我要说自己的话，我自己的观点是这样的，但是我一定要告诉大家我的观点不是没有根源的。并且，我还要告诉大家我的观点不是我独创的，是来自亚里士多德的，我是把亚里士多德的话换了一个说法。当然也有可能我的说法更加明确和清楚一些，因而排除了他的表述中一些歧义性或可能会引起歧义性的东西，由此产生一些新的认识。但是无论如何，我的说法是与他的说法相关的，这总是要承认的。

还有一个问题，重视文献的阅读和理解，这确实是我在近二十年哲学研究中有意识做的一项工作。除了前面说的，我觉得我们国内有些翻译和解读存在问题，一些所谓的对西方哲学的理解太粗糙了，对于西方文本没有好好理解。我们往往是有了一个先入为主的概念，再围绕这个先入的概念去解读西方哲学著作，然后拿西方哲学著作来为我们这个先入为主的概念服务。当自己读不懂的时候，就以一个歧义词或一种歧义的方式进行翻译，而当遇到一些解释不通的情况或读不通的情况，怎么办？就篡改原著，胡乱翻译。你可能看到了，我在讨论文本时比较谨慎和严谨，就是守着一个"是"和一个"真"，就是 being 和 truth 这两个概念来谈，其他的我都没谈。在翻译当中我非常谨慎地说，我只讨论理解的问题而不讨论翻译对错的问题。但是我在讨论这个问题时有一个潜台词，就是我们现在翻译的问题实在是太大了。最近我写了一篇文章《随意的翻译和有问题的解释》，就是批评这方面的问题：竟然能把海德格尔的一个 Sein 翻译成七八个词。不能这么做的！所以文本是我们阅读西方著作的第一手材料。如果我们没有阅读好文本，没有掌握好文本，开始已经说错了，到最后想说自己的话的时候恐怕已经离经叛道了，与原来最开始的思想可能相距十万八千里了！

张：我发现您在研究中非常注意对二手文献的研究。您的《亚里士多德的逻辑学说》一书外文文献 76 项，您的《弗雷格思想研究》一书外文文献 41 项，您还注明列出的只是您在书中引用的。国内非常重视一手文献的研究，但是似乎不太重视二手文献。最近几年我看您多次谈到一手文献和二手文献的问题，与国内通常看法不太一样。我这个认识对吗？您可以谈一下您这方面的认识吗？

王：是这样的。刚开始我受的教育也是要重视一手文献，老先生们都非常重视一手文献的研究。后来我在国外学习的过程中认识到，只有一手文献研究是不够的。中国传统的思想文化中比较强或者比较有优势的是一种文化性的东西，真正学术性的东西比较弱。无论是六经注我还是我注六经，讲究的是一个"注"，讲究的是我与经之间的关系。简单说就是我读一本书，然后我对它做出解释，或者是我读一本书，然后用这本书来佐证我自己的思想。所以在中国思想文化里对二手文献的重视至少是不够的。

什么是二手文献？简单说就是关于一手文献的研究成果。今天我们不是做文化，我们是做研究。研究是什么意思？研究就是要在前人研究的基础上往前走。因此在做研究的时候，光读一手文献是不够的。不看二手文献，对于所研究的人物、思想和问题，你不知道今天已经研究到什么程度了，再做出来的研究可能就是废的。很可能你谈的别人早就说过了，可能你的认识别人早就指出是错的。所以说你应该去读人家已有的成果，然后在人家研究的基础之上再往前走，这才叫研究。我常和学生讲，你读一篇文章，读一本书，你感觉像发现一个新大陆，会有许多想法。为什么？因为读得少。你看一本书就写东西，你写的叫读后感，这不是做研究。所以一定要在别人研究的基础上往前走，要做出研究成果是不容易的。

张：当我们搜集到文献资料之后，如何对文献进行整理加工的？每一本参考著作，每一篇学术文献都要进行精读吗？如何取舍？

王：对这个问题可能每个人看法不一样，因人而异。我就讲一下我个人的体会吧。我当年读书是比较艰苦的，80年代初我出国了，出国那几年我每天泡在图书馆里边读书。一些主要的西方哲学杂志，或者与逻辑史研究相关的杂志（因为那时没有专门的逻辑史研究杂志，都是西方哲学史杂志），我是在图书馆里一期一期一本（合订）一本地读过来的。遇到合适的文章，我就把它复印下来。读一篇，发现一个新大陆，再读一篇，又发现一个新大陆，因为谈的都是你没有想到过的。但是当你读多了，积累多了，慢慢你就可以分辨了。随着知识结构的建立和知识的积累你会从里边找出一些方法来，能有意识去分类收集一些文献，慢慢你可以从阅读的文献中看出哪些是重要的，哪些是次要的。人们经常提到的、经常引用的文献一定是重要的，这些文献是一定要认真看的。有些文献人们谈得可能少一些，就可以按照自己的需要去读，有所取舍。比如一篇文献一开始要从头读到尾，后来简单翻看一下就会知道其中哪一部分重要，读起来就会有所选择，但是文章总体上依然是要把握的。所以慢慢你会在阅读中形成自己的一套方法。然而这里有个前提就是必须要读！没有捷径，不懂就要去读，一篇一篇文章认真地读。

今天就容易多了，通过互联网搜集，只要把索引词、关键词一输入，文献就全出来了。通过互联网下载到所需文献之后，我会打印出来，分类装订。然后就是一本一本读，我今天就是这么读的。当一本读完了，基本上这一类的问题就看过了，会有一个大致的了解。在读的过程中，你还会发现人家也会谈到某一两篇文章、某一两个观点，它们可能会引起你的兴趣，你就再去下载打印。总之，读文献才能进入研究的前沿，才能跟上研究的前沿。

张：我认为您说的有道理，但是这样阅读文献，要求是不是太高了呢？工作量是不是太大了呢？人们说今天处于知识爆炸的时代，一个意思是说文献太多了，看不过来了。在文献阅读上应该如何取舍呢？二手文献难道就没有水分吗？应该如何在研究文献的基础上提出自己新的见解呢？

王：不读文献肯定是不行的。水货当然是有的，但是只能通过阅读来识别。我认为这是一个能力的问题，是水平问题，需要长期的积累。但是开始时有一个办法，就是去读大家都参考的文献，大家都谈论的文献，去读那些引用率比较高的文献。当然，这些认识也是需要阅读提供的，甚至是大量阅读提供的，否则你怎么能知道哪一篇文献是大家经常谈论和引用的呢？

读文献其实是一个基本训练。我认为有三个层次。一是要读懂说的是什么，二是要读懂为什么这样说，三是评价说的对不对。在刚开始阶段，要努力达到前两个层次。没有这个能力是不可能评价对不对的。所以，当你没有具备这个能力时，没有别的办法，你只有认真去读。这个笨功夫谁都得下！我们很多人现在不愿下这个功夫，导致许多基本问题都没有搞清楚，更不要谈做深入研究。如果对文献好坏都分辨不出来，你又怎么提出新的见解呢？那么随着你读书不断深入，当你读文献慢慢没有发现新大陆的感觉时，当你对所读的东西慢慢感觉不满意时，你就会思考，他们怎么老谈这些东西，意思何在，慢慢地你就会有自己的想法了。

你自己的思考也有同样的问题：你思考的是什么？你为什么这样思考？你思考得对不对？这时候有可能你自己的认识就出来了，就是说，你可能产生"新"的思想了。

如果没有这个过程，你没有达到这个水平，读了一两个文献后写一些自己的切身感受，然后认为自己就有创新了？这不是创新，因为它仅是你的感受，没有什么学术的意义，不是研究成果。做学问没有捷径，必须认真读文献。

张：这里我想问一个问题，当我们读了一些二手文献之后，我们是不是可以写一些综述性的文章？综述是研究吗？综述性的文章有意义吗？

王：当然可以进行综述性的研究，写一些综述性的文章了，这当然是有意义的。什么意思呢？比如你研究中世纪指代理论，最近看了三十篇文献，看完以后这三十篇文献关于指代理论大概有几种看法，每一种看法谈的是什么？与以前的看法有什么不一样？为什么？反映出什么倾向和趋势？基于这些认识写一个综述，这也很好啊。有人认为综述不是研究，我认为这种观点是错的。其实综述对于研究来讲非常重要，综述表现出你对二手文献的把握，显示出你的研究起点。

举一个最简单的例子，你读过亚里士多德的《形而上学》。它有十四卷，第一卷是什么？它的第一卷就是第一部西方哲学史。亚里士多德明明是要谈形而上学问题，但是他第一卷竟然谈的是哲学史。为什么？在里面谈了所有人的观点，赫拉克利特、德谟克利特、智者派、苏格拉底、柏拉图等等所有哲学家的观点。这就叫综述！若没有综述就不可能做出自己的研究。二手文献必须综述，或者说我们用综述的方式来展示对二手文献的理解和把握，这是一个必要的过程。其实做好综述非常难，好的综述是很重要的。综述能够为相关领域的研究提供一个帮助。但是综述要动脑筋，也是要下功夫的。比如你看了三十篇文献，然后你写一个综述，告诉大家至少有这样一些文献，围绕某个问题谈了一些什么样的观点，这个工作虽然说的是别人的东西，但是有你的分析、提炼和总结，有你做这个工作的一个思考方式和思路，这就是一个进步，对吧？

张：最后一个问题。您曾经研究过中世纪逻辑，翻译了奥卡姆的《逻辑大全》，在《"是"与"真"——形而上学的基石》中，您有专门一章"中世纪的探求"，谈到波爱修和托马斯·阿奎那。您曾说过，"逻辑在中世纪思想文化中占有十分重要的地位"。您还提到周先生一直建议您把《中世纪逻辑》一书写出来，但是近年来几乎看不到您关于中世纪的研究。这是为什么呢？我们什么时候可以看到您写的《中世纪逻辑》这本书啊？

王：哈哈！（笑）你大概永远也看不到了。为什么这么说呢？我觉得最开始的时候我不太懂如何研究。那时候我就想先研究亚里士多德，研究完亚里士多德我再研究中世纪，中世纪研究完了，我再研究弗雷格，那时候完全是想当然。什么叫"研究完"呀？我研究了弗雷格以后，我再回过头研究亚里士多德，我才发现我对亚里士多德有了更深理解。基于对亚里士多德更深入的理解，我回头再去看弗雷格，我发现我对弗雷格又获得了新的认识，我再进一步思考这是为什么。亚里士多德和弗雷格是两个非常重要的人物，一个是古希腊的人物，一个是现代人物。但是这两个人有一个共同特点，他们既是逻辑的创始人，又是哲学的创始人。亚里士多德是形而上学的创始人，弗雷格是现代分析哲学的创始人，分析哲学被称为当代形而上学。他们的逻辑理论是不一样的，导致他们的哲学是不一样的，但是从根上是一样的呀！为什么呢？就是他们的问题都是"关于认识本身的认识"，他们的逻辑观是一样的，都是"必然地得出"，都是推理的有效性。亚里士多德强调的是"S 是 P"，弗雷格强调的是"真"，也就是一个强调句法，一个强调语义。你对这两位哲学家进行研究，还不够你学的吗？研究没有止境。另外还有一点就是一个人的精力是有限的，你不可能研究那么多东西。所以我说你好好研究中世纪，希望你把中世纪做出来！

张：谢谢您的鼓励！按照我的理解，您的意思是说，无论是哲学问题的研究，还是哲学史的研究，都要好好读书，不仅要读一手的经典著作，而且也要读二手的研究文献。要认真读文献，要读懂人们说的是什么，为什么这样说，努力达到能够认识到人家说得对不对，然后在这样的基础上说出自己的看法，推动哲学的进步。谢谢王老师！

（张娟娟、王路：《关于问题研究与哲学史研究的思考——王路教授访谈》，原载《学术研究》，2022 年第 11 期，第 28-34 页。）

加字哲学的"是"与"非"

访 谈 者：魏燕侠

访谈时间：2021 年 1 月 20 日

魏燕侠，哲学博士，曾为美国爱荷华大学、英国南安普敦大学访问学者，现任华侨大学哲学与社会发展学院教授。主要研究方向为逻辑学、分析哲学，出版专著《谓词抽象研究》，在《哲学动态》《学术研究》等专业期刊发表论文二十余篇。入选"福建省高校杰出青年科研人才培育计划""华侨大学哲学社会科学百名优秀学者培育计划"，曾获华侨大学"优秀教师"称号。

厦门·华侨大学，2021 年 1 月 20 日

一、加字哲学与形而上学

魏燕侠（以下简称"魏"）：王老师，首先非常感谢您接受我的访谈！您自从在 2016 年正式提出"加字哲学"之后[①]，又在多篇文章中深化了这个提法。根据我的了解，您说的"加字哲学"指的是在"哲学"前面加上限定词，比如我国的一些二级学科：中国哲学、马克思主义哲学；又比如一些流行的名称：心灵哲学、生命哲学、教育哲学等等。请问您为什么要提出加字哲学呢？

王路（以下简称"王"）：首先，加字哲学是一个现象。国内现在有很多加字哲学。在学科上有中哲、马哲，还有科哲、道德哲学，就是伦理学，在研究过程中人们提出的名称就更多了，比如传统的政治哲学、法哲学，新近提出的文化哲学、教育哲学、女性主义哲学、工程哲学等等。加字哲学好像层出不穷，这就给人一种感觉，哲学似乎随便什么都可以研究。这就有一个问题，它给人一种感觉，好像哲学什么都能做。但是哲学是这样的吗？它是这样一个学科吗？这个现象本身就值得反思。

其次，很多年以前在哲学所的时候，我曾经说过一句话，"不要以为你人在哲学系和哲学所，你谈的就是哲学"。当时我还说了一句话，"好像我们哲学家可以谈的东西很多，问题是你能不能把它们谈成哲学"。当时有人还专门对我说，王老师您这话说得比较狠。我觉得，20 多年以前我说这话只是一个很直观的感受，经过这些年在学习上的进步和反思，现在回过头来看，我那样说是因为我看到，许多搞哲学的人，包括一些名人，谈的许多东西不是哲学，而是加字哲学。

魏：照您这么说，加字哲学不就不是哲学了吗？我看到您在一篇文章中提过，加字哲学是您的一种谈论方式，"就是把形而上学与其他哲学区别开来"[②]。假如您说的"其他哲学"就是"加字哲学"，那么我想问，您为什么要把形而上学与加字哲学区别开来？

王：我研究的是哲学，或者说我研究的是形而上学。要是说自己研究的是哲学，别人研究的不是哲学，别人会不高兴的。但是研究这么多年了，就有一个对

---

① 王路：《论加字哲学——从金岳霖先生的一个区分谈起》，载《清华大学学报》（哲学社会科学版），2016 年第 1 期。

② 梅祥、王路：《"是与真"与形而上学——王路教授访谈》，载《哲学分析》，2020 年第 1 期。

哲学不断思考的过程。在我看来，许多人其实只是研究一种加字哲学，却在那里滔滔不绝地谈论哲学怎样怎样。这就等于把一个人自己所研究的那种哲学当作哲学来谈论，这是一个普遍的现象。但是大多数人所研究的只不过是一种加字哲学。这样就要考虑，到底什么是哲学，也就是要从学理上考虑什么是哲学。

另外还有一点，就是这些年来我自己研究形而上学，形而上学一个最基本的特征是，它要问"是什么"。亚里士多德说过一句很出名的话：我们只有知道一事物是什么，我们才最完全地知道它。那句话的英文是 to know it most fully，就是最充分地认识它。对哲学当然也可以这样问了。也就是说，如果我们不知道哲学是什么的话，那么实际上我们就不可能对它有正确的认识。这是第一个问题，也就是说，我们应该追问哲学是什么，我们至少可以谈论什么是哲学，什么不是哲学。

第二个问题，我认为在国内哲学界有一个比较普遍的问题，就是什么哲学都谈，唯独不谈形而上学，或者我们至少应该承认，学界谈论形而上学的人非常少。为什么？因为"形而上学"在学界是一个负面概念，至少在很多搞哲学的人那里，"形而上学"是一个负面概念。如果你去看一下教科书，包括一些研究马克思主义哲学原理方面的书，你会看到，形而上学是跟辩证法对立的，它们是一对矛盾。辩证法被认为是革命的、批判的。那么形而上学，作为它的对立面，当然就是负面的。另外，我们这代经过"文化大革命"的人都知道，"形而上学猖獗"曾经是一句很流行的话，因此"形而上学"不仅是一个负面概念，它的负面影响甚至是超出哲学界的。

但是实际上，形而上学是西方哲学中非常重要的一部分。假如人们在谈哲学的时候，把形而上学撇开，不考虑形而上学，那么这样一种哲学还会是名副其实的哲学吗？我在谈论这个问题的时候举过一个例子：两本《哲学史》，一本不谈各种加字哲学，但是谈论亚里士多德的《形而上学》、康德的《纯粹理性批判》等等，一本谈论各种加字哲学，唯独不谈亚里士多德和康德的书，那么哪一本会被认为是好的哲学史著作呢？

还有一点，即便不考虑"形而上学"这个词的负面含义，当学界各种加字哲学大行其道的时候，实际上也就有了一个问题：我们该如何为讨论形而上学找到一种合法的方式，或者说我们如何能够正确认识还有形而上学这样一种哲学。所以，我认为我谈加字哲学，其实就是把形而上学跟加字哲学区别开来。我想告诉大家，在哲学里边有很多加字哲学，但是还有一种哲学它叫"形而上学"，这种哲学跟那些加字哲学是不一样的，它应该得到我们的认识和重视。所以我要把它们两个区别开。

魏：区别形而上学与加字哲学没有问题，但是您说哲学就是形而上学①，那么加字哲学就不是哲学了吗？

王：这里就有了一个问题：什么是形而上学？加字哲学很容易说，就是在"哲学"前面加字，对吧？比如，加上"中国"就是中哲；加上"马克思主义"就是马哲，这是很简单的。当我说加字哲学的时候，其实没有任何贬义，只是一个客观的描述，实际情况也是这样。那么"形而上学"是怎么回事呢？我们都知道，这个词来自亚里士多德的一本著作，他又是公认的非常重要的哲学家。如果我问你，亚里士多德有没有哲学著作？是什么？你会怎么说？

魏：有，是《形而上学》。

王：对，谁都会这样说。也就是说形而上学就是亚里士多德的哲学，亚里士多德哲学就是形而上学。所以，我用"形而上学"这一说法实际上指的就是亚里士多德哲学，就是亚里士多德告诉我们的那种哲学。亚里士多德当然还有其他著作，比如还有伦理学著作，但是他明确地说伦理学附属于政治学。也就是说，亚里士多德自己认为他的伦理学是不属于哲学的。亚里士多德的哲学著作叫《形而上学》，这是后人给取的名字，亚里士多德本人管他的哲学叫什么？叫"第一哲学"。你可以说亚里士多德的这个哲学也是加字的啊！加的什么字呢？加的是"第一"。那么"第一"是什么意思呢？这里没有对象性的意思，也不是高低之分。亚里士多德的意思是说，人的认识是有层次的，有一种哲学，它追求的是第一原理、第一原则这样的东西，他管这样一种哲学叫"第一哲学"。当然他还有一个具体定义，他说这样的哲学研究"being 本身"，或者"是本身"。他还说，把这样一种哲学称为"关于真的认识是恰当的"，这都是他的原话，也就是说这种哲学跟其他哲学是不一样的。所以，我用"形而上学"指来自亚里士多德的这种哲学，它和所有其他加字哲学显然是不一样的，它们之间是可以区分的，而且是可以说的。自亚里士多德以来很多人都谈论这样的哲学，比如康德的批判哲学，比如胡塞尔的现象学，他们都试图谈论这样的东西。再比如今天我们所说的从弗雷

---

① 王路：《形而上学的实质》，载《清华大学学报》（哲学社会科学版），2017 年第 3 期。

格以来的分析哲学。许多哲学家都试图谈这样的东西。这样的哲学与所有那些加字哲学是不一样的。当我说哲学就是形而上学的时候，我指的是这样的哲学。当然，在我的文章中你会发现两个说法。一个是比较窄的说法：哲学就是形而上学，就是我上面所说的意思。一个是比较宽泛的说法：假如哲学也包括所有加字哲学的话，那么我认为，哲学史主线上的东西是形而上学。

魏：您说形而上学是哲学史主线上的东西。您是说这是最主要的东西吗？但是如今加字哲学是普遍现象啊！比如这几年我们华侨大学由马雷老师牵头成立了"问题哲学研究中心"，专门研究问题哲学。我认为包括问题哲学在内的很多加字哲学都很重要，难道您认为加字哲学就不重要吗？

王：你能说一下什么是问题哲学吗？

魏：根据马雷老师的观点，问题哲学是一种全新的哲学形态，它将彻底颠覆传统哲学的命题化模式，把"叩问问题"作为哲学的根本任务，使哲学回归本真，回归生活，回归心灵。

王：你觉得说清楚了吗？我还是没有明白（笑）。这里边有两个问题。加字哲学是不是哲学，这是一个学理的问题。加字哲学是不是重要，这是一个价值判断的问题。你刚才问的是重要不重要，所以你提的并不是学理上的问题。这个问题不是不可以谈，前提是先要搞清楚什么是加字哲学。

我认为，如果把加字变成一种谈论哲学的方式，那你可以随便加字，那就什么都可以是哲学。比如说爱情哲学、儿童哲学、休闲哲学，你可以随便说的，这意味着哲学什么都可以谈。如果什么都可以谈的话，那么你想一想，哲学的科学性和学科性在哪里？哲学的专业性在哪里？这是一个非常自然的问题。比如你说的"问题哲学"，还有你给的说明，什么叫全新的方式，什么叫颠覆传统哲学的方式，什么叫回归本真和生活，我是真不明白。在我看来，和其他加字哲学一样，"问题哲学"只不过在哲学前面添了"问题"二字，所有东西好像都可以围着那个"问题"转。问题这样的东西跟哲学本身有什么关系，是不是会给哲学的研究和发展带来实质性的变化？哲学本身是一个成熟的学科，我总觉得如今的加字哲学相当于往这个成熟的东西套上一个标签，好像一下子就会产生了一个新的东西，发生了什么根本性的变化。哪里会有这样的事情啊？！

我区分形而上学和加字哲学，没有价值判断的意思，我主要并不是想说加字哲学不重要。我的区分主要还是学理层面的。我认为，加字哲学一个最主要的特征是把哲学从先验的层面拉到经验的层面，我认为这一点是很清楚的。一种加字哲学，其实就是对一类具体的经验事物进行考虑。比如像伦理学，也叫道德哲学，其实考虑的就是与道德相关的问题。再比如你刚才提到的问题哲学，尽管我不大明白它是什么，但是我猜想它大概是与问题相关的，要把问题及其相关考虑放到比较突出的位置。由于提出这类想法的人是从事哲学工作的，比如你和马老师，因此你们认为当然可以说你们要研究的是问题哲学。在我看来，大部分加字哲学所加的字，都有与对象性意义上的东西相关的考虑。现如今这类哲学其实是把哲学的思考方式作为一个既定的、成熟的东西，或者是一种理论、方法，把它用于考虑一个或者一类具体的经验性的东西，并试图把这样的工作称为研究，把这样的研究称之为一种哲学。先不说这样的研究如何，结果会怎样，加字哲学的名称反正先有了，而且来得非常容易。所以我认为，加字哲学与哲学是有重大区别的，而且二者的区别往往是根本性的。

二、加字哲学与哲学研究

魏：我看到杨国荣老师写了一篇文章，对您关于加字哲学的观点提出一些质疑 ①，他好像不太赞同您以"先验"为标准来区分哲学与加字哲学。我还发现您没有回应杨老师的文章，这是为什么呢？您如何看待杨老师的质疑呢？

王：对于你提的这些问题，我把它们分成两个来回答。一个是关于先验这个问题。杨老师说以先验无法区别形而上学与其他加字哲学，他认为这是不清楚的。我不这样看。我在谈论什么叫先验的时候，给出了亚里士多德和康德的说明。刚才我们说过亚里士多德关于第一哲学的说明。现在我们只说康德。康德说，我们的认识都是从经验发源的，这是没有问题的。但是在我们的认识里，还有一部分是与经验无关的。我们把这样的东西叫作先天或者先验的东西。亚里士多德和康德关于先验的论述，如今已是常识，人们是有共识的。所以对先验应该是有比较明确的认识的。我以先验作为一个区分，我说形而上学研究是先验的，而所有加字哲学研究都不是先验的，我认为这个区分是足够清楚的。而且我认为我已经说

---

① 杨国荣：《何为哲学——对王路教授评论的若干回应》，载《江汉论坛》，2017 年第 8 期。

明白了，所以没有必要再重复。

　　第二个问题问我为什么对杨老师的问题没有回应，你这是在给我出难题啊（笑）。我可以这么跟你说，杨老师在论文中谈的是哲学，比如他的文章叫《如何做哲学》①，但实际上他谈的都是中国哲学。也就是说，他谈的是加字哲学：他以一种加字哲学为基础，从一种加字哲学出发来谈哲学，这显然是有问题的。我谈到杨老师的文章叫《形而上学的实质》②，我是要谈形而上学的，我只是借杨老师的文章来说话，因为杨老师是名人，和我也比较熟。既然他谈如何做哲学，我正好可以借机说一下，比如说一下哲学的观念，说一下形而上学与加字哲学的区别。所以，我并不是想探讨他所说的那些问题，只是借他的话题提出一些问题来说什么是形而上学。我觉得杨老师的做法比较有代表性。后来他专门写文章批评我，但是他仍然是站在中国哲学的角度上，比如他谈智慧。假如"先验"这个概念都不清楚的话，那么"智慧"这一概念就更不要说了。我觉得，如果杨老师把他的文章中所谈的"哲学"都加上"中国"二字，我就不能说他的文章是没有道理的，我对它也不会有什么意见。而且我只是讨论形而上学，所以我无法再去回应他。我觉得，你可以把杨老师的文章作为一个例子。现在有很多人，包括研究马哲的人，研究科哲的人，他们在谈哲学的时候，都是从各自研究的加字哲学的角度出发去谈哲学。这里边就有很多问题。比如人们总是说，哲学要解决重大的、紧迫的现实问题。如果在这里给"哲学"加字，比如说马哲、中哲、科哲要解决现实问题，那我觉得很正常，因为这些哲学都是与经验相关的，就是要解决现实问题，至少是可以和现实问题联系起来的。可如果要求形而上学这样做，那不就产生矛盾了吗？所以，我认为应该区别形而上学跟加字哲学，这是有意义的。也许有些哲学就是要管现实问题的，比如中哲，不是要天人合一吗？不是要修身齐家治国平天下吗？比如马哲，不是说"问题在于改变世界"吗？所以说马哲要解决现实问题，中哲要解决现实问题，我觉得没有问题啊。科哲讨论科学当中的问题，当然也会与经验相关，因而也是可以为解决现实问题服务的。问题是，哲学不全是这样，哲学还有非常特殊的一部分，它是先验的，与经验没有关系，这就是形而上学。

---

① 杨国荣：《如何做哲学》，载《哲学动态》，2016 年第 6 期。
② 王路：《形而上学的实质》，载《清华大学学报》（哲学社会科学版），2017 年第 3 期。

这样一来就产生一个问题：该如何看待形而上学，就是在哲学中形而上学到底是处于一个什么样的地位？这样也就涉及前面所说的重要不重要的问题。假如形而上学在哲学中无足轻重，它不重要，那么依据加字哲学来谈哲学就没问题，至少问题不太大吧。可问题是这样吗？形而上学过去被称为哲学皇冠上的钻石。黑格尔甚至说，一个民族没有哲学，就像一个庙里没有神一样。他说的哲学是什么？那是形而上学，不是加字哲学。至于说黑格尔后来想搞一个大一统的哲学，想搞出自然哲学、历史哲学、法哲学等等，很明显他是想做出一套完整的知识体系来。在我看来，他的方法不过是基于形而上学，然后加字，形成不同的加字哲学。但是在黑格尔的整个哲学体系或者知识体系中，最重要的当然还是他的逻辑学和精神现象学，而这就是他的形而上学。赞同不赞同黑格尔哲学是一回事，认识他的哲学是什么则是另一回事。我认为在这一点上，国内很多人认识不清，所以我要强调形而上学。

魏：从研究的角度说，许多加字哲学的出现对于哲学的发展难道不是一件好事吗？难道它们不是扩展了哲学研究的领域吗？我冒昧地问一句，像您这样强调形而上学，与哲学研究和发展的趋势难道不是背道而驰吗？您这样的主张对哲学的发展是有利的吗？难道会没有问题吗？

王：你这个问题问得很好！我的做法好像把哲学弄得很窄，而哲学家还是想使哲学这个学科能够蓬勃发展，是吧？我认为你提了一个很重要的问题。

加字哲学并不是今天才有的。比如马克思主义哲学，它被认为是我们的理论工具；比如中国哲学，它被认为是中国传统思想文化的精华；再比如西方一直就有道德哲学、政治哲学等等。我认为这里边就牵扯到这样一个问题——哲学与加字哲学之间的关系。我们知道康德有三个批判：《纯粹理性批判》和另外两个批判（《实践理性批判》和《判断力批判》）。另外两个批判也可以简称为"道德哲学"和"美学"。这表明，在康德那里实际上也有形而上学和加字哲学这样两个东西。问题是，形而上学跟加字哲学之间的关系是什么？假如没有形而上学的讨论，或者说假如没有《纯粹理性批判》的话，还会有后面那两个批判吗？它们会是什么样子？我经常问学生这样的问题："假如没有《纯粹理性批判》，康德还是不是康德？或者说康德的其他著作都有，但是没有《纯粹理性批判》，他还是不是康德？"我还会问："假如康德什么都没有，只有一本《纯粹理性批判》，他还是不是康德？

为什么？"这个问题的实质就是哲学跟加字哲学的关系，或者说形而上学跟加字哲学的关系。其实你读康德的《纯粹理性批判》，你就会看到康德的先验逻辑与道德哲学的区别：康德是想借助形而上学这种思考问题的方式去思考道德原则，尽管道德与经验相关，康德依然试图要相应地找出它的先验原理和原则。在康德的研究中，他强调的是形而上学是不是科学，能不能成为科学，他考虑的是他提出的那种 transcendental 的方法，那种能够在一般性和普遍性的意义上进行理性批判的方式。这是康德的形而上学和哲学。也就是说，即便是加字哲学，也不是能随便加字的。如果说哲学可以随便加字，比如像今天那样，什么工程哲学、教育哲学、休闲哲学，甚至市场哲学、处世哲学等等，哲学就不是发展，而是泛滥了。有人总喜欢说哲学是无为之学，那就意味着哲学什么都可以干了。外行说这样的话无所谓，但是从事哲学工作的人这样说，问题就大了。

我强调哲学跟加字哲学的区别，并不是排斥加字哲学，我认为有一些比较成熟的加字哲学，它们已经具备模样了，也有自己的传统，比如马哲、中哲、伦理学、科哲，它们形成了一些理论和方法，它们在以自己的方式进行研究，很好的。但是不能够忘记形而上学，不能忘记形而上学的思考方式，不能够忘记借助和结合形而上学的思考方式去做各自的加字哲学。否则，它们就会把一种加字哲学搞成无所不能。比如讲环保，讲动物保护，讲艾滋病、克隆羊，讲垃圾分类，讲 AI，讲阿尔法狗，什么时髦讲什么。以科学哲学为例。如果探讨与科学理论及其相关的问题，比如与牛顿定律和广义相对论相关的问题，这当然是好的，这里肯定会涉及先验的问题，借助形而上学的方法去探讨物理学的问题，探讨数学的问题，当然是有意义的哲学工作。但是如果把科学哲学讨论成关于科技政策的评价，讨论成知识社会学那样的东西，甚至变为与科学沾边的事情的谈论，那还叫哲学吗？即便叫科学哲学，又有谁会在意它呢？退一步说，即便加字哲学是有用的、重要的，是可以研究的，人们也不应该从自己研究的加字哲学出发来说哲学该怎样怎样。加字所表达的东西一般是与经验相关的，而当依据加字哲学来说哲学如何的时候，也就把形而上学抛弃了。

我区别形而上学与加字哲学，套用今天时髦的说法，涉及一种底线的思考。形而上学的思考方式，用传统的说法就是一种追寻先天原则的方式。众所周知，哲学一词的希腊文字面意思是"爱智慧"。但是智慧的意思太宽泛了，所以亚里士多德要区别认识的层次，提出第一哲学。这就是一种限定。假如哲学没有这样一个限定，人们就可以随便谈了。所以，我要区别形而上学与加字哲学，我还要强调这种区别。所以，我这不是要否定加字哲学，只是区别。我认为，哲学也许可以考虑许多东西，也可能会产生一些加字哲学，但是，"加字"不能成为哲学发展的方式，加字哲学不能成为哲学的表述方式，不能今天你提出一种加字哲学，明天他提出一种加字哲学，好像一种加字哲学就是对哲学的一种创新，就是哲学的一个发展。

三、加字哲学与哲学教育

魏：从教学的角度看，在我国高校哲学学科分类中，加字哲学占有相当高的比例。像您这样区分加字哲学与哲学，对我国当下哲学专业教育和哲学学生的培养是有益的吗？

王：我认为是有益的。首先，我们国家的哲学是一级学科，下设八个二级学科①。我们所有学校哲学系的设置和招生都是按照这八个二级学科来做的。你会发现，这里边什么专业都有，唯独没有形而上学。也就是说，哲学系的学生在毕业以后，他可能不知道形而上学。有人可能会说："不对呀，我们那里有西方哲学啊，西方哲学就是形而上学。"这是不对的。讲西方哲学的人，不一定就讲形而上学。在西方哲学中，形而上学被认为是最难的一块。从我们今天这个学科体制来说，区分形而上学与加字哲学，可以使哲学系毕业的学生知道还有形而上学这一部分内容，这是第一点。

第二点，一个哲学系毕业的人如果不知道形而上学，有没有关系？我认为知道还是不知道形而上学，认识还是不认识形而学上学，这一点对于一个哲学系毕业的学生来说，是有重大区别的。首先这里我要问一个问题：哲学到底是不是一个学科，a discipline？人们肯定会说，哲学当然是一个学科了。那我再问：哲学是不是科学，a science？大概理工科的人会不屑一顾，而哲学系的很多人心里边就非常地底气不足了。为什么问是不是学科时大家都会理直气壮，而问到是不是

---

① 这八个二级学科分别是：中国哲学、西方哲学、马克思主义哲学、伦理学、科学哲学、逻辑学、宗教学、美学。

science 的时候就不是这样了呢？这就涉及对哲学的认识。我认为，哲学是科学。刚才说了，哲学是关于认识本身的认识，当然是科学了。我们也可以换一种方式说。科学是可以画圈的，是有边界的。一个圈里的东西和另一个圈里的东西是不同的，如果没有边界的话，怎么能叫科学呢？我为什么说哲学是科学呢？因为哲学是可以画圈儿的，也就是说它是有边界的。可是，现在人们把哲学搞得就像是没有边界一样，因为人们说哲学是"无为之学"，觉得哲学是人生智慧，是风花雪月，是人文精神，是终极关怀，既好像无所不能，又好像玄而又玄。所以人们热衷于加字哲学。我认为这是不对的。

我认为哲学是科学，关于这一点我在文章中已经说过很多次了。亚里士多德的《形而上学》的第一句话就是"求知是人类的本性"。哲学是与人的认识相关的。康德在《纯粹理性批判》中说，我们的一切知识都是从经验发源的。他也是讲认识，就是说形而上学是与知识相关的东西，是与认识相关的东西，所以它是科学。关于哲学与其他学科的区别，我也说过多次了。亚里士多德说哲学是"a science which investigates being qua being"，就是说有一门科学，它研究"是本身"。亚里士多德说，每一门科学只研究"是"的一部分，而哲学研究"是本身"。借助他的这个论述，我说，一门科学是关于一类事物的认识，而哲学是关于认识本身的认识。所以哲学是有科学性的，哲学是可以画圈。哲学凭什么画这个圈？凭的就是形而上学，凭的就是这种关于认识本身的研究。如果认识到这一点，就会知道我对于形而上学的强调是有意义的，是重要的。哲学之所以可以被称为一个学科，是一门科学，它之所以有它的科学性，就是从形而上学这儿来的。假如没有这块东西，那就不是第一哲学。加字哲学可以不考虑这个东西，因为加字哲学考虑的是经验的东西，是加字所表达的东西。比如中国哲学，"中国"是一个地域性概念，加上它就使人们转向对中国思想文化中一些东西的考虑，比如"道可道，非常道"那样的东西。马克思主义哲学要考虑改造世界那样的东西，因此它们都可以不考虑先验的东西。但是哲学本身或者形而上学必须要考虑这样的东西。哲学这个学科，它赖以生存、成立和发展的基石，是形而上学。如果没有这一点，哲学是不是还会有今天的地位就是值得思考的。假如对这一点一无所知，或者缺乏认识，但是依然要侈谈哲学应该怎样，我认为注定是会有问题的。所以我从不在意搞理工科的人如何看哲学，因为他们在哲学圈外，不懂哲学。我在意的是从事哲学工作的人如何看待哲学，特别是他们如何谈哲学。

魏：但是，您只要不排除所有加字哲学，就不能说加字哲学是没有道理的啊？

王：你说得没错。在我看来，将哲学所给予的理论和方法应用到经验的东西层面上，这样的研究能够走多远，这是另外一个问题。理论的深化是远，经验的泛化也是远。在我看来，无论如何，哲学得有形而上学这样的东西，从事哲学研究得守住这样的东西。其实想一想，康德的道德哲学研究与今天许多应用伦理学研究，难道是一样的吗？那么区别是什么呢？我认为区别就在于形而上学，就在于先验的东西，就在于追求先验原理、先验原则这样的东西。有这一点，才会有哲学的科学性和专业性。守住这一点，才能够最终保持哲学的科学性和专业性。所以，我认为一个哲学系，要是没有形而上学的研究与教学，那就算不上是一个好的哲学系。

第三点，我认为，作为一个哲学系的学生，加字哲学是可以学的。比如学中哲的要好好学习和研究中国哲学的东西；学马哲的要好好学习和研究马克思主义哲学的东西；学科哲的要好好去研究科学哲学的东西。但是在学习的时候，还是应该学习一下形而上学。我认为，最好学习一下分析哲学，它被称为当代形而上学。学生们应该知道还有形而上学，形而上学是什么。它是关于认识本身的认识，它是关于先天原则和先天原理的认识；它是怎么和逻辑融为一体的，它是怎么应用逻辑的理论、方法来解决问题的。知道这样一些东西，才有可能会有意识地或者尝试着努力地把这样一种理论和方法，以及这样的思考方式应用到自己的加字哲学学习和研究中去。这会使一个哲学系毕业的学生树立起科学的概念，将来在做事情的时候会有一点科学性。

魏：科学哲学与科学直接相关，人们认为马克思主义是科学，不了解和学习形而上学，学生们就不会有科学的观念了吗？将来做事情就不会有科学性了吗？

王：知道科学这个词是什么意思，知道关于科学的一些事情，也许会建立起科学的观念，做事情也许会有科学性。但这是通常意义上的科学性，不是我说的意思。我说的科学的观念和科学性不仅指从哲学这学科所学来的理论和方法，而且指通过哲学专业的学习和训练而培养和建立起来的知识结构和思考方式。最近有两本书非常出名，这你是知道的：一本是《平安经》，另一本是《明经》，其中一本书的作者还曾是吉林大学哲学系的教师。大家对这两本书有很多评论。在我看来，它们是没有科学性的。不要说没有通常意义上的科学性，我是说甚至连学科意义上的科学性也是没有的。所以我认为，加字哲学这东西本身没有对错，只不过它往经验上去做，跟科学没关系。学习加字哲学也没有错，但是不要以为哲学就是自己所学的加字哲学。特别是，哲学学科的科学性和专业性，在我看来，还是与形而上学相关的，因此要学习形而上学。所以在学生阶段、学习期间，还是要学一些形而上学这样的东西，特别是学习它的理论和方法，学习它看问题、讨论问题的方式，学习它与逻辑的密切结合。学完之后才会把这样的方法应用到自己的加字哲学当中去。

还有一点，作为教师，我们应该提倡学生学一些形而上学的课程。这里我想顺便提一个事实：亚里士多德不仅是形而上学的奠基人，也是逻辑的创始人。弗雷格既是现代逻辑的创始人，又被称为分析哲学之父，分析哲学也被称为当代形而上学。你会发现这里边有一个相通的东西，在古代亚里士多德那里是如此，在今天弗雷格那里也是如此。这就是逻辑与哲学之间的密切联系，它们十分密切地联系在一起。人们都承认逻辑是科学，认识到逻辑与哲学的关系，认识到哲学是科学也就不是什么难事。作为一个哲学系的学生，如果对这样的东西不闻不问，是合适的吗？进了哲学系，报考的是中哲，毕业以后仍然对形而上学知之甚少，那还上什么哲学系？上中文系和历史系，读上两本哲学书难道不可以吗？所以，我认为在哲学系的学习中，强调逻辑和形而上学的学习，这对哲学系的学生来说是非常重要的。

魏：您以前曾经专门谈过逻辑的观念，您认为归纳不是逻辑，辩证逻辑不是逻辑，您的观点在逻辑学界影响很大。您现在谈论加字哲学，我是不是可以认为，您现在谈论的是哲学的观念呢？另外，受到您的"加字哲学"的启发，我是不是可以认为也有"加字逻辑"呢？比如辩证逻辑就是通过增加"辩证"二字而获得的一种逻辑。在您看来，是不是也应该将逻辑与所有这些加字逻辑区别开来啊？我注意到您总是谈论逻辑与哲学，几乎不太谈论形式逻辑，非常反感非形式逻辑，还对批判性思维进行了旗帜鲜明的批判。在您看来，这些加字逻辑是不是根本就不是逻辑呢？

王：你说的是对的。实际上，以前我谈逻辑的观念也涉及这样的想法。那时候国内的逻辑有两个说法，一个是逻辑，然后从逻辑引申出来很多的加字逻辑，比如说辩证逻辑、普通逻辑、中国逻辑、西方逻辑，还有各种各样的逻辑。但是所有这些逻辑都是通过加字得来的。逻辑史家、哲学史家认为康德是提出"形式逻辑"的第一人。最初康德为逻辑加字，提出"形式逻辑"，后来才有了这些东西。关于康德的观点我讨论过很多，这里就不说了。我只说一点，康德给逻辑加字是有想法的。康德是如此，后人也是一样，所有给逻辑加字的人都是有想法的。至于想法对不对，就是另一回事了。我认为，逻辑就是逻辑，是不需要加字的。为什么？我们可以给逻辑下一个定义，就是研究有效推理和推理的有效性。如果大家都同意这个定义的话，那么实际上逻辑的圈就画出来了。凡是不符合这个定义的，就在圈外边了。所有那些加字逻辑都是在这圈外边的。有时我们构造一个逻辑系统，起名为某某逻辑，这是给逻辑系统起的名字，与加字逻辑是两回事。因此，所谓加字逻辑实际上与逻辑的性质是相悖的。我以前谈过逻辑的观念，我明确说过归纳不是逻辑，辩证逻辑不是逻辑。你把辩证逻辑看作加字逻辑，我认为没有什么问题。

现在你认为我谈论加字哲学是在谈论哲学的观念，我认为也没有什么问题，这就是我的哲学观。确实，过去我谈论什么是逻辑，显示的是我的逻辑观，现在我谈论什么是哲学，显示的是我的哲学观。我在区别出加字哲学以后说，哲学就是形而上学，或者，如果说哲学包含加字哲学的话，那么形而上学是哲学史主线上的东西。这确实可以称之为一种哲学观。现在你区别逻辑与加字逻辑，也是一样的。有些人特别愿意在加字上动脑筋，我是非常反对的。最近几年我批评批判性思维，批得比较厉害。你知道批判性思维是从哪来的吗？是从非形式逻辑来的。而非形式逻辑那个"非"不就是加在"形式"上的吗？也就是说，如果不加"形式"这个词的话，这些问题本来是不会有的。假如一定要给逻辑加"非"，那不就是"非逻辑"了吗？既然是非逻辑，那就随便说吧，我们不必理睬就是了。

随意加字是一个很麻烦的事情。它可以成为一个遮羞布，很多乱七八糟的东西都可以在加字的掩护下给塞进来。你教逻辑和研究逻辑的时间比较长了，应该有体会吧。只要一加字，就有许多东西可以谈了。为什么？因为谈的已经不是原来那个东西了，而是加字的东西。

魏：王老师，我是教逻辑的，我赞同您说的逻辑是先验的，也愿意相信您说的形而上学是先验的。最后，我想替学习哲学和逻辑专业的学生问您一个问题：

既然哲学和逻辑都是先验的，那么它们的用处是什么呢？或者说从实用的角度讲，哲学和逻辑能"做"什么呢？

王： 我不太喜欢"用处"这样的问题。亚里士多德在《形而上学》中有一段话，意思是说要在满足温饱以后再来研究。这就是说，他这样的研究对解决温饱没有帮助。我在清华讲了近 20 年逻辑，第一堂课最后我总会对学生说："你们没有学过逻辑，也考上清华了，可是你们不学语文、数学、英语就考不上清华。因此可以说逻辑没有用。但是……逻辑是科学，你们上大学就是要通过科学和学科的学习而建立起相应的知识结构，以便在以后的工作生活中，这样的知识结构会起作用。我建议大家多学习一些科学的东西，多学一些具有科学性的东西，这对大家知识结构的建立，对大家思考问题的方式，对大家的成长，都是有好处的。"刚才我说了，哲学是科学，因此对哲学也是可以这样说的。当然，我说的是形而上学，而不是加字哲学。

魏： 王老师，谢谢您讲的这些，尤其是最后一段话，我觉得就像是又回到清华听您讲课一样。非常感谢您接受我的访谈！

［魏燕侠、王路：《加字哲学的"是"与"非"——访王路教授》，原载《哲学中国》（第四辑），王中江主编，北京：中国社会科学出版社，2023 年，第 153-168 页。］

第四部分

　　哲学主要与论证有关，而不是与这里或那里任意拼凑的一些思想有关。当论证支持一种信念的时候，哲学就开始有话要说。论证包括分析与综合，而前提和结论在这里起着重大的作用。如果哲学主要与论证有关，那么逻辑就是哲学的本质。但是，逻辑的本质又是什么呢？第四部分的四篇访谈《奎因与逻辑的观念》《逻辑的观念与逻辑教学》《从〈逻辑〉到〈逻辑基础〉》和《逻辑是先验的吗？》，谈论的主要是逻辑的观念，既涉及逻辑的实质，也意味着逻辑是哲学的必要条件——否则的话，"哲学的根本任务就是对语言进行逻辑分析"就会是一句空话。

　　哲学这个学科赖以生存、成立和发展的基石，是形而上学。因此，王路先生认为"一个哲学系，要是没有形而上学的研究与教学，那就算不上是一个好的哲学系"，"在哲学系的学习中，强调逻辑和形而上学的学习，这对哲学系的学生来说是非常重要的"。逻辑的性质就是亚里士多德说的"必然地得出"。自逻辑的创始人亚里士多德直至现代逻辑的创始人弗雷格，其观念一脉相承。亚里士多德的逻辑出来以后，很多人都想发展逻辑，比如像培根的《新工具论》发展出了归纳法，黑格尔的《逻辑学》发展出了辩证法。王路先生认为"这些都不是逻辑的发展，其实都是背离了亚里士多德的逻辑"。另外，今天人们研究柏拉图、亚里士多德，研究康德、黑格尔，都是用现代逻辑的方法，这说明，应用现代逻辑进行研究在今天已经是非常普遍的事情了。奎因是运用这种方法的一个主要代表人物，因此，现在如果有人说出"回到奎因"，王路先生"觉得这个说法至多可能有些夸张，但大概是不会错的"。奎因的逻辑观被很多人总结为"逻辑就是一阶逻辑"。一阶逻辑是先验的，是我们的出发点，因为它是成熟的逻辑。一阶逻辑提供了逻辑的基本观念与技术，模态逻辑锦上添花，扩展了逻辑的描述和表达能力，丰富了人们对逻辑有用性的认识，使逻辑的解释力量更强了。再后来那些发展是有意义的，但是对理解什么是逻辑没有太大帮助。

奎因与逻辑的观念

访 谈 者：阴昭晖
访谈时间：2018 年 8 月 8 日

阴昭晖，哲学博士，曾为佛罗里达大学哲学国际学者、哈佛大学访问学者，现为中国政法大学人文学院讲师。主要研究方向为现代逻辑、法律逻辑和法治文化研究，出版专著《本体论的逻辑基础》，在《哲学分析》《清华大学学报》和《中国政法大学学报》等期刊发表多篇学术论文。

清华大学，2021 年 6 月 11 日

阴昭晖（以下简称"阴"）：王老师，您好！您是弗雷格研究专家。但是我发现，除弗雷格以外，您研究最多的是奎因、达米特和戴维森。您还翻译了他们三个人的书①。在课堂上，您也经常谈论这三个人。我还发现，这三人中您谈论最多的是奎因。在您的"语言哲学"和"逻辑哲学"课上，您让我们读的文章最多的，除了弗雷格的，就是奎因的。在您最近的新书《语言与世界》②中也还是这样。我觉得您对奎因的文献非常熟悉，甚至不亚于对弗雷格文献的把握；您对他的思想有深刻的认识和把握，而且您对奎因本人也很推崇：您经常强调奎因很重要。但是，您很少写研究奎因的文章。假如不上您的课，我根本不可能听到您那么多关于奎因的精彩论述。所以我首先想问您，为什么您常常谈论奎因，但是却不写关于奎因的研究论文呢？

王路（以下简称"王"）：奎因这个人很重要，也比较特殊，他的生命历程差不多是整个 20 世纪。他有一个显著特点：他与他同时代的很多人都有直接的对话和交锋，比如达米特和戴维森。还有一点，奎因和罗素不太一样，奎因是美国人，20 世纪分析哲学一开始主要来自英国，主要人物是罗素等人。但是，分析哲学到了美国之后，从奎因开始发展起来了。可以说，美国的分析哲学的发展，奎因起了非常重要的作用。我读奎因的东西，但是没有写研究文章。这是因为二手文献读得不够。我一直认为，写研究性文章，只读一手文献是不够的，一定要读别人的相关研究，这就是我说的二手文献。我总是强调：一手文献是研究的基础，二手文献是研究的起点。如果你没有读过二手文献，写什么写？别人说过什么，你都不知道，写出来充其量也就是你的读后感嘛！读后感就没意思了。但是课堂上不一样。比如，我讲奎因，可以直接讲奎因本人的思想，也可以讲他与别人的比较：奎因怎么说的，弗雷格怎么说的，达米特怎么说的。这与写论文是不一样的。这样讲课可以给学生以启示，能够引导学生进一步阅读文献就够了，因此，讲课可以随意一点。论文不同，它要基于别人的研究成果，要说出新东西，要有严密的论证。

---

① 三本译著分别是：（1）［美］奎因：《真之追求》，王路译，北京：生活·读书·新知三联书店，1999 年；（2）［英］达米特：《分析哲学的起源》，王路译，上海：上海译文出版社，2005 年；（3）［美］戴维森：《真与谓述》，王路译，上海：上海译文出版社，2007 年。

② 王路：《语言与世界》，北京：北京大学出版社，2016 年。

阴：您见过奎因，也见过达米特，和他们都通过信。您能从自己的亲身经历比较一下这两位哲学家吗？

王：这个问题挺难说的。我和达米特有过一次比较深入的交谈，我在他家待了两个多小时，后来他开车带我去教师餐厅（faculty club）去吃饭，然后还请我喝了咖啡，实际上我和他前后一共待了四个小时。这次经历是令我难忘的。我和奎因见过面，当时是 1996 年在日本京都大学一个会议上，他获得一个大奖，去领奖时作了一个报告，结束后我上去和他说了几句话。其实当时和他说那几句话也不应该，因为他年纪已经比较大了，报告后也有些累。我当时主要因为事先已经和他通过信了，我想当面请他为我翻译的《真之追求》写个序。后来我 2000 年去美国也没有见到他，他生病在家，圣诞节前去世了。所以，我和奎因没有什么更多的接触。奎因去世之后，2001 年 3 月份，我参加了哈佛大学哲学系举办的一个奎因追思会，许多名人讲了话，通过这个追思会对奎因有很多了解：奎因的人缘很好，是一个非常有趣的人。这我以前写过的 ①。所以，我在读奎因的时候会想到奎因，想到我和他的这些交流。但是，我和奎因在思想上的交流是没有的。这一点和达米特不一样，因为我和达米特是有直接对话和思想交流的，因此，在读达米特的书的时候，可以感觉到好像达米特是在和你说话，这样可以帮助你去理解他的思想。但是，奎因太重要了，所以我一直读奎因的东西。如果非让我对这两人评价一下的话，我认为：在思想的敏锐程度上，奎因可能要比达米特强；但是，在思想的深刻程度上，达米特可能要比奎因强。这完全是我从读他们的著作中感觉到的。

阴：您多年以前出版过一本书《逻辑的观念》②，这本书尽管篇幅不很长，但是在学界产生了很大的影响。在这本书中您提出过很多鲜明的观点，比如归纳不是逻辑，辩证逻辑不是逻辑。您认为逻辑的性质就是亚里士多德说的"必然地得出"。而在弗雷格的研究中，您又总是强调他说的"'真'这个词为逻辑指引方向"③。此外，我看到，奎因的逻辑观被很多人总结为"逻辑就是带等词的一阶逻辑"。在奎因

---

① 王路：《寂寞求真》，北京：北京大学出版社，2009 年，第 233-234 页。

② 王路：《逻辑的观念》，北京：商务印书馆，2000 年。

③ ［德］弗雷格：《弗雷格哲学论著选辑》，王路译，王炳文校，北京：商务印书馆，2013年，第 129 页。

看来，模态逻辑、高阶逻辑以及集合论等都不属于逻辑，有人曾把这种逻辑称为"奎因式逻辑"（Quinine logic）。我的问题是，您是否同意这种对奎因逻辑观做出的总结？您的逻辑观和奎因的逻辑观是一致的吗？

王：我先回答你的第二问题，简单说，我的逻辑观和奎因是完全一致的。这一点是毫无疑问的！对于第一个问题，应该这么说，我的逻辑观主要来自亚里士多德和弗雷格。亚里士多德是逻辑的创始人，弗雷格是现代逻辑的创始人，我在《逻辑的观念》那本书中说，他们二人的思想是一脉相承的。亚里士多德的逻辑出来以后，很多人都想发展逻辑，比如像培根的《新工具论》发展出了归纳法，黑格尔的《逻辑学》发展出了辩证法。但是，我认为这些都不是逻辑的发展，其实都是背离了亚里士多德的逻辑。

阴：什么叫"背离了亚里士多德的逻辑"？

王：就是观念出问题了。因为他们的工作都涉及什么是逻辑这样一个观念的问题。这也就是我在《逻辑的观念》里面特别强调的，逻辑就是"必然地得出"。这不是我说的，这是亚里士多德说的话：推理是一个论证，在这个论证中，一些东西被规定下来，由此必然地得出另外一些与此不同的东西。这段话我在课堂上、在文章中引用过很多遍。亚里士多德当时的描述是很直观的。他描述了一个推理的结构，他只是说从前提到结论这个推理的过程是"必然地得出"，至于什么是"必然地得出"，他没有进一步说。但是他提供了一个三段论系统，也就是说，只要满足了三段论的那些格和式，就能保证从真的前提得出真的结论。但是一阶逻辑不这么说了，一阶逻辑说逻辑是研究推理的有效性的："有效"就是保真，就是保证从真的前提一定得到真结论。这是一个语义说明，这样的说明和亚里士多德的思想是一致的。当弗雷格说真为逻辑指引方向时，他也是从语义的角度来考虑的。所以，亚里士多德说的"必然地得出"、弗雷格说的"真（这个词）为逻辑指引方向"以及一阶逻辑说的"保真"，这三者之间都是一致的。这就是我们平常所讲的逻辑的观念，有了这样的观念之后，再讲归纳不是逻辑，辩证逻辑不是逻辑，就是很正常的了。

你刚才提到一点，奎因认为模态逻辑、高阶逻辑和集合论不属于逻辑。我认为这是很自然的，因为奎因有一个根深蒂固的观念：一阶逻辑才是逻辑。而一阶逻辑就是弗雷格所建立的逻辑。所以，奎因的思想在这一点上和弗雷格是一致的。

一阶逻辑与模态逻辑是有区别的。弗雷格有一个说法：像"必然"这样的表达只起暗示作用，与判断内容无关。因此，在弗雷格的逻辑中是没有对模态词的考虑的，弗雷格也就没有构造出模态逻辑。严格地说，我们把弗雷格的逻辑叫作一阶谓词演算，因为现在所说的一阶逻辑比它丰富多了，但是一阶逻辑的基本思想、内容和方法都是弗雷格提供的。所以，我们也可以认为，奎因说的一阶逻辑与弗雷格的逻辑是同一的，他们两人的逻辑观是一致的。从亚里士多德到弗雷格到奎因的思想是一脉相承的，这样说是没有问题的。因此，我认为我在强调逻辑的观念时强调这一点，也是和他们一致的。

所以，当奎因不赞成把模态逻辑这样的东西弄进来，或者说他不赞成搞模态逻辑、至少不赞成搞模态谓词逻辑的时候，他是有道理的。这个道理是和弗雷格一样的。举一个简单的例子，弗雷格引入全称量词时，他给的名称不是我们现在叫的"全称量词"，而叫"普遍性"。就是说，一阶逻辑的实质是与普遍性相关，而这种普遍性是由于我们借助量词达到的。在这一点上很多人不理解，甚至许多学逻辑的人也没有认识到。而这一点我认为对于逻辑而言是非常重要的。弗雷格建立的这个逻辑是能够达到普遍性的，奎因对它有非常明确的认识，他知道借助这样的逻辑可以帮助他进行哲学讨论，并在哲学讨论中获得有关普遍性的问题的认识和说明。所以，表面上奎因是坚持一阶逻辑，实际上他是坚持一种与普遍性相关的认识，坚持一种达到认识普遍性的思想和理论。我觉得在这一点上，奎因是非常睿智的，他和弗雷格的思想是完全一致的。

阴：我赞同您关于量词的说明，我也认为一阶逻辑最重要的贡献就是关于量词的研究。您说奎因借助逻辑来研究哲学，是不是指他关于本体论问题的研究呢？本体论问题作为最古老的哲学问题，主要研究存在本身。奎因这方面的研究非常出名。他说：存在是由存在量化所表达的东西。类似说法很多，比如表达存在的最佳语词就是量词。我想请您结合本体论问题再进一步谈谈量词理论的重要性，以及为什么奎因甚至要把本体论问题归结到量词上？

王：一阶逻辑中量词为什么重要，这就涉及对量词本身的认识。现在我们学习逻辑，初始语言里面有两个量词：一个全称量词，另一个存在量词。刚才我们说了，弗雷格最初定义量词的时候，它不叫"量词"，而叫"普遍性"。并且弗雷格在相关讨论中有一个明确的说法：量词是我们可以达到普遍性的唯一方式。什么叫普遍性呢？普遍性在逻辑中是通过量词域来说明的。

阴：请您举个例子说一说吧。

王：好吧。比如，"如果拿破仑没有经过滑铁卢战役，那么拿破仑依然是常胜将军"。这显然是关于经验认识的表述。对于这个句子，按照弗雷格的做法，可以把它变成："如果 x 没有经过滑铁卢战役，那么 x 依然是常胜将军。"这里的"x"是一个变元，是一个辅助符号，它替代了"拿破仑"这个专名。它们的区别在于：专名表达的是一个对象，与它相关的句子表达的是一个事实，而使用符号把专名替换掉的话，也就把专名所表达的对象给替换掉了，这样就使相关的表达达到了普遍性。为什么呢？因为含专名的句子是有思想的，而含变元的表达式不是这样："x 没有经过滑铁卢战役"这个表达式本身是没有思想的，因为它是不完整的。但是，把两个这样的表达式合起来就有了思想，这个时候加上一个量词来限定它，它也就有了真假。量词就是起这个作用的。弗雷格说，可以通过这两个变元相互参照而达到普遍性。而奎因为什么要坚持量词呢？因为奎因恰恰认识到了这一点，他清楚地认识到我们的表达中有一种语言层次的区别。当你说"拿破仑怎样怎样"的时候，你是对个体东西的表达；而当你用"x"替换"拿破仑"进行表达的时候，就涉及使用量词的表达，因为这样的表达如果不使用量词就不会有完整的思想，因而不会有真假。也就是说，当你说"拿破仑怎样怎样"的时候，这个句子是有真假的，但是当你用"x"替换之后就变成了"x 怎样怎样"，这是没有真假的，可是一个句子没有真假是不行的。那么怎么样才能保持句子的真假呢？加量词。量词就是干这个的。所以，这就是为什么奎因和弗雷格一样，他们一定要坚持量词。但是，加了量词之后，所得到的就不是关于个体事物的认识，而是关于普遍性的认识了。想一想，哲学无疑是与认识相关的，但是它难道会是与个别认识相关而不是与普遍性认识相关的吗？

就本体论表述，奎因有一个重要的区分：世界是怎样就怎样，只有当我们谈论它的时候才有本体论承诺的问题。比如，拿破仑是怎样的，这是世界中的情况。但是，当你说一个东西是怎样的时候，才会有本体论承诺。你说的不是世界是怎样的情况，而是一种关于世界是怎样的情况的认识。这是有层次区别的。这种区别是通过量词的表达而显示出来的，这种语言层次的不同反映出人们认识层次的区别，关于这种表达方式的认识以及由此而达到关于它们所表达的东西的认识的区别，是我们通往先验性认识的必要条件。这是奎因的本体论承诺非常重要的一点，很多人忽略了这一点，不明白这一点。这是很成问题的。其实我觉得，如果懂一阶逻辑，同时仔细读奎因的话，认识到这一点是很容易的，至少是可以看出来的。而如果再把奎因的东西和弗雷格的东西结合起来，就可以看得更加清楚了。这也是我为什么总是让你们把奎因的东西与弗雷格的东西对照和结合起来看，因为他们的思想是非常一致的，只不过他们的表达方式不一样。至于你说的奎因把本体论的讨论和量词结合到一起，这又是奎因聪明的地方。比如奎因那篇著名的论文《论何物存在》（"On what there is"）[1]，他一上来就说，本体论的问题可以用英文的三个单音节词来表达："what is there"；而回答就是一个词："everything"。"there is" 和 "everything" 不就是两个量词嘛！所以，奎因就以这种巧妙的方式把本体论问题归结到两个量词上面去了，这样他就可以使一阶逻辑理论成为他整个讨论的基础，一阶逻辑的理论和方法也就成为他讨论的工具，从而讨论出他后面所有那些东西来。这样在奎因的本体论甚至整个哲学的讨论中，量词的凸显地位就非常清楚了。我们可以不同意奎因的观点，但是至少要先搞懂他的理论。很多人认识不到这一点，觉得怎么会那样讨论啊，怎么会得出那样的结论啊？这主要就是理解的问题。特别是在中文里，经过翻译，奎因的许多见识都给翻没了。

　　阴：您提到中文的翻译，我就接着再问一个相关问题。您一直认为应该将 being 译为 "是"，比如奎因那条著名的本体论承诺："to be is to be a value of a variable"[2]，学界译为 "存在是变元的值"，而您译为 "是乃是变元的值"。您这样做的意义究竟是什么呢？

　　王：being 这个词应该翻译为 "是"，而不应该翻译为 "存在"，这个问题我已经讨论很多了，这里就不讨论了[3]。简单地说，我的观点被称为 "一 '是' 到底论"，既然如此，我就必须把它坚持到底呀。（笑）所以我要把它翻译为 "是"。当然，你也可以说：你有点矫情，你没说出道理来。所以还是要说一说其中的道理。当奎因说 "to be is to be a value of a variable" 时，后面的 "to be a value of a variable"

① Quine, W.V.O.: *From a Logical Point of View*, Cambridge: Harvard University Press, 1953.
② Quine, W.V.O.: *From a Logical Point of View*, Cambridge: Harvard University Press, 1953, p. 15.
③ 王路：《"是" 与 "真"——形而上学的基石》，北京：人民出版社，2013 年；王路：《一 "是" 到底论》，北京：清华大学出版社，2017 年。

是关于前面"to be"的解释，那么，他说的这个"to be"是什么？这个"to be"一定是传统所说的那个 to be，也就是西方哲学从亚里士多德以来，人们讨论的那个 being。它一定是这个东西，否则的话，奎因的讨论就没有意义了。如果把它翻译为"存在是变元的值"，问题是很明显的。从现代逻辑的角度看，我们有两个量词：一个是存在量词，一个是全称量词。"存在是变元的值"相当于只涉及一个量词，难道奎因的讨论只涉及存在量词吗？显然不是。奎因在绝大多数情况下是把there is 和 everything 并列在一起说的，他没有只说一个。并且他明确说 existence（存在）这个词不好，我们不用，我们可以用 is（是）。无论是不是有道理，这样他就很容易谈到量词。Something is such that...，everything is such that... 这两种表达也是他经常在一起说的，它们与前两种表达显然是对应的。这样的表达是什么？系词表达嘛！所以，我觉得一般地说说"存在是变元的值"是没有问题的，但是，如果认真讲述奎因的思想，按照这个翻译就把奎因的思想曲解了。非常保守地说，这样的翻译至少容易对他的思想造成曲解。所以，我主张他的话要翻译成"是乃是变元的值"。

阴： 等词在奎因逻辑观中似乎很重要。等词是表达同一性的。奎因经常批评别人在这个问题上犯错误，比如混淆符号和对象的关系。"没有同一性就没有实体"也是他的一个非常出名的本体论承诺，这与他关于等词的认识相关。请问，奎因关于等词的认识与他关于量词的认识是相关的吗？

王： 我觉得不仅是相关的，而且是完全一致的。首先，等词是什么？我认为奎因对于等词的理解和弗雷格是一致的。弗雷格和罗素的逻辑都是带等词的，因为他们的那个逻辑是要推出数学的，要表达数的，而数之间的相等必须用等词，所以等词是两个项之间的关系，是两个指称个体的符号之间的关系。但是，后来人们讲逻辑的时候做了简化：不加等词了。如果这样的话，就需要用二元谓词来表示同一性了。用谓词表示同一性，同一性只能是谓词的一种语义解释。而谓词之间的关系是用逻辑联结词表示的。这样一来，谓词的作用保持不变，但是名字之间的相等关系就含糊了。也就是说，由于没有等词，也就缺少了直接表示同一性的方法，而相应表达需要采用其他方式。所以，从弗雷格到奎因，带等词并不妨碍整个量词理论是一致的，它只不过表明等词是表达个体之间的一种同一性的关系。量词有量词域，量词域中都是个体的东西，在这里，个体之间可以有各种各样的关系，同一性也是其中一种关系。用等词是一种表达方式，不用等词就需要考虑其他表达方式。将这样的认识用到哲学讨论中，奎因才提出："没有同一性就没有实体"，按照这个标准，实体一定是个体的东西，而同一性是个体之间的关系，它是需要用等词或相似于等词的方式来表达的。

阴：奎因的逻辑观还有一个比较鲜明的观点，认为"模态逻辑不属于逻辑"。刚才我们也谈到了这个问题，但是没有展开。奎因的这个观点遭到很多人反对。比如我们熟知的奎因和马库斯（R. Marcus）之间的论战。我看到，奎因的一些观点发生过一些变化，但是他关于模态逻辑的观点似乎始终没有变。这是为什么呢？

王：这个问题说起来比较麻烦。我就直接跟你说说我现在的看法吧。我赞同奎因的观点，但是我又与他的观点不完全一样。逻辑学家得有一个逻辑观，也就是当问什么是逻辑的时候，你要给出正面回答。假如用举例的方式来回答：一阶逻辑是逻辑，或者，逻辑就是一阶逻辑，也是可以的。我们都承认一阶逻辑是逻辑。问题在于，逻辑是不是等于一阶逻辑。奎因认为模态逻辑不属于逻辑，似乎是赞同这种看法的。在这个讨论中，奎因有很多具体的说法，比如他说，按照模态逻辑，一阶逻辑的很多东西就要改变，如存在概括规则就会失效。因为从"$\Box Fa$"得不出"$\exists x \Box Fx$"。奎因认为一阶逻辑是没有问题的，是要坚持的。人们都说，奎因的观点涉及他的本体论承诺，在我看来，这涉及他对普遍性的认识。修正一阶逻辑的东西势必影响到关于普遍性的认识。在这一点上我是赞同奎因的，我认为奎因的看法是对的，要坚持一阶逻辑的东西。又比如关于本质主义的讨论。按照模态逻辑，"$\Box Fa$"的意思是："a 必然具有 F 这种性质"，这样就使 F 这种性质成为 a 的本质，因而模态逻辑的说明与本质主义联系起来，而奎因是坚决批判本质主义的。关于本质主义我就不展开讨论了，我只说一点。在这个问题上，我与奎因有不一样的地方，我认为亚里士多德的本质主义固然有它说不清楚的地方，但是"本质"这个概念依然是亚里士多德在讨论问题的时候对认识的一种说明，比如亚里士多德说的十范畴中第一个范畴就是本质，它是亚里士多德关于认识的一种说明，和其他范畴形成区别：其他范畴都是与感觉相关，但是本质一定不是与感觉相关的。用康德的话说，本质一定是与理解相关的。这等于说，本质与其他范畴的区别是亚里士多德对于认识层次的一个划分。而奎因不赞成这个，他有他的道理，没关系。后来凯特·法恩（Kit Fine）在讨论中就区别了本质的和必然的：

本质的可以是必然的，而必然的不一定是本质的。所以，我们至少可以看出，奎因强调一阶逻辑和模态逻辑的区别，一阶逻辑是外延的，与本质的东西没有关系，而模态逻辑会引起这样的东西。所以我说他有他的道理。

关于我自己的看法这里再多说几句。我认为一阶逻辑是普遍的，而其他逻辑不是普遍的，比如模态逻辑就不是普遍的。以前我这样说时有人立即就问为什么，还要我举例说明。我说，数学就不用模态逻辑啊！这些年来我反复强调弗雷格那段话："逻辑关系到处反复出现，人们可以选择表示特殊内容的符号，使得它们适应概念文字的框架。"①弗雷格说的概念文字就是一阶逻辑，他的意思是说，他把这样一种逻辑做出来了；逻辑并不限于这种形式，还可以有其他形式，但是一定要以他的逻辑为基础。模态逻辑的发展以及今天各种广义模态逻辑的发展都说明，弗雷格的论断是正确的。在这一点上，我比较赞同弗雷格的说法，后来那些逻辑也可以做，只要把它加在一阶逻辑上就可以了。但是，用这种方式做得太泛以后就可能会出问题。我认为，奎因不仅看到了模态逻辑中的问题，而且可能看到了后来可能要出的那些问题。今天有很多所谓类似广义模态逻辑的东西，大概在奎因看来都不是逻辑。所以奎因才激烈反对像模态逻辑这样的东西。刘壮虎老师近年来几次谈到，现在有很多所谓逻辑系统，它们的算子其实都不是逻辑算子，也是这个意思。我认为这里归根结底仍然是一个逻辑观的问题。

现在我可以明确地说，我的逻辑观就是奎因的逻辑观：逻辑就是一阶逻辑。奎因可以说"加等词"，我不说"加等词"，意思也一样。

阴：那模态逻辑呢？

王：模态逻辑可以说是一阶逻辑的应用，因为它不过是把"必然""可能"等算子加到一阶逻辑上，它的语义与一阶逻辑是一致的，比如它关于"必然 p"的解释：p 在任一可能世界中都是真的。而且在模态逻辑中，逻辑本身的性质没有变，比如"必然地得出"或推理的有效性、"保真"这些基本的东西没有变，以及逻辑系统所要求的基本性质如可靠性、完全性也没有变。所以，我赞同说逻辑就是一阶逻辑，而其他逻辑是一阶逻辑的应用。这种说法跟奎因的说法可能有点不一样，显得比奎因宽容一些，但是，基本思想和精神是一致的。

阴：下面的问题与您相关，有些观点可能对您的看法提出质疑。第一个问题，

---

① ［德］弗雷格：《弗雷格哲学论著选辑》，王路译，北京：商务印书馆，2006 年，第 45 页。

奎因认为专名可以消去，而您在《语言与世界》中认为专名最终是不能消去的。我对您的这个看法是有疑问的。这个问题涉及了专名和摹状词的区别，以及可能世界语义理论的相关说明。我认为是非常重要的。您能说一说您和奎因的分歧吗？

王：这是一个很有意思的问题。首先要知道奎因为什么这么说。刚才我们也说了，奎因非常强调量词，他把所有本体论问题都归结到量词上去，他要用量词来解释一切，或者是要基于量词理论对世界做出解释，这是奎因的一个基本思想。他自己有一个逻辑系统也是不含名字的。

专名表示对象。摹状词也有这种作用，因为它表达唯一性。奎因说可以把一个专名化归为一个摹状词，因为一个摹状词也表示一个对象，然后再用罗素的方法把这个摹状词消掉，这样就没有摹状词了，因而也就没有专名了。这个意思很清楚：专名变成摹状词，摹状词被消掉，结果专名和摹状词都没有了。那么奎因为什么要这么做呢？因为把摹状词消掉以后，句子中就只剩量词了。[①] 所以这个想法与奎因把本体论问题归结到量词上的思路是完全一致的。我认为奎因这个思想是清楚的，想法是有道理的，他的描述表面上也是成立的。但是我不能完全同意，因为我认为专名是消不去的。把一个专名化归为一个摹状词，表面上看是消去了专名。其实并没有做到：因为摹状词除自身的定冠词外，它还隐含着名字或定冠词。这里就可以看出弗雷格不区别专名和摹状词的重要性以及它给我们的启示了。定冠词自身只表达唯一性，但是要达到指称一个对象的目的就一定要借助一些起说明作用的东西，而这样的说明也要表达唯一性才行。举个例子：当我在教室里说"前排穿红衣服的那个女同学"这句话时，我没有说女孩子的名字，但是大家都知道我说的是谁。因为我只是把她的名字转化为这样一个摹状词"前排穿红衣服的那个女同学"。在这个摹状词中，好像没有名字，其实不是这样。"前排"是什么？它含一个指示词，即"前"，它的意思是"第一"，相当于定冠词。此外，这个"前排"一定是我们上课的这个教室，比如"6A318"。所以，它相当于"6A318第一排"。名字表达唯一性，不借助名字表达不了唯一性。摹状词可以替换名字没有问题，但是摹状词也必须表达唯一性。所以，在替换的过程中，表达指称的

---

① 以罗素的摹状词理论中"《威弗列》的作者是司各脱"这个例子为例。其中的"《威弗列》的作者"这个摹状词可以表述为："至少有一个人写了《威弗列》并且至多有一个人写了《威弗列》"。"至少有一个"和"至多有一个"就是量词表达式。

方式可以改变，但是表达唯一性的功能保持不变。所以，我认为，专名实际上是不能被消去的。

阴：第二个问题，量词理论确实重要。但是我看到您指导的学生中有好几个做的论文都与量词研究有关。以前杨红玉、现在戴冕的论文都是专门研究量词的，我的论文中也有很大一部分涉及量词理论，而且您总是特别强调这部分内容的重要性。我想问您，量词理论尽管重要，但是如今已是非常成熟的理论。您允许这么多人做量词理论研究，难道不重复吗？这与您一贯倡导的研究理念不是相悖的吗？

王：不是的。杨红玉的论文最开始是要写奎因研究，最后把题目改成了量词理论研究，因为她对传统逻辑和现代逻辑中量词理论之间的关系、替换量化和对象量化之间的关系、一阶逻辑和模态逻辑之间的关系感兴趣，所以最后她就把她的论文集中到这部分了。戴冕做的研究是"量词与数词"。他考虑的不是现代逻辑和传统逻辑之间的关系，也不是考虑对象量化和替换量化的关系，而是量词与数词之间的关系。在日常表达中，量词和数词很相似，都作为形容词出现，比如"所有人怎样怎样"，"两个人怎样怎样"。量词和数词相同之处在于，它们都是形容词。不同之处在于，数词可以做专名，如"2 + 2 = 4"，而量词是不能的。数词可以表达确定的量，而量词可以表达普遍性。此外，数词又与概念相关。弗雷格说，数的给出包含着对概念的表达。数词与量词之间的关系，量词与谓词之间的关系，数词与概念之间的关系，这是很复杂的。戴冕主要是做这个研究。而你做的论文是奎因逻辑思想研究，在这其中量词显然又是很核心的东西，因此，你也会涉及量词。虽然你们都会涉及量词，但是你们研究的重点又都是不一样的，这就再次说明量词和一阶逻辑的重要性。我们经常说要学逻辑，老这样说，别人都烦我们了，就像祥林嫂一样。但是实际上，如果不懂逻辑，不懂量词，现代分析哲学中的很多东西是看不懂的，传统逻辑中和量词相关的，也是看不懂。看不懂怎么办，就稀里糊涂，或者回避，或者不懂装懂。比如奎因的本体论承诺，字面上没有量词，但是实际上最核心的思想就是量词理论。刚才提到的罗素的摹状词理论也是基于量词的，最开始谈到的弗雷格所说的普遍性还是量词。如果不懂量词，那么如何读懂这些理论呢？如果不懂这些理论，那么又怎么能说懂现代哲学呢？所以，以量词为基础，可以讨论许多问题，可以进入很多不同领域中去。认识到这一点对于传统哲学研究也是有帮助的。康德的范畴表第一行不就是"量的范畴"吗？它难道与量词没有关系吗？所以，奎因强调量词，甚至把它强调到极致，是有他的道理的。我强调这部分研究在你的论文中的作用，也是希望你能够对这个问题有充分的认识。

阴：第三个问题，您翻译奎因的唯一一本书是《真之追求》。这并不是他的代表作，似乎也不是他的名著。您为什么会选这本书翻译呢？

王：主要是这本书最薄啊！（笑）我大概很多年不做翻译了，翻译是件很麻烦的事。要翻译一本书基本上一年其他什么事都不能干了。但是，如果我们不看书的话就会落后。必须要看文献。所以，我后来就不愿意翻译了。奎因那本书是晚年写的，基本上是他早期思想的简写，比如，他早年的 *Word and Object*[①] 书里面的很多表述和论证都是比较复杂的，到了《真之追求》这本书中，线条很清楚，表达也就很简单：从观察句开始，到句子涵义，最后达到真。思想和观念梳理得非常清楚，最后他的所有理论几乎都装进去了。所以，这本书虽然薄，却能够体现出奎因一生思想的总结性的东西。而且我非常喜欢这本书的书名"真之追求"，它与我们通常所说的"真理的追求"是根本不同的。

阴：第四个问题，学界一般把 Quine 译为"蒯因"，我在论文中也这样做，而您总是把它译为"奎因"，这是为什么呢？

王：这里有一个拼音规则的问题。翻译人名通常要遵循韦氏拼音法。在用中文翻译外文人名时尽量避免使用中文中已有的姓氏。"Quine"这个名字是姓，所以"奎因"是姓，他并不是姓"蒯"，"蒯因"看起来就好像他姓"蒯"，实际上并不是这样。不过像我的文章，我写成"奎因"，编辑非要改成"蒯因"也无所谓。不过就是个名字嘛。但是，这里面实际上涉及人名的翻译规则。

阴：谢谢您回答了这么多问题。再请教您最后一个问题。牛津大学的威廉姆森（T. Williamson）教授最近在一篇文章[②]中提到了奎因的影响，他说那时大家都对奎因感到"恐惧"，因为很少有人能与奎因在哲学争论中使用的逻辑技术这个武器相匹敌；那时哲学家们对一些日常语义概念的使用也会感到"紧张"，比如同

---

①　Quine, W.V.O.: *Word and Object*, Cambridge: MIT Press, 1960.

②　［瑞典］威廉姆森：《近 40 年来分析哲学的转变》，徐召清译，载《世界哲学》，2015 年第 4 期。

义性、意义等：因为大家害怕受到奎因理论的"指责"。但是，威廉姆森又认为到了 20 世纪 70 年代以后，这种"紧张"和"恐惧"就逐渐消失了。他的意思是奎因的影响力在那个时候下降了。但是，就我阅读的有关奎因的研究文献而言，我感觉到最近一些年讨论奎因的文章明显增多。有人甚至提出"回到奎因"。请问王老师，您对这个问题怎么看呢？

王：简单地说，这其实就是对逻辑的理论和方法的把握和应用的问题。20 世纪开始的时候，奎因所讨论的都是传统哲学中的重大问题，如分析和综合命题的区分、本体论承诺等问题，这些问题当然会受到人们的重视，所以奎因在这些问题讨论中提出的观点和质疑马上引起了哲学界的轩然大波，很多人都要和他讨论。但是不少人在讨论中遇到了困难，因为奎因讨论问题的理论工具完全不一样，他的这种理论工具主要就是我们刚才说的一阶逻辑。这样就导致一个结果，假如不懂一阶逻辑就没法和奎因进行讨论。所以，你说威廉姆森说当时的人们"恐惧"是很正常的，因为人们对这个工具的掌握是不够的。西方人对现代逻辑的掌握也是有一个过程的，鲍亨斯基（J. Bocheński）在 20 世纪 30 年代参加过世界哲学大会，他说在那次大会上，维也纳学派全体出席，他们在黑板上书写逻辑符号进行论证，对传统哲学家进行围攻。你可以想象那个场景：哲学家们是讲究论证的，如果一个论证充满了符号，而你是看不懂的，那么你如何跟别人去讨论？哲学不是大批判，只说你是唯心的，他是唯物的，这是不行的，得论证。达米特说，在20 世纪 50 年代，有一次他身边的人奔走相告，说今天奎因要来作报告，我们得去好好修理修理他。那时牛津是哲学中心，看不上美国来的哲学家，这是很正常的心态。达米特说，我读过奎因，只有我知道奎因的思想深刻，和他辩论是很难占便宜的。结果那些人根本就不是奎因的对手。达米特还说，奥斯汀（J. Austin）作为报告主持人也只是就奎因某一本书的某一个脚注中的一个词提了一个小问题，因为奥斯汀知道奎因的本领。奎因是一个非常敏锐和犀利的人，他又有理论武装。按照达米特的说法，那些人修为不够，是辩论不过他的。20 世纪 70 年代以后，随着现代逻辑的普及，大家都知道这套方法了，因此再讨论的时候恐惧感就没有了，你说的东西，你所使用的理论和方法，大家都理解，差异只是认识的差异而不是方法的差异，这个时候就可以平起平坐地讨论了。所以威廉姆森说情况好转了。这就是为什么在国内我一直强调要学习现代逻辑，你学会了以后才能读懂人家的东西，才能和别人平起平坐地讨论，否则你怎么讨论啊。做不到这点就只能是恐惧。现在国内很多人老说"你是搞逻辑的"，"我不懂逻辑"，表面上这好像是开玩笑的话，其实也是掩饰自己内心的"恐惧"。当然，国内许多人这样说的时候并不是恐惧，而是无畏。金岳霖先生以前说过一句话，"过去说人不懂逻辑那是骂人的话"，就是说，你研究哲学却不懂逻辑，还搞什么搞。大概也有相似的意思。

至于你说有人说要"回到奎因"，我没有看到这话具体是怎么说的。但是，我在阅读中注意到一个现象：最近文献中卡尔纳普（R. Carnap）倒是被人们提得很多。不管是重提卡尔纳普还是你提到的"回到奎因"，我认为，这大概主要是因为现如今人们对意义问题、真之理论等问题讨论很多，它们都是 20 世纪后期语言哲学所讨论的问题，与前期的讨论并不完全一样。所谓回到奎因、回到卡尔纳普，可能是要重新思考他们以现代逻辑为工具所提出和讨论的那些问题，重新关注他们讨论问题的方式，从中发现新的思路和思考方式，甚至重新发现新的问题。比如法恩，他是一个逻辑学家，他研究模态逻辑，由于涉及与本质相关的问题，他还构造了一个本质逻辑，可是最后他居然去讨论亚里士多德的思想。又比如今天人们研究柏拉图、亚里士多德，研究康德、黑格尔，都是用现代逻辑的方法，这说明，应用现代逻辑进行研究在今天已经是非常普遍的事情了。而在过去的一百多年里，奎因又是运用这种方法的一个主要代表人物，因此，现在如果有人说出"回到奎因"，我觉得这个说法至多可能有些夸张，但大概是不会错的。

［王路、阴昭晖：《奎因与逻辑的观念——访清华大学王路教授》，原载《清华大学学报》（哲学社会科学版），2019 年第 3 期，第 15-23 页。］

逻辑的观念与逻辑教学

访 谈 者：张立娜
访谈时间：2012 年 10 月 7 日

张立娜，哲学博士，现为南京师范大学副教授、硕士生导师，兼任江苏省逻辑学会理事。主要研究方向为逻辑学与现代西方哲学，在《哲学动态》《自然辩证法研究》《学术研究》《湖北大学学报》等发表学术论文十余篇，出版教材一部。曾获江苏省逻辑与思维科学优秀成果奖二等奖、南京师范大学本科优秀教学二等奖。

清华大学，2007 年 6 月

一、逻辑的研究对象

张立娜（以下简称"张"）：王老师您好！非常高兴您再次来到南京师范大学哲学系。趁此机会我想向您请教一下有关逻辑和逻辑教学的一些问题。

您在《走进分析哲学》这本书中讲逻辑研究对象的时候，赞同"逻辑的研究对象是推理"，而不是其他的，诸如思维、思维形式等。但我觉得推理本身就应该包含两部分：演绎和归纳，为何您只赞同演绎，而反对归纳呢？

王路（以下简称"王"）：我们通常说逻辑是研究推理的。人们为什么赞同这种说法呢？因为推理比思维要窄很多，也明确得多。你可以说推理是思维形式，但思维形式并不全都是推理。思维形式还有很多，如感叹、联想等。推理是从前提到结论的过程。但这么说还不够。关键在于我们一般讲有效推理或推理的有效性。我们强调的是有效性。因为没有有效性的话，逻辑的性质出不来。我在《逻辑的观念》里讲到，亚里士多德说，"一些东西被规定下来，由此必然地得出另外一些与此不同的东西"。这是他最开始对逻辑的描述。"由此必然地得出另外一些与此不同的东西"，这就是一种推理结构。一个 A 一个 B，然后从 A 推出 B，中间还有一个"必然地得出"。到底"必然地得出"是什么意思？这个推理不是随便得出的。我强调的就是这个意思，用今天的话讲就是有效性。与推理相关的有效性大概是核心概念，也就是必然地得出。最近几年，我看了金岳霖先生的东西。人们一般都认为是我说逻辑怎样怎样，我在说逻辑观，其实当年金老谈的许多东西都是和逻辑观有关的。他谈必然，他讲必然是一种流向，它是最省力的方式，他其实也是在讲必然性，但他没有将结构表达出来。亚里士多德讲必然地得出，从什么到什么，推理的结构出来了。逻辑学家考虑从前提到结论，不是随意的。有效性只能在推理中体现出来。今天讲的有效性大概是非常重要的概念，这大概只能在推理中体现出来。至于其他的，比如归纳，是刻画不出这个有效性的。

张：英文中使用的术语是 argument，那么对于论证来说，既有从 A 到 B，也有其他许多类型。

王：这个很容易理解。我的《逻辑基础》一书最后一章写的是"思维与语言"，我认为谈思维也可以。我认为与论证相关的思维有两类，一类是逻辑的，一类是非逻辑的。非逻辑的有很多，比如比喻、类比、归纳、直觉、辩证法等。为什么这样说？我们用这样的分类方式大概可以给思维、论证一个比较全的描述。为什么我们敢说有一类思维是逻辑的，是因为逻辑这门学科告诉我们，它可以把学科研究的对象和方法确切地说出来，就是有效推理。而另一套是什么，我们不大知道，只知道它不是有效推理。之所以知道它不是有效推理，是因为它和逻辑的有效推理是不一样的。它是什么？不知道。到目前为止，所有这些形式的 argument 本身不能告诉我们是什么，像归纳、比喻、类比、辩证法、直觉等等。唯独逻辑告诉我们了，说清楚了，所以我们将这两类东西分开，一类叫作逻辑的，另一类叫作非逻辑的。非逻辑的思维方式有很多，但是"非逻辑"是它们的共同特征。

张：推理有效性在逻辑里是说得清楚的，其他是说不清楚的，那为何说不清楚的不能算作逻辑呢？

王：说不清楚与逻辑性质不一样。逻辑的东西满足从真前提得出真结论，那些东西不能满足从真前提得出真结论。比如毛泽东说的"一切反对派都是纸老虎"。他是怎么得出的呢？他从沙皇是纸老虎、东条英机是纸老虎、墨索里尼是纸老虎、日本帝国主义是纸老虎、美帝国主义反动派是纸老虎等得出的。这些前提是不是真的，最后的结论是不是真的，这是一回事。这个推理能不能保证在这些前提都真的情况下，这个结论也是真的，这是另一回事。就是说，即使这个推理本身的前提是真的，结论也是真的，仍然会有一个问题：由此能不能保证这一类的推理都是这样，即不会出现前提真而结论假的情况？

张：但这种 argument 在日常生活中很多。

王：是很多。我从来不说归纳、比喻、直觉没用，日常生活中这种 argument 很多。比如我们经常会说，今天你要多穿点，今天可能变天，今天要带伞，可能要下雨。有可能你带了伞，却没有下雨。这些都是经验推论。我们平常都在这样推理，但并不是说我们这样推理，它就是逻辑的。逻辑是什么，是我们对思维活动中一类方式进行刻画而得出来的东西。张清宇曾说，逻辑刻画推理实践。我很欣赏这种说法。推理有各种各样的形式，演绎是一种思维方式，归纳也是一种思维方式。演绎经过逻辑刻画现在知道了，公理系统给出的那些定理都是演绎的，演绎就是现代逻辑告诉我们的。而归纳是什么就不是那样清楚。比如归纳被说成是关于或然的推理。什么是或然的推理？就是不必然的，也就是非逻辑的。那么什么是不必然的呢？又比如归纳被说成是前提对结论的支持度。什么叫支持度呢？其他的，比如辩证法，包括否定之否定、对立统一等等，就更说不大清楚了。逻辑能说得清楚，通过逻辑的理论告诉我们，我们能将有效性说清楚，保证从真前提一定能得到真结论。这是一个语义定义。

张：从 A 到 B 必然地得出，得出不同的东西。我们知道演绎推理结论就包含在前提中，不可能得到不同的新的东西。

王：这个东西很难说。我不这样认为。比如"A 且 B"推 A。结论确实包含在前提中。但是如果情况更复杂一些呢？即使它包含在前提中，你不通过计算，你知道它在里面吗？必须经过一些计算，而且它可能经过一些变化，不是很直观。比如有 A，有 B，可以得出"A 且 B"。结论有 A、B，那么"且"是从哪里来的呢？"且"前提中是没有的。再比如，从"非 A 析取 B"得出"A 蕴涵 B"。A、B 是前提中的，但"蕴涵"前提中没有，它从哪里来呢？这就是逻辑告诉我们的。这些就是新的东西。即使隐含在前提中，但你不知道。我经常举例说，1 + 1 = 2，2 + 2 = 4，这些很直观，但是如果给你一个四位数的加法，6789 + 9876，你不要算一算吗？即使计算还有可能算错。按照康德的说法，7 + 5 = 12 是综合判断，谓词已经超出了主词判断的东西。说演绎得不出新东西，一般都与归纳的想法有关。归纳想的是"凡人皆有死，苏格拉底是人，所以苏格拉底有死"这样的实例，它认为其中的大前提是通过归纳方式得出的，所以"苏格拉底有死"包含在前提中。这是一种常识性的说法。

张：这些追到源头不都是经验的吗？

王：这很正常，大致说来也没错。亚里士多德在《形而上学》中说"求知是人类的本性"。一切知识都是从经验发源的。康德的《纯粹理性批判》也认为我们的一切知识都是从经验开始的。承认经验毫无疑问是对的。但是从亚里士多德到康德，他们一直强调另外一点，就是除了经验，还有一些东西仅凭经验的方式不能认识。还有超出经验范围的，这些是什么，作为人们的理性的能力，要不要认识这样的东西？

二、关于有效性

张：刚才提到推理的有效性，可以说有效性是逻辑的核心概念，但有人对有效性这个概念提出了质疑。C. Wellman 在 *Challenge and Response: Justification in*

Ethics 中指出，当我们说一个推理的前提均为真时其结论不可能为假，我们就说该推理是一个有效的演绎推理。因此，对于演绎推理来说，情形是这样：要么完全正确，要么完全错误。但对许多实际的论证来说，情况却不是那么泾渭分明。例如，要论证"抽烟不好"，我们会列举证据："抽烟有害身体"，"抽烟容易影响他人并引起其反感"，"抽烟导致不必要的支出"，等等。我们很难说这个论证是"有效的"，还是"无效的"。

王：我觉得，这些人说的这些话本身不是很明白。我们说逻辑定理本身告诉了我们一些推理的形式，或一些句子形式，只要符合这些句子或推理形式，我们可以保证从真前提到真结论。这只是说明我们的逻辑具有普遍性。什么是普遍性呢？比如从 "A → B" 和 "A" 推出 "B"，这是重言式。数学中可能会涉及这样的推理，比如数，物理学中讲量子，化学中讲分子结构，它们的论述也要符合这样的推理结构。这样的推理本身只是我们日常推理的一部分，隐含一种推理的形式，我们把它刻画出来，这种形式以句子形式表现出来。平时你看不到。比如我们聊天，隐含了很多推理，因为什么，所以什么。我们两人的说法彼此都能听懂，你质疑我，你有推理在那里，你有道理。你通过那些话来表达，每句话都是有含义的。这是我们交流的基础，你理解那些话，我也理解那些话。任何学科，除了逻辑以外还要有那些话表达的含义。因此仅有逻辑是不够的。现在回到你提到的质疑。那段话的意思是说，抽烟有害健康，在整个推理和最后推理的结论，每句话都有含义。这里有推理结构的问题，即它是否符合逻辑，还有结论是否为真的问题。这是两个问题。一个推理是否 valid，这指它是否符合逻辑。一个推理是否 good 或 sound，即一个好的推理，要求有两条：一是符合逻辑，二是前提都真。如果前提有一个是假的，那么它肯定不是一个好的推理。只要有一个前提是假的，尽管符合逻辑，但是作为一个推理或论证来讲，它就没有用了。因为它不是一个好的论证。大概那段话想说的是这个问题，但是它没有讲清楚。

张：但是，刚才这个例子既不是一个有效的演绎推理，甚至也不是一个传统意义上的归纳或类比推理。

王：从逻辑的角度来问它是否有效，不仅得不到满意的答案，在某种意义上，这个问题本身就问得不好。不是有效的推理，为什么还是演绎推理呢？

张：Hurley 给演绎下了定义："不可能前提为真而结论为假。"然后他又为演绎做了区分，分为有效演绎和无效演绎两种。其中他对有效演绎的定义和演绎的定义是一样的，"不可能前提为真而结论为假"，对无效演绎的定义是"有可能前提为真而结论为假"。我觉得这里好像有问题，您认为呢？

王：这肯定是有问题的。字面的问题是，他的"演绎定义"与"有效演绎定义"是重合的。因此"有效"等于没有说。

张：这一点我也看出来了。但是我觉得，假如不把"不可能前提为真而结论为假"看作是有效性的说明，而只看作演绎的说明，为什么不能再用"有效"和"无效"来说明演绎呢？

王：很简单呀。"不可能前提为真而结论为假"是演绎的定义，"有可能前提为真而结论为假"就是关于非演绎的说明。现在他用它们来区别"有效演绎"和"无效演绎"，不是等于没有做出如何区别吗？不仅如此，这样一来还造成了非常严重的问题。分开看，这样关于演绎的说明是对的，但是关于有效演绎和无效演绎的说明则是错误的。这里的根本原因还是对逻辑的认识。有效性只保证从真的前提得到真的结论，这并不是说没有其他情况，比如从假到假，从假到真。

张：有人甚至还认为有效性还有程度问题。

王：有效性就是不可能前提真而结论假。哪来的程度问题？质疑有效性很正常，很多人质疑有效性，因为不懂才质疑。

张：有效性是逻辑的核心概念，如果质疑成功，那么逻辑的性质岂不发生改变？

王：逻辑是科学，质疑还能成功？你可以质疑逻辑的用途，不能质疑逻辑的性质，不能质疑有效性。这种质疑不能成功。

张：为什么可以质疑逻辑的用途而不能质疑逻辑的性质呢？

王：国内学界一直有人质疑逻辑的用途。比如有人说逻辑有局限性，不可能解决所有问题。有人说哥德尔不完全性定理说明逻辑自身是有矛盾的，是有问题的。还有以前学界流行的高级低级之说等等。在我看来，这样说的人，赞同支持这种看法的人，一般都是不懂逻辑的。我们知道逻辑系统有许多性质，它们是由一些定理体现的。在我看来，最重要的是可靠性和完全性定理。今天我们知道，有时候对完全性定理的要求可以松一些，但是可靠性定理却是必要的。为什么？因为这关系到逻辑的性质。如果能够推出矛盾，那还叫逻辑吗？当然，只有在一种情况下可以推出矛盾，又符合逻辑，即从假前提推出矛盾。但是这样的推理没有用，根本就不是我们考虑的东西。这里其实又涉及逻辑的性质，从真到真，即推理的有效性。逻辑只保证从真的前提得到真的结论。至于说把逻辑用到其他地方，用逻辑去解决其他问题，或者说在使用中出了问题，那不是逻辑性质的问题。所以听到人家说逻辑没有用，解决不了什么问题，或解决不了最终的问题，我总是一笑。如果逻辑可以解决所有问题，还要其他学科干什么？逻辑确实解决不了其他学科的问题，哪一个学科又可以解决所有问题呢？这些问题是可笑的，可以不予理睬。但是你想一想，人们为什么会对逻辑提出这样的质疑？对其他学科有这样的质疑吗？

三、关于亚里士多德逻辑

张：您赞同亚里士多德逻辑，而反对传统逻辑，但《中国大百科全书·哲学卷》指出，传统逻辑是指"由亚里士多德开创、经历 2000 多年历史、至 19 世纪进入现代发展阶段前所发展起来的形式逻辑体系和理论"。从这里我们可以看出亚氏逻辑是传统逻辑的一部分。

王：这个问题有点复杂。传统逻辑以亚里士多德逻辑为基础，主要内容是三段论。说我反对传统逻辑，不准确。我反对的实际上是在高校哲学系继续教授传统逻辑，我主张教现代逻辑。如果看我的文章，对别人提出批评时，我反对的是他们不教现代逻辑，反而去鼓吹重建所谓普通逻辑的科学体系。我区别亚里士多德逻辑和传统逻辑，因为它们有根本区别。亚里士多德逻辑是推演，和现代逻辑很相像，传统逻辑不是这种推演。现代史学家研究亚里士多德的成果显示，亚里士多德逻辑可以是公理系统，第一格是公理，第二格、第三格是定理。按照亚里士多德的说法，第一格四个式的有效是显然的，第二格和第三格的式也是有效的，但不显然，不过可以还原为第一格，可以将它们的有效性显现出来。从第二格和第三格到第一格的还原就是一种证明。现代逻辑思想与它是一致的。传统逻辑不好的地方，是在三段论上只给出了规则，然后一条条检验，这和我们说的推演证明不一样，相差甚远，不如亚里士多德逻辑。对于传统逻辑的问题，亚里士多德本人没有责任。传统逻辑中有许多混乱之处，亚里士多德没有什么责任。他没有留下一篇著作，说它是逻辑。他的著作是后人编纂在一起的。亚里士多德在两个地方讲到"必然地得出",一个是 *Ta Topika*(《论辩篇》),一个是《前分析篇》。《前分析篇》建立三段论的地方,是对逻辑比较深刻的说明。*Ta Topika* 是亚里士多德思想向逻辑过渡,是逻辑的开端阶段,向着逻辑这个方向去的。是否整个《工具论》所有论述都是关于逻辑的,这是一个问题。与之相比,传统逻辑是有体系的,概念、判断、推理和论证,有人又加了一块归纳,以前是没有的。归纳加进来之后,导致的一个结果,必然会修改逻辑定义,使它容纳归纳。难道不加归纳就不能说明推理吗?这是传统逻辑的问题,导致传统逻辑很多内容不是逻辑的。如果有效性是核心概念,"必然地得出"是核心概念,那么传统逻辑中大部分不是逻辑的,比如内涵和外延的区别,归纳等等显然不是逻辑的。

张:亚里士多德也谈归纳、修辞啊。

王:是啊,但他没有责任。亚里士多德谈归纳的时候,总是和演绎一起的,只要谈归纳,一般是和演绎对比谈论的。他以前的人知道归纳,他主要谈 syllogism,他是白手起家的。以前没有人这样谈的。亚里士多德谈修辞,但他没说修辞是逻辑,别人说修辞是逻辑。亚里士多德没有用逻辑这个词。今天看,他最明确的说法,大概就是"必然地得出"。

张:亚里士多德谈了演绎的、归纳的、修辞的很多东西,演绎的是您总结出来的?

王:不是我总结出来的。我最开始写《亚里士多德的逻辑学说》,是在 20 世纪 80 年代,我还没有参加国内关于逻辑的论战。我研究亚里士多德,自然而然看出来的,书中我就谈了"必然地得出"。国内从 80 年代起讨论逻辑教学改革,应该用传统逻辑还是现代逻辑,吸收还是取代。我是 90 年代后加入讨论的。不过有一点很有意思,许多人认为是我掀起了关于逻辑教学改革之争的第三次大讨论。

张:前两次是什么时候?

王:第一次是 60 年代,第二次大概是指 80 年代吧。我写了《逻辑的观念》,这个当时还没有发表,何向东老师向我约稿,谈逻辑教学。我就把书中一部分内容压缩成一篇文章发表了。我批评了所谓建立普通逻辑科学体系的说法。其实这些并不重要。当时国内的情景是有一部分人认为应该用现代逻辑取代传统逻辑,至少表面上是这样的。然而另外有许多人研究自然语言逻辑,他们打出周礼全先生的旗号,说周先生认为要回到亚里士多德逻辑,亚里士多德逻辑是大逻辑。我不赞同这个说法，我认为它至少很麻烦。你知道我是周先生的学生。怎么办？既然说到亚里士多德，我们就到亚里士多德那里去找答案。《工具论》是别人编纂的，《范畴篇》与逻辑无关，《解释篇》《前分析篇》与逻辑相关，《后分析篇》也相关，着眼科学方法论，说到 syllogism 是一切科学证明的基础。《论辩篇》与逻辑相关，那里还没有逻辑学科，他要建立逻辑，他有许多与逻辑相关的考虑，比如关于语言的考虑。《辩谬篇》谈论语词歧义谬误的方式、语句结构歧义，这些讨论都是向着逻辑的努力。在里面到底什么是逻辑呢？通过研究，我想"必然地得出"是核心。这个观念一开始就有，后面很多论述都是围绕着它进行的，最后达到三段论的成果。在讲三段论系统时他同样有"必然地得出"的说明。二者相呼应，这是一个过程。我们公认亚里士多德是逻辑的创始人。如果他没有这个观念，怎么会有三段论？他的理论部分是三段论，他的观念是什么，就是"必然地得出"。我不是为了争论和批评别人才找出这个观念的。这是他逻辑本身的东西。

张：有学者反对您的观点，亚里士多德不仅有三段论演绎的东西，而且还有其他的非逻辑的东西，以此反驳您的观点。

王：这个很正常。就和你一开始讲的推理不仅有演绎和归纳一样。

张：亚里士多德的著作里除了逻辑的，还有许多不是逻辑的。

王：这个也很正常。亚里士多德之前没有逻辑，逻辑的观念也没有，技术手段也没有，白手起家。用张清宇的话来说，逻辑是刻画推理实践，怎样将推理实践刻画出来？首先你要想到推理实践，一种什么样的推理实践，然后再把它刻画出来，因此观念很重要啊。观念先行，然后再做出来，不断改进。后来传统逻辑狗尾续貂，人们不在主线上努力，比如亚里士多德只有三个格，人们做个第四格，或为它们弄个歌诀，为每个三段论式起个名字。人们在这些地方下功夫，这些东西对亚里士多德逻辑没有发展，对逻辑本身没有发展。这些对亚里士多德逻辑的根本东西不仅没有改变，反而将很多体现逻辑的东西弄没有了。最主要的就是亚里士多德将第二格、第三格还原为第一格。这种还原，本质上就是证明。

四、逻辑教学

张：我们用的教材是 Patrick Hurley 的 *A Concise Introduction to Logic*。这本教材包含三部分：非形式逻辑、形式逻辑与归纳逻辑。另一本教材是 Irving Copi 的

Introduction to Logic。这本教材同样也包含三部分：逻辑与语言、演绎和归纳。您的教材《逻辑基础》也将思维加入进来。这样，从教材体系我们可以看出，演绎的和归纳的都在其中。

王：写教材，是为上课。逻辑是学科，可以讨论学科的性质。这是两回事。为了搞好学科教学，需要讨论学科的性质，但是也并不妨碍教学中延续一些东西，传统讲归纳这样的东西。实际上，作为方法论，归纳是否重要，是否达到与逻辑相提并论的高度，今天我们将逻辑强调到什么程度才是恰当的，这是一个层次的问题。还有另一个层次问题。我们教逻辑的时候，我们的目的是什么？过去教逻辑，就把它看作一种方法，非常重要。比如亚里士多德逻辑产生后，它是科学，人们必须学。中世纪逻辑是三艺，进神学院前必须学。后来到了康德那里，他说形而上学必须依据可靠的学科，逻辑和数学都是可靠的学科。他按照亚里士多德逻辑，做出 12 个范畴，从 12 个范畴又做出 12 个先验概念，使他的先验哲学讨论基于当时已有的科学，即逻辑，这样他的讨论就有了很好的基础。过去亚里士多德逻辑一直非常重要。到了穆勒那里，他承接英国培根的思想传统。穆勒说，科学发现中大部分是归纳的方式，而不是演绎的，又说归纳同样更有权利被称为逻辑。因此他不惜修改逻辑的定义。大学的逻辑课程就是这样延续的。从教课来讲，人们一般认为有总比没有好，多总比少好。但是现代逻辑产生之后，问题就来了。如果还教传统逻辑这样的东西，逻辑教学的目的是什么？这样的教学还有什么用？20 世纪后，哲学领域里发生了语言转向，动因就是现代逻辑，导致分析哲学、语言哲学、科学哲学的产生。这样的哲学有背景，使用现代逻辑方法。如果逻辑教学不把现代逻辑提供给学生的话，他们如何面对 20 世纪哲学的基本文献和新的成果？看得懂吗？

张：从学生角度讲，接受归纳更容易。

王：我认为归纳不用接受。归纳没有帮助，谁都会。我认为在日常生活中，归纳推理和演绎推理都有，谁都会。通过学习，知道归纳对他有什么帮助？没有多大帮助。但是通过学习知道演绎却是有帮助的，这是我对逻辑教学的认识。求同，求异，求同求异，这是常识性的东西。但是逻辑不是仅凭常识就能够知道的，不教肯定不知道，不做习题不知道。这是不一样的。

张：教授一阶逻辑，理解上会有难度，比如您提倡是在哲学系而不是全校教授一阶逻辑。比如"所有人有死"用亚里士多德方式分析为 SAP 很直观，用现代逻辑分析为：

$$(\forall x)(Sx \rightarrow Px)$$

就不是很直观。

王：这里牵涉到对逻辑的理解问题。我主张在哲学系教一阶逻辑，为什么？首先我认为我们应该以专家身份说话。我只懂哲学，所以我只讲在哲学系教逻辑。是否在历史系也有"哥白尼革命"，我不知道，不能超出自己的领域。专家是那些经常被批有局限性的人。别人批评逻辑有局限性，这种批评是对的。我认为局限性恰恰是科学性。科学就是划圈，你在圈里说话，不能出圈。因此我们只能在圈内说话。我只是懂哲学，我只敢说逻辑对哲学的作用。至于对于其他学科有没有用，我不知道。我只是想象，难道其他学科不推理，不论证吗？我想除了写诗写故事不需要论证外，大概文学批评也有论证吧，历史考证也有论证吧。有论证还能不用逻辑吗？他们学习逻辑会没有好处吗？获得逻辑的观念和技术难道对他们会没有好处吗？但是我不能说这样的话。你不能在不懂的地方提倡。

其次，我们谈逻辑有效性的时候，我认为，有两点很重要。一是逻辑的观念，也就是要懂得逻辑是什么。逻辑观念很重要，很多人没有逻辑观。比如有人认为逻辑是语言分析、概念分析。用逻辑可以进行语言分析，但是逻辑不是语言分析，用张清宇的话说是关于推理实践的描述，很形象。这种推理实践，每天都在进行，它是什么样，人们一般不知道。逻辑告诉你了，用观念表达出来就是亚里士多德说的"必然地得出"。二是掌握逻辑的能力，即证明能力、推理能力，还有对这种能力的认识。公理方法也好，自然演绎方法也好，都没有关系。给你一个推理，你是否能证明它，当你判断一个推理是否有效时，你不是凭借常识，而是通过一些具体的方法来证明。这样，逻辑学完之后，就带来一个结果。我只针对哲学系讲，今天应用逻辑方法在哲学讨论中已经有了许多重要成果。比如弗雷格关于数的分析、罗素的摹状词理论、奎因关于量化域的分析，还有对必然、可能问题的讨论，关于上帝存在本体论证明的讨论、关于本质与必然的讨论等等。这些经典例子和问题都依靠逻辑分析，涉及一阶逻辑和模态逻辑的使用，牵涉二者之间的关系，都是有结果出来的。如果不把现代逻辑教给学生，还教三段论，还教概念的内涵与外延那些东西，怎么行呢？

张：但这些与日常生活联系很密切啊，对日常生活会有一些帮助。

王：没什么太大的帮助，这些都是常识。说与日常生活联系密切，只是例子密切，分析本身不密切。这些道理，我只是直观上感到。我到清华教书十一年，对逻辑有了更进一步的认识。它是一种能力，这种能力可以在两个层面说。一个层面，天生具备。我在清华讲，你们的推理能力，至少不比我差。你们是清华的学生，你们都很棒。但是你们不知道这种能力是怎么一回事。我的推理能力不比你们强，但是我知道这种推理是怎么一回事，因此我能站在这里给你们讲课，告诉你们这是怎么一回事。一些老师也不知道这是怎么一回事。一阶逻辑不是与日常生活没有关系。如果想到它是对推理实践的刻画，就不会认为没有关系。问题是它以那样一种方式告诉我们推理实践是什么，使人觉得好像没有关系。这样就引申出一个问题：逻辑教学怎样搞？学一阶逻辑我们有那样的经历，越往后越数学化。当初我学逻辑用王宪均的教材，不是很数学化，里面有许多他对逻辑的理解。后来读的教材越来越漂亮，完全数学化，比如证明公式的长度，证明联结词的高度。刚开始时不知道这是怎么一回事，王先生的本子里根本就没有这些内容。后来慢慢明白为什么要这样讲。这种形式化的方法是达到精确性的唯一方法，什么意思？通过这样的学习明白什么叫一阶逻辑，什么叫一阶逻辑系统，什么叫对象系统，什么叫元系统，什么叫元定理。当初我们怎么学习证明？我们注重的是从公理到定理的证明。为此还找不同的教科书，找习题证明。后来认识到真正重要的是元定理及其证明，如可靠性、完全性、演绎定理等等。这样的东西怎样教给学生？比如哲学系学生怎样教？非哲学系的学生怎样教？同样是一阶逻辑，究竟该怎样教？我们学习时遇到了很多困难。今天我们不加分析、不加区别、一股脑都教给学生，将我们当初遇到的困难让学生再遇一遍？不能这样教。这是我在教学过程中悟出来的道理。

我认为要将逻辑教给学生，而教逻辑又有许多方法。我认为教给学生最重要的有两点，一个是逻辑观念，一个是逻辑技术。技术有各种方式。你读过我的《逻辑基础》，那里没有系统，既没有公理系统，也没有自然推理系统，只提供规则。学生能用这些规则证明，就可以了。证明就是一种能力，我提供的那些规则他们可能记住几条，比如分离规则、假言易位律、假言三段论律、存在概括规则等等，也很熟练，这就很好了。证明的方法，如归谬法、假设法或条件证明，知道是怎么一回事，会用，就够了。这样，证明的方法就有了，就够了。即使不是学哲学的学生，逻辑观有了就够了，基本的证明能力有了就够了。为啥一定要掌握公理系统呢？学生能证明就可以。我认为让学生掌握公理系统很好，但是凡是要讲公理系统，一定要将与公理系统有关的一些定理、引理说清。这些比较麻烦。因此如何讲确实是值得思考的事情。许多逻辑成果，许多关于逻辑的认识，都是现代逻辑告诉我们的，亚里士多德逻辑不够，没有我们今天说得那样清楚。三段论虽然是演绎系统，很好，但它是一元谓词系统，不能刻画关系，因此我们要将一阶逻辑这些东西教给学生。

五、讨论或争论

张：我们国内有关于大逻辑观与小逻辑观的争论，这是国内特色，还是国际上也有类似的讨论？

王：其实都有，不过国外不是很多。当年 Bochenski 谈过逻辑怎样怎样，也有人写过 *What is logic?*。现代逻辑学家也写过这方面的东西。书里谈的都是现代逻辑，或围绕现代逻辑所提供的认识来谈论。一般没有说大逻辑小逻辑。这个说法是国内同仁针对我的。我在国内争论很少说话，只是写了一本书，其中一部分作为论文发表出来，可能影响比较大吧。后来招致许多批评，我也没有怎么回应。讨论什么是逻辑这是正常的。除了《逻辑的观念》外，我不谈逻辑是什么，我谈亚里士多德、谈弗雷格、谈 being 的问题。前两年我写了一篇文章《批判性思维的批判》，也是何向东老师向我约稿，让我谈教学。我不想写，这个问题没有什么技术含量。但没办法。写完后，很多人批我，我没有回应。做逻辑、做哲学，有许多具体的问题、很好的问题要研究。这个问题没有什么意思。

张：但是现在很多高校都在开批判性思维的课程啊！也有许多人在讨论这个问题呀！

王：不要管别人怎么看吧。我写那篇文章还是在讨论逻辑教学，在我国大学里逻辑主要应该教什么。我国逻辑教学有一个从传统逻辑到现代逻辑的过程。以前阻碍现代逻辑的借口很多，比如普通逻辑的科学体系、大逻辑观等等，现在又有了非形式逻辑、批判性思维等等。"批判性思维"字面上已经没有逻辑了，甚至不如"普通逻辑"。有人说批判性思维是非形式逻辑，重点不在逻辑了，重点在非形式上。我认为教逻辑重点就要在逻辑上，而不能在"非"上。逻辑教学就要老老实实教逻辑。今天教逻辑，就是教一阶逻辑，没什么好说的。大概是在 1994 年的一个会议上，有人画了一个大圈，在里面画了一个小圈，说小圈是我的逻辑，大圈是他们的逻辑，说"我们的包容你的"。我说 no，我画了两个不相交的圈。我在我的圈里写上"有效性"，你们的和我的不一样。大概从那以后，大逻辑小逻辑的说法就流传开来。

张：国内有哪些学者和您观念一样呢？

王：这个不重要，关键是教逻辑的肯定不反对我。比如李小五写过这方面的文章，虽有细微差别，但基本一致。一些人可能还认为我做得不够，他们认为教逻辑就要教公理系统。我认为逻辑的课程之所以能在大学设立，是因为有亚里士多德，当年他创立逻辑这门学科，人们觉得逻辑有用，大学里才学习逻辑。20 世纪，弗雷格将其进行改变，变成今天这个样子，当然应该教这些东西。西方都在教这样的东西，我们也应该教这些。不是我们跟着西方跑，而是学科使然。但是总有人不愿教这些，结果非形式逻辑、批判性思维又来了。

张：亚里士多德逻辑是主谓式，但到弗雷格，他将主谓式打破了，而斯特劳斯又重新回到主谓式结构，但他是有现代逻辑背景的。您怎么看这个问题？

王：逻辑是一回事。逻辑有了，逻辑理论有了，用逻辑理论去解释问题是另一回事。最近我们与荷兰阿姆斯特丹大学合作，我看到那里许多人做动态认知逻辑，他们借用一些哲学概念，比如知识、信念等等，但是一般不考虑哲学问题，只做系统。系统做出来，你拿它去干什么，这是另一回事。斯特劳斯考虑自然语言分析，认为现代逻辑不能满足日常语言分析。他对逻辑学家的批评一般都遭到了逻辑学家的反批评。比如他批评罗素的摹状词理论，奎因也批评了他。

张：但斯特劳斯也有现代逻辑的基础背景呀！

王：有了理论，怎样解释是另一回事。不一定有了相同的理论，解释就相同。关键是谁解释得对。我认为一阶逻辑有句法和语义两个层次。句法的核心是一个函数结构。Fa 是一个句子表达式，含一个专名和一个谓词，Fx 是一个谓词表达式，$\forall x\, Fx$ 是一个量词表达式，$p \rightarrow q$ 是一个复合命题表达式。这是句法。语义呢？$p \rightarrow q$ 有真值，Fa 有真值，$\forall x\, Fx$ 也可以有真值，而 Fx 没有真值。这是最简单、最直观的语义。现代逻辑产生后，特别是塔尔斯基之后，人们往往围绕真来考虑问题。弗雷格认为在意谓层面，即在句子真假上，一切细节都消失了。斯特劳斯主要是讨论自然语言句子的意思。比如他分析对当方阵，考虑预设主词存在的情况。我记得他的一个结论是，在预设主词存在的情况下，一个日常表达的全称命题经过逻辑的分析处理之后，离日常生活的表达很远。我觉得他并不是反对现代逻辑。他主要是认为，现代逻辑的分析还不能满足日常语言的需要，或者说离日常语言比较远。

张：关于批判性思维，国内在这个方面已经有了很多文章，而且也出现了一些课程。非形式逻辑国际研讨会已经开过多次，不仅北美，欧洲各国也有支持者，既然提出，肯定有它存在的理由。

王：我认为，第一，国外确实有许多研讨会，是否加上"国际"就那么好，值得商榷。像国内也有这样的会，大部分讨论是围绕传统逻辑进行的。这是形式上的。第二，从内容上讲很正常，批判性思维与非形式逻辑不是不可以谈。国外谈非形式逻辑，主要是看到一些东西用逻辑处理不了，想在这些逻辑处理不了的地方做些功课。比如与法学有关的，与日常论证有关的比较多。这很容易理解。在日常生活中，推理都是用日常语言表达的，是没有"形式"的。由于语言表达的丰富性和灵活性，仅以逻辑公式去刻画和分析这些推理往往不够，因此人们试图研究"非形式"的东西。关于非形式逻辑出了很多书，也有叫作实践推理的，practical reasoning，通过实例做一些分析。后来出现了批判性思维，就比较麻烦了。非形式逻辑基本还是围绕逻辑在做，批判性思维完全是另外一回事，它涉及范围非常广，不是以逻辑为基础，不是专门与逻辑相关，比如有儿童批判性思维、企业运作批判性思维等等，批判性思维是一个宽泛的概念。这样的概念引入不是不可以。问题在于它不要逻辑，至少不要现代逻辑。

国内谈批判性思维时总是过分谈论对逻辑的挑战，以及作为课程对逻辑课程的挑战。我认为这是错误的，所以我写《批判性思维的批判》。一个人到了逻辑岗位，托亚里士多德的福，有了饭碗，但不是竭尽全力将逻辑教好，而总想做其他事情，这是我反对的最主要的原因。我在清华也开过大课，我也讲过"逻辑与思维方式"。其中我 2/3 讲逻辑，1/3 讲归纳、辩证法，但核心、主体是讲逻辑。个人自己把逻辑课扩展到讲一讲思维和语言，这是一回事，写文章强调批判性思维构成对逻辑的挑战，甚至要以此取代逻辑，这是另一回事。逻辑这门课程被列为基础课、必修课，为什么？是因为看到逻辑作为一门科学对文科学生的重要性，要在文科学生中建立一些具有科学性的东西。现在一些人不是想方设法将它教好，而总是挂羊头卖狗肉，这是我坚决反对的。批判性思维是靠学出来的吗？非形式逻辑多少还是要与逻辑相关的。批判性思维既可以与逻辑相关，也可以与逻辑不相关。

张：张建军教授有一个观点是"以演绎逻辑为本"，除演绎逻辑外，还有其他一些东西。我比较赞同这个观点，而且国内许多学者也都比较赞同这一观点。但这个观点可能和您的观点还是有差别的。您对这种看法怎样看？

王：我不太主张这样的东西。讲方法论时说以演绎逻辑为本，大概还是有道理的，至少是一家之言。别人同意还是不同意，可以讨论。但是讲逻辑时谈以演绎逻辑为本，在我看来就没有什么道理了。张建军老师好像说过他信仰辩证法。他的意思是不是可以这样说，我既赞同演绎逻辑，也赞同归纳逻辑，也赞同辩证逻辑？举个例子，有一次我与赵总宽老师讨论。我说辩证逻辑不是逻辑，赵老师很生气，与我争论。最后我说我们不要争了，我承认我这个不是逻辑，你那个是逻辑行不行？结果他说不行。我想这可能也是张老师的意思。离了演绎逻辑不行，演绎逻辑是科学。其他东西必须寄生在它上面。但是逻辑可以不要这些东西，这就是区别。我常说，亚里士多德没用逻辑这个词，人们称他是逻辑学的创始人；而黑尔格写了两大本《逻辑》，却没有人认为他是逻辑学家。这是值得深思的。奎因说人类知识是一个整体，越往核心的东西越是抽象的东西，最核心的东西是数学，是逻辑。

张：从演绎和归纳来看，归纳看来是有用的。

王：当然有用，但是，不是有用的才是逻辑。第一堂课上我告诉学生逻辑没有什么用。逻辑的有用性是基于逻辑的技术、理论、能力讲的。只有学了逻辑之后，才能给他们讲逻辑的用处。站在圈外讲逻辑有用、没用是不行的。逻辑与形而上学有关，日常生活中没用。凡是传统逻辑能分析的，一阶逻辑都能分析，而且分析得更好。一阶逻辑将逻辑的基本观念、技术都提供了，模态逻辑锦上添花，扩展了逻辑的描述和表达能力，丰富了人们对逻辑有用性的认识，使逻辑的解释力量更强了。再后来那些发展是有意义的，但是对理解什么是逻辑没有太大帮助。这也是我主张一定要学习一阶逻辑和模态逻辑的原因。一些人认为我研究弗雷格不重视模态逻辑，这是不对的。弗雷格没有模态逻辑，主要是因为他不需要这一块。但是由此并不能模糊和贬低模态逻辑的贡献。这是两回事。这里确实有一个十分有意思的问题，这就是一阶逻辑和模态逻辑的关系问题。奎因与马库斯等人的论战也与它相关。其实想一想，他们争论的核心不还是与什么是逻辑有关吗？这不又回到我说的逻辑观上去了吗？

张：我觉得您强调逻辑观是有道理的。我明白您的意思了：在逻辑教学中要树立一个正确的逻辑观，还要贯彻这个逻辑观。其实，在逻辑和哲学研究中也应该是这样吧。

王：是的。我们总说西方哲学的根本特征是逻辑分析。如果不懂逻辑，逻辑分析从何而来？所以，逻辑观非常重要，你说的"正确"二字也非常重要。

张：我觉得教逻辑还真是挺重要的。我一定要认真教好逻辑，谢谢您了！

（张立娜、王路：《逻辑的观念与逻辑教学——访清华大学王路教授》，原载《学术研究》，2013 年第 12 期，第 34-41 页。）

从《逻辑》到《逻辑基础》

访 谈 者：刘新文
访谈时间：2020 年 7 月 17 日

刘新文，哲学博士，现任中国社会科学院哲学研究所研究员、博士后合作导师，中国社会科学院大学教授、博士生导师，兼任清华大学 - 阿姆斯特丹大学逻辑联合中心研究员、北京市逻辑学会副会长。主要研究方向为哲学逻辑与逻辑哲学，兼涉中西逻辑史。出版专著《图式逻辑》《可能世界的名字》等，在《哲学研究》《清华大学学报》《文史哲》《哲学动态》和 *Logique et Analyse* 等刊物发表论文 70 余篇。

庐山·芦林湖，2014 年 11 月 15 日

刘新文（以下简称"刘"）：王老师您好，很高兴能和您一起谈谈关于现代逻辑教学的事情。您在 2019 年出版了《逻辑基础》的修订版[①]。就我所知，这本教科书初版于 2004 年，那时候您刚到清华大学哲学系不久，出版之后，《哲学研究》发表书评，认为这本教科书体现了逻辑"观念、方法与应用的有机统一"[②]。自从金岳霖先生在 1936 年出版《逻辑》[③]一书，如今国内现代逻辑的教科书已经很多了，而且您总和我说不喜欢写教材，那您当时怎么还写了这样一本教科书呢？

王路（以下简称"王"）：因为没有办法。我是 2002 年到清华的，2003 年开始上逻辑课，学生来自人文社会科学学院，十几个专业的学生，算是大文科吧。我对现有的教材不满意，又找不到合适的教材，就只能自己写一本。这里还有一个原因。原来我批评过国内的逻辑教学和教材，不少人反驳说我是社科院的，不懂教学。现在轮到我来讲逻辑了，这相当于我要向同仁们展示一下，我是这样教逻辑的，我认为逻辑是应该这样教的。

刘：您为什么不满意国内现有的教材呢？您的书包括"绪论""命题逻辑""词项逻辑"和"谓词逻辑"四章。这种内容安排与其他教材有什么不同吗？

王：一阶逻辑的核心是两个演算，主要特征是形式化。我们都知道，形式化是逻辑达到精确性的唯一方法。我们通过形式化的方法构造公理系统，并给出元定理的证明。没有形式化的方法，这些是做不到的。对于逻辑专业的学生来说，元定理的证明是最重要的，因为对逻辑的理解和认识，主要是通过这部分来把握的。但是对于一般文科学生，学习这部分内容比较难。我不满意现有教材，最主要的原因之一就与这部分内容相关，许多教材想简化这部分内容，但是不知道如何简化。我的做法是去掉这部分内容。这部分内容是与公理系统联系在一起的。既然不讲元定理，那么也不讲公理系统。具体而言，我把一阶逻辑公理系统所证明的一些定理当作推理规则直接给出，教学生直接掌握这些规则，学会如何直接应用这些规则来进行证明。这样既学习了证明方法，又培养了证明的能力，并且通过这样的学习树立起逻辑的观念，这不就是逻辑教学的目的吗？所以，单看内

[①] 王路：《逻辑基础》（修订版），北京：高等教育出版社，2019 年。
[②] 张燕京：《观念、方法与应用的有机统———读王路的〈逻辑基础〉》，载《哲学研究》，2005 年第 1 期。
[③] 金岳霖：《逻辑》，上海：商务印书馆，1936 年。

容安排，似乎我的教材与其他教材内容也差不多，但是实际在讲法上却是有根本性的区别。

刘：您的书名是《逻辑基础》。"命题逻辑"和"谓词逻辑"一般称为"两个演算"，是一阶逻辑的主要内容。说它们是逻辑基础，我可以理解。但是"词项逻辑"却是传统逻辑的内容。从什么意义上说它也是"逻辑基础"呢？

王：按照流行说法，两个演算是现代逻辑的内容，三段论是传统逻辑的内容。我们今天讲逻辑，主要是讲一阶逻辑，因此两个演算是基本内容。我加入"词项逻辑"这一部分，因为这是一部逻辑教材，教的是逻辑。三段论不仅是传统逻辑的核心内容，而且是哲学史上非常重要的内容，如今已是常识性的东西。我的课程名称叫"逻辑"，而不是叫"一阶逻辑"，如果学过逻辑，但是不知道什么是三段论，那不是出笑话了吗？！而且，我的讲法也不同，我主要讲了对当方阵和三段论，而三段论主要讲了三段论系统的证明方法，体现的思想是亚里士多德的，证明的方式却与本书一致。再加上我把逻辑的观念与亚里士多德所说的"必然得出"联系起来，这样就使三段论融入我讲的内容。所以我认为有这部分内容没有任何问题。

刘：《逻辑基础》第二版您删去了第一版的第六章"思维与语言"，这一版您又删去第二版的第五章"一阶逻辑"，第三章"词项逻辑"的内容也删掉很多。但是习题和参考答案始终保留（近80页）。为什么不删或缩减习题部分而保留第五章呢？我认为一阶逻辑这一章很重要啊，难道它不是"逻辑基础"吗？

王：这是一个很好的问题。我第一次讲逻辑是2003年秋季学期，同时开了两门。一门是"逻辑学"，面向人文学院本科生，必修课，48课时；一门是"逻辑与思维方式"，面向全校学生，选修课，32课时。这两门课的讲法当然是不一样的，第六章的内容就是在选修课中讲的。出版时加入这部分内容，是因为写教材写"伤"了，我决心再也不写教材了。所以我对你也说不喜欢写教材。第二版删掉它，是因为我认为这些内容不是必要的，当然也就不符合"逻辑基础"之称。而且，各章之后都以举例的方式讲述了相关逻辑理论的应用。而且我相信，用我教材的人肯定会以各种不同的方式、以自己所熟悉的例子来讲解相关内容。再加上为学生着想，就把这章删去了。第三版，也就是这个最新版，最重要的修改之处就是你提到的两部分内容。这都归于十多年逻辑教学实践所获得的认识。删去"词项逻辑"一章中的许多内容，是因为我认识到，这部分内容主要应该作为知识性的东西来讲述，而不是作为逻辑能力的训练和培养来讲述。这门课讲 15 次，这一章我后来只讲三次，而且考试时只有一道相关题，就是将一个推论表述为三段论形式，再以谓词逻辑的方式表达它并进行证明。我觉得逻辑能力的训练和培养还是要通过两个演算的教学和训练。

删去"一阶逻辑"这一章是因为我认识到，一门 48 课时的逻辑课，讲述前四章的内容之后就没有时间再讲这章内容了。第一版写出这一章，是因为我最初设想的是，既然将定理当作推论规则直接给出，最后还是要讲一下这些规则是不是可靠的，因而有这一章不仅可以做出相应的说明，还可以引导学生去进一步学习一阶逻辑。实践证明，这种想法是好的，却有些脱离实际了：根本就没有那么多时间。多年来，这一章一直是作为知识性的内容来讲述的。既然不讲它，干脆删去。你可以对照看一下，新版第四章最后一页来自原来第五章：简要总结了本书的内容并说明了书中给出的规则是可靠的。这相当于以直观的方式说明了形式系统所给出的规则的可靠性。至于你说的保留习题，我认为这是必要的，因为做习题是学习逻辑非常重要的一部分。

刘：那您认为元定理的证明部分对学生学习逻辑就没有帮助了吗？

王：我明白你的意思。作为逻辑专业的学生，这部分内容非常重要。但是作为非逻辑专业的学生，或者通常所说的文科学科，我认为这部分不是必要的，做一些直观说明就可以了。即便如此，我的教材虽然没有讲系统，但并不是没有元定理证明的思想的。比如命题逻辑中关于重言式的形式证明，就包含着完全性证明的思想。又比如，我除了给出许多证明规则并讲述如何使用它们进行证明之外，我还讲了两种证明方法，一种是条件证明，另一种是间接证明。条件证明是与演绎定理相关的，间接证明就涉及可靠性证明的问题。对于懂一阶逻辑的人来说，这是很容易看出来的，在讲解时按照自己的认识引申性地多说几句、少说几句是很容易的，不说也没有关系。你从我这本教材的再版可以看出，它是越写越薄。即使抛开我的想法，这对学生来说总是好的，至少可以少花钱呀。

刘：金先生的《逻辑》也分四部分，其中一部分是"传统的演绎逻辑"。您的书的第三章是"词项逻辑"，大致相当于金先生书的这部分内容。金先生说，"这种推论对于初学者的逻辑方面的训练很有益处"①。就是说，三段论以及传统逻辑还是有益处的，这也是国内许多逻辑教师的看法。但是您却似乎不这样看。不知道我的理解对不对？

王：说学习传统逻辑有益，这话不能说没有道理。问题在于，有了一阶逻辑以后，它的那些"有益"之处就没有了。所以我说要学习一阶逻辑，把三段论只是当作知识性的东西讲一下，就是让学生知道历史上有这样一个东西，它已经成为常识性的知识，比如三段论第一格第一式叫 barbara，或 AAA 式。至于说学习相关的推论证明的理论和方法，它是不行的，而要学习一阶逻辑。金先生写逻辑教材的时候有那样的说法，我完全可以理解。但是今天应该这样看：学了一阶逻辑，传统逻辑的问题都可以解决，而且还可以解决更多的东西，做更多的事情。所以，既然学习逻辑，当然要学习一阶逻辑。

刘：金先生说，《逻辑》的"宗旨在使初学者得批评的训练，使其对于任何逻辑及任何思想，均能运用其批评的能力"②。根据您的理解，金先生所说的"批评的训练""批评的能力"指的是什么样的训练和能力？而您在《逻辑基础》的"再版序"中认为：在逻辑教学中，"我们把一阶逻辑的主要内容作为一个知识整体完整地教给学生，同时在教学过程中使学生建立起逻辑的观念，掌握逻辑的技术方法，从而搭建起与逻辑相关的知识结构，形成解决相关专业问题的一些能力"③。您的这些说法与金先生的说明是一致的吗？有什么区别吗？

王：金先生的书我是很久以前看的，如今记不太清了。我就和你谈谈自己的看法吧。我认为，作为逻辑教学，应该教给学生两个方面的东西：一个是逻辑的观念，另一个是逻辑的理论和方法。即使不教形式系统，这两个方面也是要教的。形式化方法只是一种方式，是逻辑专业的学生必须要学习和掌握的。非逻辑专业的学生，可以不学这样的方法。但既然是学逻辑，逻辑的观念总是要树立的，逻辑的理论和方法总是要学的。

刘：您的这些话涉及逻辑教学的目的，按照我对您的理解，它们饱含深意，而您说得过于简单了。我就问几个具体问题吧。（1）您想说的是什么样的逻辑观

念？（2）哪些逻辑的技术方法是学生必须掌握的？（3）理想中的逻辑知识结构是什么？（4）逻辑的观念和逻辑的技术方法相比，哪一个更为重要？（5）解决"相关专业问题"的提法似乎有点笼统？

王：所谓逻辑的观念指逻辑是什么。我在书里强调，用亚里士多德的话说，这就是"必然地得出"，而用我们今天的话说，就是有效的推论或推理的有效性，即从真的前提一定得出真的结论。从这个观念可以看出，它说的是一个前提和结论的推理结构，因此逻辑是关于推理的科学。至于什么是"必然地得出"，什么是"有效"，就要通过具体地学习一阶逻辑的理论和方法来掌握了。经过学习，不仅要树立这样的观念，而且要学会实现这种观念的理论和方法。课堂上讲述的是这种观念和理论方法，期末考的主要是这些理论和方法；将来这些具体的东西可能会忘记，但是逻辑的观念却不会忘记，这就叫建立起相应的知识结构。其实，一些常用的逻辑规则是不会忘记的，比如分离规则和假言易位率，我不相信一个学过逻辑、做过那么多习题的人，多年以后会忘记这些最基本而常用的规则，会忘记逻辑有效性是什么意思。

刘：关于逻辑教学，您还说，您"相信，逻辑教学搞得好，学生是会对逻辑感兴趣的，也是能够学会逻辑的"。这似乎是说，逻辑教学的好坏是与学生的兴趣相关的。这不是相当于以学生是否感兴趣这样非常主观的标准来衡量逻辑教学吗？

王：不是的。我这里说了两点。一是对逻辑感兴趣，二是学会逻辑。逻辑教学的目的是让学生学好逻辑。我理解，学好的意思就是这两点。最重要的是学会，其次是感兴趣。是不是学会逻辑是由考试来衡量的。是不是感兴趣就难说了。一个学生可能最后通过考试（我的逻辑课是必修课），但是对逻辑不感兴趣，甚至反感。一个人可能总说逻辑重要，自己对逻辑感兴趣，但很可能不懂逻辑。所以，教会学生掌握逻辑的理论方法是一回事，使他们对逻辑感兴趣是另一回事。但是后者是通过前者实现的，而不是通过说教实现的。所以，同样是逻辑课，教传统逻辑还是教现代逻辑，这是完全不同的。同样是一阶逻辑的内容，如何教授也是不一样的，如何才能教好其实是有讲究的，这实际上是对教师提出了要求，并且是一种超出书本的要求。

刘：我因为要在中国社会科学院大学给本科生教逻辑课，认真读了您的教材，发现您的教材确实有些与众不同。特别是第四章"谓词逻辑"，您讲量词的方式与我看过的其他教材都不一样。您是从自然语言出发，区别出谓词和量词的层次，而在学生掌握了自然语言向逻辑语言的转换之后，您又以总结的方式给出谓词逻辑的语言，就是我们通常所说的初始语言。您能说一说您是怎么想的吗？

王：量词是一阶逻辑的核心内容，一般认为这是教学中比较难的地方。其实，真正学懂一阶逻辑，就会发现它并不是特别难。在不讲形式系统和元定理之后，你会发现，它至少直观上是很简单的：不过是在命题逻辑的规则上再增加量词规则。既然学会了命题逻辑的那些规则，谓词逻辑只不过是再增加几条规则而已。对学生的具体学习而言，这里有两个难点。一是对量词规则的理解。在语义证明中，只要去掉量词，剩下的就是没有量词的表达式，因而使用命题逻辑的规则就可以了，因而谓词逻辑的语义证明相当于不过是在命题逻辑规则的基础上增加四条消除量词的规则。而在句法证明中，由于结论是带量词的，因而证明除了需要消去量词的规则，还需要两条添加量词的规则。认识到这一点之后，学生对量词有了认识，因而对谓词逻辑也就有了一个直观的认识，所以不会觉得谓词逻辑那么难。当然，量词规则的掌握还是要具体学习的。但是明白了这个道理，有了命题逻辑的基础，学习具体的量词规则是不难的。

另一个难点就是自然语言向形式语言的转换，特别是多重量词的转换。所谓现代逻辑能够处理关系命题，指的就是处理多重量词的方式，以此显示出不同概念外延之间的关系，即我们通常所说的量词域之间的关系。一阶逻辑关于量词的讲述是形式化的，对量词即使做直观说明也非常简单，因此学过逻辑的人不一定能够运用量词理论来处理自然语言的问题，至少不能立即处理这方面的问题。一些普通逻辑教科书增加所谓现代逻辑的内容，对这一部分内容要么避重就轻，要么生搬硬套，所以是教不会学生处理日常表达中的量词问题的。我说不满意现有的教材，这也是一个很重要的原因。我们提出教授现代逻辑，不是说画个真值表、写两个符号那样简单的事情。我们所提倡的教授现代逻辑，是要教会学生应用逻辑的理论和方法来处理日常语言中的关系命题，这就直接与量词相关。罗素在讲述自己思想发展的时候说，自1900年发现关系以后，他的思想再也没有回到从前，指的就是这种认识。

刘：我确实看到，您在谓词逻辑这一章的最后一部分讲了量词理论的应用，其中关于上帝存在的证明、关于摹状词的证明非常经典，都很好地说明了这个问题。您将量词的学习与日常应用直接结合起来，所以要对量词的语言转换讲得非常详细，是这样吗？

王：可以这样说吧。量词是语言中的，是与谓词相区别的。它最主要的作用是达到普遍性。我们今天说的"全称量词"，并不是弗雷格命名的，他最初起的名字是"普遍性"。从他表达逻辑推理的符号方式我们可以很容易看出量词与谓词之间的层次区别，借用他的话说，谓词是第一层概念，量词是第二层概念。谓词是以个体变元作变元的函数，量词是以谓词作变元的函数。所以，教逻辑的人要学好一阶逻辑，而在教逻辑的时候应该面对不同的对象，采用不同的方式教好逻辑。逻辑本来是很好玩的东西，也是很有用的东西，如果学生最后学不到逻辑，那是老师无能，如果学生最后对逻辑反感，那就是逻辑教学失败。

刘：逻辑教科书深及逻辑的本质。根据金先生的观点，"逻辑有各种方式的定义，定义一般受到、也许无意识地受到有关逻辑学家的形而上学观点的影响。坦白地说，除了任何定义中包含的困难外，我们并不确切地知道逻辑是什么，我们不能在任何严格程度上定义它。但是，也许我们大多数人都对逻辑教科书的主要内容留下深刻印象"[①]。这段话是金先生在其第一篇逻辑论文《绪论》（"Prolegomena"）中探讨逻辑的本质时提出来的，发表于1927年，还在他的第一部著作《逻辑》之前。您后来（1990年）以《序》为题将它译成中文。您肯定对这篇论文的内容非常了解，能不能请您结合《逻辑基础》谈谈自己对金先生这段话的理解？

王：你最近在研究金岳霖，所以对金先生的东西很熟。我那是很久以前翻译的，早就忘得差不多了。金先生这话要看上下文。在我的印象中，金先生1927年写的东西，可能直观的认识比较多，而不能算是他成熟的理论性的认识。我以前写过一篇文章《金岳霖先生的逻辑观》[②]，我称他1949年以前的逻辑观为成熟的逻辑观，从文字上看，那似乎应该是1936年至1949年发表的东西。但是金先生的《序》中许多直观的认识还是很不错的，还是很有意思的。后来这篇译文的名字被改成"逻辑的作用"，编入许多文集，这不是我的意思，也没有经过我的认同。我认为

---

① 金岳霖：《序》，王路译，载《金岳霖学术论文选》，北京：中国社会科学出版社，1990年，第462页。
② 王路：《金岳霖先生的逻辑观》，载《新哲学》，2007年第7期。

这也不是金先生的意思。从你引的这段话来看，至少金先生谈到两个问题，一个是对逻辑的定义，另一个是人们对逻辑的认识与教科书相关。关于逻辑的定义当然与逻辑观有关，有什么样的逻辑观，就会对逻辑做出什么样的定义，即认为逻辑是什么。同样，有什么样的逻辑观，就会写出什么样的逻辑教材。我的《逻辑基础》强调的是树立逻辑的观念，学会逻辑的理论和方法，并能够用它们做事情。我的逻辑观早在《逻辑的观念》^①中就说过了，在这本教材里也是一样，用亚里士多德的话说，就是"必然地得出"，用今天的话说，就是研究有效推理或推理的有效性。具体的理论方法即是我书中讲的内容：第二、四两章是它的现代理论，第三章是它的传统理论。

刘：金先生关于他的《逻辑》第四部分（"关于逻辑系统之种种"）有这样一段说明："我们似乎可以说它的内容不是逻辑，而是一种逻辑哲学的导言。我把它列入教科书的理由，一方面是因为它讨论逻辑与逻辑系统的性质，另一方面也因为它给有志研究逻辑的人们一种往下再研究的激刺。"^②从字面上看，《逻辑》包含了"不是逻辑"的内容，但是又能"给有志研究逻辑的人们一种往下再研究的激刺"！您认为这些内容是金先生所说的"逻辑教科书的主要内容"吗？如果在《逻辑基础》也写这样一章的话，您认为有哪些内容可以写进来？清宇老师主编的《逻辑哲学九章》^③的"绪论"是您写的，您谈了一些对逻辑哲学的看法。您认为我们目前需不需要一本逻辑哲学方面的教科书？或者说，根据您数十年的逻辑和哲学研究，您对这个方向是怎么看的？

王：你的问题有些多，金先生书里的内容我也记不清了。这样吧，我谈两个问题来回答你。第一个问题：逻辑教材中是不是可以有非逻辑的内容？逻辑教材中有非逻辑的内容的事情是非常多的。比如康德《逻辑学讲义》中大部分内容不属于逻辑，传统逻辑教材中许多内容不是逻辑。我过去批评普通逻辑时已经指出了后一个问题。这个问题的实质是逻辑观的问题，就像金先生所说，一个人对逻辑的看法会受到其关于逻辑和形而上学观点的影响。所以，理论上说一本逻辑教

---

① 王路：《逻辑的观念》，北京：商务印书馆，2000 年（2016 年列入商务印书馆"中华当代学术精品丛书"重版）。
② 金岳霖：《逻辑》，北京：生活·读书·新知三联书店，1961 年，第 1 页。
③ 张清宇主编：《逻辑哲学九章》，南京：江苏人民出版社，2004 年。

材是不应该有非逻辑内容的。但是实际上却是另外一回事。就像我总是强调，要"提倡"现代逻辑。即使是冠以现代逻辑的名称，具体教什么，怎么教也还是取决于教师的观念和水准。前两年我参加过一本逻辑教材的评审工作，发现大多数评审专家是不懂逻辑的，他们不仅要求改写现有的东西，而且要求增加一些内容，许多意见莫名其妙，在我看来甚至是荒唐的。但也许是为了通过审核，教材主编还是采纳了他们的意见。这样的教材肯定是无法使用的。我认为逻辑教材就应该教逻辑，应该彻底删除非逻辑的东西，或者至少应该尽量删除非逻辑的东西。我的教材第二版删去了"思维与语言"一章，第三版删去了词项逻辑一章中的许多内容，就是因循这个原则。可以看到，在各章最后，都有一节讲述如何应用本节所讲理论方法来解决具体问题。这样的内容是与逻辑相关的，是为了使学生更好地掌握所学内容，因而是有益的。这些内容大概体现了我对如何写一本逻辑教材的看法。

至于逻辑哲学，我认为这方面的教材当然是可以写的。但是对于高校教学而言，这不是必要的。一些人反对"逻辑哲学"这个说法，我不反对，这只是个称呼而已，使用起来也很方便。你说的那本书，最初是我在中国社会科学院申请的一个课题，内容设计和安排及组织工作都是我做的。立项之后，发现我的"是与真"这个课题没有结项，不合程序，于是改让清宇作了主持人。在我自己的研究中，你可以看得很清楚，我最经常谈论的是逻辑与哲学。最近几年我总提罗素的话："逻辑是哲学的本质。"他认为，真正的哲学问题都可以化归为（reduced to）逻辑问题。金先生的逻辑思想主要来自罗素，所以金先生谈一些哲学问题，将它们称之为非逻辑问题，或者今天人们谈论逻辑哲学，探讨一些与逻辑相关的问题，我认为是可以的，而且不会有任何问题。

刘：我看到，您不仅讲罗素这句话，您还多次借用它说"哲学的本质是逻辑"。按照您的解释，您的意思是说，重要哲学问题的讨论都要借助于逻辑的理论和方法。难道您的说法和罗素的说法真有什么重大区别吗？确实，您极少谈论逻辑哲学，您总是谈论逻辑与哲学。但是这两种说法难道也有什么重大区别吗？

王：就我个人研究而言，还是有一些区别的。我一直强调，逻辑的研究非常重要，逻辑对于哲学研究也非常重要。人们总说，西方哲学的主要特征是逻辑分析，那么理解西方哲学就有赖于理解逻辑理论和方法的应用，研究西方哲学就需要掌握逻辑的理论和方法。探讨逻辑问题和与逻辑相关的问题，与应用逻辑的理论和方法来探讨问题，当然是有区别的。在这一过程中你会发现，有些问题本身就是逻辑问题，但是哲学家们认识不清或者说认识得不是那样充分，所以在这样的研究中逻辑起着重要作用；有些问题不是逻辑问题，但是与逻辑相关的，因此应用逻辑的理论和方法会有助于它们的讨论。特别是，在西方哲学的发展过程中，逻辑有一个从传统到现代的发展，逻辑的发展变化对哲学的发展变化也发生影响。在今天的哲学研究中，人们应用现代逻辑不仅取得了许多成果，而且对传统哲学中的问题和研究产生了许多新的认识。所以多年来我一直强调大学里要教现代逻辑。不这样我们的教学就会落后，或者我们永远无法走到哲学研究的前沿。

刘：关于现代逻辑教学，我想到一个事情。2002 年我刚刚毕业留所工作，那个时候您计划在 2003 年组织一个现代逻辑讲习班（大概是这个称呼），当时您挑选了一本英文版的数理逻辑教材，邀请张清宇和刘壮虎老师承担授课工作，我还负责了组织工作：复印教材并邮寄给报了名的老师。前期工作都准备停当，后来由于某种客观原因并没有办成。现在清宇老师也走了，我们只能永远"欠"下这个事情了，套用金先生的话说，正是"理有固然势无必至"！您为什么想到要做这类工作呢？许多人都希望您可以接着做那件事，但是您后来为什么不做了呢？

王：2002 年的时候我已经工作 20 多年，深知国内逻辑教学和研究比较落后。那时我做中国逻辑学会秘书长，就想为大家做些事情。那时我们已经有许多逻辑专业毕业的学生，他（她）们都在开逻辑课，包括现代逻辑课。但是我知道，他（她）们的逻辑并没有学好，因此我想组织这个讨论班，请清宇和壮虎他们来讲一遍，主要是讲元定理的证明以及一阶逻辑中一些主要重点和难题。更早一些我做北京市逻辑学会副会长的时候就组织过这样的讲座，请郭世铭、周北海他们讲过几次，反响很好。我都忘记是你做讨论班组织工作。那你应该知道报名参加的人很多，后来还有许多人不断询问。这说明这件事确实是有意义的。后来这件事因为特殊原因没有做成，我确实有些遗憾。后来没有补做，是因为我离开哲学所后就辞去了逻辑学会秘书长的职务：不在其位不谋其政。

刘：最后再问一个问题。数十年来，您一直致力于逻辑与哲学的研究，成果很多。相比之下，您关于逻辑教学的文章很少。但是您这几篇文章影响都比较大。1999 年那篇文章主要批评普通逻辑教学，反对搞普通逻辑，一些人说它引发国内关于逻辑教学的第三次大讨论。如今批判性思维似乎是很时髦的东西，甚至要成为强行推进的课程。最近您发表的《逻辑与教学》[1]对批判性思维及其最新的教材提出批评。您特别强调说，您坚决反对在谈论批判性思维时"批评逻辑，甚至主张以它来改造逻辑课"[2]，您还说"这是一种以不清楚的概念为说辞、以非专业的方式替代专业的东西，以政治的、运动的方式破坏逻辑这个学科。这是一件很坏的事情"[3]。您能说一说这是为什么吗？如果可以，我希望您能结合金先生的《逻辑》和您的《逻辑基础》来谈一谈这个问题。

王: 金先生的《逻辑》问世至今已有 80 多年了。它的开创性作用和意义是不言而喻的。今天人们写的逻辑教材有一些可能在水准上超过金先生了，但是就开创性和所起作用这两点而言，是与金先生的书无法比拟的。这里我想说的是，我国逻辑的发展与高校的逻辑课程设置是有直接关系的。金先生的书给我们的启示是，要教现代逻辑；金先生的相关说明是，要把逻辑教好；而金先生的研究工作和成果表明，逻辑应该与哲学相结合。而从目前的情况看，这几点做得都不是特别理想。

你说我反对普通逻辑，这个说法不对。我反对的是一些人提倡的建立所谓普通逻辑的科学体系。不懂现代逻辑就要好好学习，或者老老实实承认自己不懂，教好传统逻辑。搞那样的东西只是掩盖自己不懂现代逻辑，变相地抵制学习现代逻辑，这与金先生的精神当然是相悖的。今天我反对批判性思维，是因为其鼓吹者总是要批判逻辑，要改造逻辑课程，认为批判性思维可以纠正逻辑的不足，可以弥补逻辑的局限性。在我看来，批判性思维论者所有关于逻辑的批评都是错误的。（这是一个全称论述，反驳它很容易。我希望可以看到关于它的反驳。）对批判性思维的批评，我在文章中已经说过了，这里我想说的是，我不反对传统逻辑，传统逻辑也是逻辑，只不过有了现代逻辑以后，我们认识到它的能力太弱了，因此我们提倡要教授现代逻辑。一个逻辑教师如果不懂现代逻辑，那就应该好好学习，如果有畏难情绪，那就应该老老实实承认，好好教好传统逻辑。即便是要教批判性思维，至少也要搞清楚什么是批判性思维。如今连批判性思维是什么都不清楚，却要以此出发改造逻辑教学，许多非教学人员也在那里推波助澜，这实际

---

①　王路:《逻辑与教学》，载《福建论坛》(人文社会科学版)，2019 年第 1 期。

②　王路:《逻辑与教学》，载《福建论坛》(人文社会科学版)，2019 年第 1 期，第 36 页。

③　王路:《逻辑与教学》，载《福建论坛》(人文社会科学版)，2019 年第 1 期，第 36 页。

上是以无知改造科学。（刘：有些人可是院士啊。）院士是以什么当的院士，是以批判性思维吗？是以逻辑吗？出了其专业领域还有什么"院士"可谈？！国内出现这样的事情其实是不奇怪的，因为科学的意识和观念比较薄弱，泛科学甚至伪科学总会有人鼓噪。在我看来，一个院士在其研究领域之外对其他专业领域指手画脚、说三道四，也是科学观念薄弱的表现。

所以，今天重提金先生的《逻辑》，我认为是有意义的。金先生把现代逻辑引入中国，其实是把一种科学引入中国。学习逻辑，其实也是学习科学。逻辑这门科学似乎与其他科学不太一样。想一想吧：早年金先生为什么会被称为"金逻辑"呢？这难道是一件随意的事情吗？这个称呼难道不恰恰也是具有中国特色的吗？

［刘新文、王路：《从〈逻辑〉到〈逻辑基础〉——王路教授访谈录》，原载《河北大学学报》（哲学社会科学版），2020 年第 6 期，第 1-7 页。］

逻辑是先验的吗？

访　谈　者：郭建萍

访谈时间：2022 年 6 月 27 日

郭建萍，哲学博士，曾为美国加州大学圣迭戈分校哲学系访学学者，现任山西大学哲学社会学学院逻辑学专业教授、博士生导师，兼任山西省逻辑学研究会会长、中国逻辑学会常务理事、形式逻辑专业委员会理事。主要研究方向为逻辑学、逻辑哲学，尤其关注逻辑基础、真与意义理论研究等，代表性著作为《逻辑与哲学：真与意义融合与分离之争的探究》，译有《爱思唯尔科学哲学手册：逻辑哲学（上、下）》，在《哲学动态》《自然辩证法研究》《世界哲学》《逻辑学研究》《科学技术哲学研究》等刊物发表学术论文近 20 篇。主讲的"形式逻辑"课程被评为山西省一流课程，荣获山西省教学成果奖（高等教育）一等奖等多项教学奖励。

太原，2019 年 12 月 7 日

郭建萍（以下简称"郭"）：王老师，我一直在读您的文章，最近看到您谈论"逻辑是先验的"。在我印象里，大多数学者可能都默认这一点，却没有像您这样经常明确地谈论它。我想和您讨论一下这个问题。首先我想请教的是，您是很重视这个观点吗？它仅仅是一个断言吗？能不能进一步论证或解释？

王路（以下简称"王"）："先验性"这个说法其实在我看来没有那么重要。你看我也是最近几年才开始谈这个概念。我谈这个概念主要是为了配合我那个"加字哲学"的提法，我说形而上学是先验的，加字哲学是经验的，这样来区别形而上学和加字哲学。逻辑跟形而上学是属于一体、结合在一起的，所以我就要强调逻辑是"先验的"。当然，这个问题也是可以讨论的。

一、关于"先天"与"先验"

郭：您是研究亚里士多德和弗雷格的专家，请问：作为逻辑学的创始人，亚里士多德和弗雷格有没有关于逻辑是先验的这样的思想或观点的陈述呢？莱布尼茨有吗？罗素呢？逻辑学的创始人或奠基者是不是都认同逻辑是先验的，是不是都认为这一点是不证自明的？

王：也许有，也可能没有吧。我不是特别关注这个问题，所以说不清楚。大体上说，人们可能对逻辑会有一种看法，或者对逻辑与形而上学有一种看法，因此人们对逻辑的论述就不一样，说法也不一样。导致说法不一样可能有很多原因，我觉得其中有一个原因就是认识到逻辑跟其他东西不太一样，先验性就是用来说明这个特点的。细说起来比较难。比如亚里士多德说过：哲学分为理论的（theoretical）、实践的（practical）和生产的（productive），这是一种区别，逻辑是从事哲学时要具备的修养。莱布尼茨也做过一些区别，比如他在论述中区分出"与事实相关的真"和"与推理相关的真"。人们在研究中都会做一些区别，但是不见得一定会把"先验的"这个词说出来。之所以能做这些区别，肯定是人们认识到它背后会有一些东西。比如亚里士多德说矛盾律是一切证明的出发点，就是说可以要求对其他东西进行证明，但是不能要求对矛盾律进行证明，这至少说明，矛盾律是有一些特殊性的。你说他这是在说什么呢？我们可以说这表明矛盾律是先验的，是吧？再比如亚里士多德说他的三段论是一切证明的基础，这显然是关于三段论的性质的一种说明。那么能不能说这是关于三段论本身是先验的一个看法呢？"先验的"是我们今天的一个说法，亚里士多德的著作好像没用过这个词。我记得他在《形而上学》第 5 卷第 7 章里有个词典解释，他区别"在先的"和"在后的"，"先验"这个词他没有用过。

郭：他那个"在先的"英文是什么？

王："在先的"是"prior to"，就是在什么之先。"在什么之后"就是"posterior to"。《形而上学》里也有这个词，但是没有"*a priori*"。"*a priori*"是一个拉丁词，这是一个比较晚出的词。

郭："先验的"的英文是"transcendental"还是"*a priori*"？一般来说，"transcendental"译为"先验的"，"*a priori*"译为"先天的"，但也经常有学者混用它们。这两个概念的使用有区别吗？如何区别？

王："*a priori*"这个词是学界通用的，我认为理解为"先天的"或者"先验的"都可以。"transcendental"这个词实际上是康德的。康德在讨论中使用了这两个词，对"*a priori*"和"transcendental"做了一个区别，主要强调和使用的是"transcendental"，跟"transcendental"在一起的还有一个词就是"transcendent"。所以，有关这两个词，学界在讨论康德的时候要区别，除此之外其他地方可以不做区别。但是，由于与康德相关，所以，关于康德以后的哲学讨论，比如关于胡塞尔的讨论，人们还是要做一些区别。我个人认为这两个词的意思区别不是很大，即使在康德那里区别也不是很大。因为康德认为逻辑是"先验的（*a priori*）"，是一种"纯粹的（pure）"的东西，是一种科学的东西，它不是经验的，而是与经验相区别的。但是他认为对于认识方式的研究仅仅有逻辑还不够，在逻辑上面还要再加一些东西，但是加上这些东西以后的研究依然是"逻辑"，他称为"先验逻辑"，因而依然是与经验相区别的。康德在《纯粹理性批判》中一上来就说，"我们一切认识都是从经验发源的，但是此外还有一些不与经验相关的知识"，他的研究主要是这类不依赖于经验的知识。于是，他把"*a priori*"说成是逻辑的、科学的、纯粹的，然后提出"transcendental"这个词，要与"*a priori*"有一点区别，但是还要与经验相区别。二者的区别国内有很多讨论，我不太关注这个，这两个词本身有一些区别，但是最终都是要与经验相区别。

郭：我见余纪元的《西方哲学英汉对照辞典》里对"*a priori*"这个词曾经说到，这种认识论上的区分最初是用于亚里士多德和中世纪逻辑中的两种论证。他在区分的时候说，如果一种论证从原因到结果就是"先天的"，如果一个论证是从结果到原因，那么它就被称为"后天的"，这是从因果方面来谈的。他在解释"transcendental"的时候说它是与经验相区分的。

王：用因果性来解释 *a priori*，这种说法是不是靠谱，我不知道。我也不会这样谈论。这里应该认识到，transcendental 与 *a priori* 是有区别的，但是它们有共同之处，这就是要与经验相区别。

郭：那在您看来，是不是这两个词其实是可以混用的，反正主要是与经验相区分。

王：我的意思不是说它们可以混用，我认为这两个词一般可以不区别，但是在康德那里一定得区别。一般来说，你说"先天的"或者"先验的"，哪怕你说"超验的"都可以。我认为在中文里这两个词的意思应该差不多。假如你问我这两个词的英文分别是什么，那我可以说前者是"*a priori*"，后者是"transcendental"。但是如果谈康德，就一定要区别他的"transcendental"和"*a priori*"，因为康德本人是做了区别的。

二、关于"先验"与"经验"

郭：您在《论关于认识本身的认识》中指出："语言是经验的东西，是人们日常习用和熟悉的东西，是直观可把握的。逻辑则是先验的东西，是通过研究而建立起来的。""矛盾律是永真的，是先验的。""对句子的真之条件的认识是先验的。"[①] 这都是一些具体罗列，概括来说，对什么的研究才是先验的呢？有没有好的评判标准？在这篇论文中您还谈到您构造的句子图式，说明真之条件是与其第三行相关的。[②] 既然关于句子真之条件的认识是先验的，那么，是不是可以认为，涉及句子图式第三行的东西就是先验的？

王：这里涉及两个问题：一个是语言与逻辑。语言是经验的东西。我们每个人都说话，我们对语言都有一种感觉，怎么说话、怎么表达，当然是经验的，这毫无疑问。因此对语言的认识也是经验的。为什么说逻辑是先验的，而不是经验的，这是因为我们平时说话的时候，我们的语言里边有逻辑。语言带有逻辑，但是人们压根儿不考虑或者就不知道这种东西，这个东西跟经验没有关系。我总对学生

---

① 王路：《论关于认识本身的认识》，载《中国社会科学》，2021 年第 5 期，第 55、59、60 页。
② 王路：《论关于认识本身的认识》，载《中国社会科学》，2021 年第 5 期，第 60 页。

说，你没学过逻辑不也考清华了吗？为什么逻辑不用学，因为它是人们思维和表达中会带着的东西。它是什么你不知道，而且你也不需要知道，你就是这么思维，你就是这么表达。我们管这样的东西叫"先验的"，它跟经验没有关系，你自然就会。所以这样的东西就是先验的，它跟后天的学习没有关系。当然这里边你可以较真，就像英国经验论者说的，学习说话本身就是学习，学习思考本身就是学习，像矛盾律这样的先天规律也是要通过学习才会认识的。我这里不较真，但是可以做出一个区别：语言和思维是学会的，语言是有所表达的东西，而逻辑是语言及其表达的东西的过程中所带有的。关于这种区别可以有不同说法，我的说法是，语言是经验的，逻辑是先验的。

另一个问题就是句子图示。我一再说句子图式有三行，第一行是语言层面的东西，比如"雪是白的"。"雪是白的"有表达的东西在里边，那当然是经验的东西，你得知道雪，你得知道白的，你才能理解这句话是什么意思。第二行是语言所表达的东西，即涵义，这也是经验的。所以，第一、二两行都是经验的。但是这句话在它表达的同时还带了一个东西，即这个句子的真之条件——它在什么条件下是真的。而且人们在说这句话的时候，这个真之条件是不知道的，也是不考虑的。句子图式的第三行是关于真之条件的说明，它可以是对第一行的说明，也可以是对第二行的说明，还可以是对第一、二两行相结合的说明。对第三行的说明要结合第一行的东西，也就是要结合那个句子结构来说明，没有这个说明不行。所以，句子图式第三行涉及与平时的认识没有关系的东西，是我们借助逻辑的理论和方法才能认识的东西，所以它是先验的。

郭： 弗雷格在《算术基础》中指出："先验和后验、综合和分析的那些区别与判断的内容无关，而是与判断的根据有关的。……如果在我的意义上称一个句子是后验的或分析的，那么这并不是在判断那些使人们得以有意识地构造句子内容的心理的、生理的和物理的情况，也不是判断别人如何也许是错误地把句子内容看作真的；而是在判断这种被看作真的根据究竟是什么。"[1] 虽然弗雷格是在涉及数学真时谈到的，但可以把这个区分标准拓展到其他领域。弗雷格还进一步说："现在重要的是找到证明并且把它一直追溯到初真。如果不利用那些不具有普遍逻辑性质、而涉及特殊知识领域的真就不可能证明的话，句子是综合的。为了使真成

---

① ［德］G. 弗雷格：《算术基础》，王路译，北京：商务印书馆，2009 年，第 13 页。

为后验的，肯定要依据事实得出对它的证明；……相反，如果可以完全从本身既不能够也不需要证明的普遍定律得到证明，真就是先验的。"① 由此可见，弗雷格从一个判断为真所依据的根据来断定该判断是否先验的。若我们延伸这种区分标准到逻辑这门学科，是不是就是要从逻辑初始为真的公理、推理规则等的根据上来论证它是否为先验的？

王：不是的。"先验的"只是一个说法，你不用这个词也可以，只要说明与经验没有关系就行，所以你也不要想着去证明它。"先验的"这个东西没法证明，而且谁也不会去证明它。它就是一个形容词，就是描述一个事情。"先验"是什么，"验"就是经验、体验，"先验"就是先于经验，和经验没有关系，这也是 "a priori" 这个词的基本意思。所以弗雷格这句话的意思很简单。他讲的是分析判断和综合判断的区别，他认为这些区别与内容没有关系，它是与判断的根据有关。这里我们可以借助句子图式做出说明。内容是第二行的，即语言所表达的东西，所以弗雷格说判断会涉及特殊领域的知识，会与心理、物理等情况相关，所以会被（错误地）看作是真的，所以也可以依据事实来证明。这当然是经验的，或者说是后验的。但是这里还涉及另一个方面的问题，这就是从普遍规律出发进行证明；就是说，这样的证明与事实无关、与经验无关，所以弗雷格说这样的真是先验的。"真"不就是句子图式第三行的东西吗？所以，"真"可以是一个先验的东西，平时我们说话不会考虑"真"的。从句子图式看，这就是第三行所说明的东西。所以，弗雷格说的是分析和综合的区别，同样涉及了先验和经验的区别，他的论述和观点，借助句子图式可以看得非常清楚。应该注意的是，他讲"真"是先验的，而不是讲从前提到结论的那个证明是先验的。但是，在科学的证明当中有一个从前提到结论的证明，并且前提到结论的这个证明过程要保真。保真指符合逻辑，保证从真的前提得到真的结论。"真"在其中是出现的，这个"真"是先验的。弗雷格说的不是从根据来判定是不是先验的。任何推论和证明都会有前提。但是，并非所有推论和论证都保真。此外，推理也有区别。比如我说"凡人皆死，苏格拉底是人，苏格拉底有死"，这个推理就是经验的。它里面所带有的三段论推理结构才是先验的。

郭：它是一个推理实例嘛。

---

① ［德］G. 弗雷格：《算术基础》，王路译，北京：商务印书馆，2009 年，第 13 页。

王：是的，而且是演绎推理的实例。但是这个演绎推理本身不是经验的，而是先验的。这里说出的是这个推理实例，而不是这个演绎推理本身，但是前者带有后者。所以，你可以从经验出发说这个推理是有效的，你也可以从逻辑出发说它是有效的。这显然是有区别的。所以弗雷格说，"真"这个东西，是先验的，而不说推理是先验的，这就是区别。

三、关于逻辑的基础

郭：弗雷格《算术基础》中的那段话是就判断来谈的。有关判断，它是先验的还是后验的、综合的还是分析的，我们不从内容上看，而要从根据来看。说真是先验的，这个没问题。但是，如果我们说逻辑是先验的，是不是说也与逻辑本身谈论的内容没有关系，而是与我们构设逻辑所依据的初始公理、推理规则等有关系或者是与逻辑的基础有关？

王：我不太明白你的意思，什么叫逻辑的基础？

郭：逻辑基础是不是就是我们最初的那个出发点。

王：那逻辑最初的出发点是什么呢？

郭：其实我现在也正想谈这个。王老师，弗雷格说"真"为逻辑指引方向，您说逻辑究竟是什么？

王：我不是说过了嘛，用亚里士多德的话说，逻辑就是"必然地得出"，用我们今天的话说，逻辑就是有效推理或者推理的有效性。当然，所谓有效就是保真，保证从真的前提得到真的结论。"真"是核心概念，所以弗雷格说，"真"为逻辑指引方向，这句话没错。

郭：嗯，这样子的话，我们的分歧大概在这，就是说，在我看来"必然得出"是逻辑的精神或逻辑的本质。那么逻辑是什么呢？我认为就是基于最初始的一些概念或者初始的一些公理、依据推理规则，以形式化的推理进行的，以"必然得出"为内在原则所形成的这样一种求真的科学理论、这样一种求真的科学。所以，基于弗雷格《算术基础》中那段对先验和后验等的区分标准，我在理解逻辑的先验性时，就会这样子来想：逻辑是什么，它是基于一些初始的前提、概念、公理，根据推理规则以"必然得出"为原则所得到的这样一种科学，所以它有基础，最初始的那些概念、那些公理，以及那些推理规则就是那个基础。

王：我和你的理解确实不一样。所谓"必然地得出"是一个代名词，它代表亚里士多德的一段话：一些东西被规定下来，由此必然地得出另外一些与此不同的东西。这叫"必然地得出"。因此，"必然地得出"是一个含有前提和结论的推理结构。但是，在你那里，你强调基础，把前提和结论给拆了，把前提说成是基础，公理是基础，规则也是基础，是吧？

郭：嗯，就是您所说的规定下来的东西，在我看来就是逻辑的基础。

王：这样一来，你说的"逻辑的基础"不就是推理的前提了吗？是不是？现在我明白了。那就让我们再来探讨一下"必然地得出"。

对于三段论，亚里士多德有两种不同的用法：一个是指简单的三段论式，比如说 barbara，三段论第一格第一式；还有一个是指整个三段论的一个推理系统，就是从第一格推出第二格和第三格，这也叫三段论。德文译著没有沿用 syllogism 这个词，而是译成"推理"（Schluss）。"syllogism"这个词字面上没有"三（段）"的意思，字面意思就是推理，德文这个词译为英文就是"推理"（reasoning）。这个认识我在《亚里士多德的逻辑学说》（1991 年）中就说过了。就是说，研究逻辑首先要树立起一个逻辑的观念。学习现代逻辑之后再去研究亚里士多德，不仅认识没有变，而且认识更清楚了。今天我讲亚里士多德的"必然地得出"时总是说，亚里士多德这个定义并非十分清楚，但是他提供了一个三段论系统，把他的"必然地得出"和三段论系统相匹配，你就知道什么叫作"必然地得出"了。所以说，"必然地得出"是一个观念，三段论系统是它的理论或者是它的技术，这两者相互匹配。这也是为什么我这些年老谈逻辑的观念和逻辑的理论或者技术二者的匹配。我认为，逻辑里面有两个东西，一个是观念，一个是理论，今天我们学逻辑，很多人只是学了那个技术，只是学会符号推演，而对逻辑的观念比较欠缺，甚至一点都没有，那就比较麻烦了。弗雷格是有的，就是说，观念和理论弗雷格都是有的。因此，弗雷格说"真"为逻辑指引方向，"真"是不可定义的。所以你要知道在亚里士多德和弗雷格的著作中，他们的有意义的东西在这。在逻辑的观念和理论上，亚里士多德和弗雷格是相通的。我认为逻辑的观念是一个非常重要的东西，没有逻辑的观念又哪来的逻辑，对不对？

郭：确实是。我读过您那本书，最近我还读了您新出的《逻辑的视野》，您明确说到把逻辑分为逻辑理论和逻辑观念。那逻辑观念是必然得出，逻辑理论，我可以概括为它就是基于一些初始的概念、初始的公理，遵循必然得出，依据推理规则得到的科学体系，如一阶逻辑、模态逻辑、直觉主义逻辑等，对吧？那么，您说那些最初始的概念或者公理，推理规则是不是先验的？

王：初始概念和形成规则、公理和推理规则都是构造逻辑理论系统的方式，这种方式不是先验的，而是经验的。你构造系统，你自己选的东西，那肯定是经验的，凭什么说那是先验的？！

郭：那些东西不是不证自明的吗？

王：你这里可能混淆了一个问题。一阶逻辑是先验的是什么意思？这是指这个理论本身是先验的，它所刻画的那些东西是先验的。你现在教逻辑，一阶逻辑你掌握了，是你自己知道的东西了，它在你这里已经变成经验的了。我懂一阶逻辑，我可以教一阶逻辑，一阶逻辑现在是我一个认识，甚至可以说变成我的经验认识，尽管它本身是理论性的，是先验的。我在看问题的时候，除了日常经验以外，我还有一个一阶逻辑的理论可以帮助我去工作，因此，这个理论对我来说是一个经验的东西，是我知道的东西。经验是什么，通俗说，就是我可以说真假的东西。就好比数学，数学是先验的，$2+2=4$ 是先验的，但是你在做的时候，你写 $2+2=4$，老师给你打√，那你下次再说 $2+2=4$，就是你的认识，是你的经验认识了。你要写 $2+2=5$，那老师给你打 ×，对不对？这就是句子图式的第二行跟第三行的区别。对第二行的东西，我们可以说是真的，因为第二行是经验的，第三行的东西是先验的，第三行的东西叫真之条件。但是关于整个句子图式的认识，对我来说都是经验的，它是我做出来的，我知道是怎么回事，对吧？"x 是真的"这句话你要说出来就是句子图式第一行的，它是语言表达的东西，比如"雪是白的"，它是在第一行。但是我说，一事物不能同时既是又不是，这是什么？矛盾律，它同样出现在第一行，这句话里没有真，但是它仍然有第二行的东西，有它所表达的东西。此外，它还有第三行的东西，这是它带有的东西，这里面有真。这里面涉及与真相关的认识，别人不知道，亚里士多德在当初只是直观上认为它清楚，所以亚里士多德说，我们要把它作为一切证明的出发点，若是要求证明它的话，那说明欠教育。这说明，亚里士多德对这东西有认识，他相信那东西，所以它在亚里士多德这里是先验的。

郭：那我们不具体化一些东西，我们就说所有的逻辑理论都有这样一个形式演绎装置，在这个演绎装置里面，它一定会有一些最初始的符号、公理，我不具体化是什么公理，也不具体化是些什么样的符号，以及一些推理规则，请问这些东西它是不是先验的？

王：不是，我认为不是。我认为先验、后验不是这么来理解的。这么说吧，构造系统，你选择这三个句子当公理，他选择那三个句子当公理，然后你们说这两个系统是等价的。这可以吧？！所以，选择什么样的句子做公理，这是经验的。你们构造系统的方式与你们自己的经验和认识相关，也可以说是经验的。但是这两个系统说明和刻画的东西是先验的。此外，你们这两个系统有可能是等价的，前提是你们这两个系统都是正确的，都满足一些条件（比如都是一阶范围的，比如含有你说的演绎装置）。所以，这两个系统各自的构成方式是经验的，但是它们的等价性是先验的。当你证明了它们是等价的之后，你获得的认识是先验的，但是它在你的认识中又成为经验的，因为你知道它了。简单说，选择什么样的公理作为出发点，这是经验的东西，这是你自己的选择，这跟先验有什么关系呀？

郭：对，您是这个意思。但我的理解是，按照弗雷格所说的，区分是先验的还是后验的依据的是判断的根据，那么，最初始的这些公理、推理规则等，它不需要证明，直接拿来就用了，他设它们是初始的东西。所以，它是不是就是先验的？按照弗雷格所说，如果完全可以从它本身既不能够也不需要证明的普遍定律得到证明，真就是先验的，于是这些逻辑系统也是先验的，是不是呢？

王：让我们换一种方式来讨论这个问题吧。"雪是白的"是真的，"A 或 B 等值于非 A 蕴涵 B"也是真的，对吧？前面那个句子是经验的，是后验的，后边这个就跟它相反。在逻辑系统里，后边这个句子可以是定理，也可以是定义，对吧？如果它是一个定理，就要从一些公理和推理规则来得出它，如果它只是定义，那实际上就要根据比如说蕴涵和否定的含义来定义它，对吧？

郭：对，我也是这个想法。"雪是白的"之所以是后验的，是因为在断定的时候是根据一些经验，看它是否与之符合。而对"A 析取 B 等值非 A 蕴涵 B"，认为它真，或依据它本身就是一个公理、不证自明的一个普遍的东西，或依据它是由一些初始符号定义而来的，所依据的根据都是普遍的性质或定律，所以是先验的。

王：好，现在比刚才清楚多了。让我们再换一种说法。一个公理系统，我选择了三条、五条、九条公理，这并不意味着这几条公理就是先验的，而意味着我认为它们可以作为公理。我这样做，完全是按照我对逻辑的认识和我觉得怎样推理比较方便，以及我想用那个系统干什么，这个选择完全是我自己个人做的，带我个人的认识，对吧？！亚里士多德讲得很清楚，为什么三段论第一格是公理？它的有效性是自明的，就是它的有效性是可以看出来的，就是从 A 到 B，B 到 C，这个传递性很明显，能看出来。这种有效性在其他几个格就看不出来了，但是其他几个格也是有效的。看不出来怎么办呢？我通过把它们还原为第一格，使它的有效性能够显示出来，这就是证明，这就是以第一格的有效式做公理或推理规则来证明第二格和第三格的有效式。这是亚里士多德做的工作，也是他很了不起的地方。对照一下就可以看出，按照你的说法，第一格的有效式是逻辑的基础，是先验的，第二格和第三格的有效式就不是逻辑的基础，不是先验的，那不就麻烦了吗？！不说亚里士多德也没有关系，按照你的说法，公理是先验的，那定理是什么呢？

郭：按弗雷格的说法，定理也是先验的。王老师，我没有说不是逻辑的基础就不是先验的。

王：对呀！所以，区别公理和定理，区别前提和结论，并不是区别先验和后验的有效方式。

郭：如果这些公理是假设的，它们是怎么得到的？是不是直觉归纳？亚里士多德曾指出证明知识的初始前提或原理，如公理、定义等，是在反复经验中通过归纳与理性直觉而获得的，"我们必须借助归纳法去获知初始的前提；因为感性知觉借以注入普遍的方法是归纳的。现在我们借以掌握事物真相的思维状态中，有些总是真实的，另一些则可能是错误的——例如意见和计算，而科学知识和直觉总是真实的；进一步说，除了直觉外，没有任何其他种类的思想比科学知识更加确切，而初始前提证明是更为可知的，而且一切科学知识都是推论性的。根据这些考虑，可以推知：不可能有关于初始前提的科学知识，又因除了直觉外没有任何东西比科学知识更为真实，了解初始前提的将是直觉——这个结论也是从下述事实推知的：证明不可能是证明的初始根源，因而也不可能是科学知识的科学知识。因此，如果直觉是科学知识以外真实思想的唯一种类，那么它就是科学知识的初始根源。而科学的初始根源掌握着初始的基本前提"[①]。这样，亚里士多德

① ［古希腊］亚里士多德：《亚里士多德全集》（第 1 卷），苗力田主编，北京：中国人民大学出版社，1990 年，100b4-19。

运用理性直觉归纳法既解决了其证明三段论（推理）逻辑体系初始知识的证明问题又避免了演绎证明的无穷后退，并较为充分地论证了这些初始知识的先验性，对不对？

王：我终于明白了。你这个观点我是根本不赞同的。你不要以为三段论的那个前提就是基础的，是普遍的，是归纳得来的，你不要有这样的想法。亚里士多德还说过前提可以是证明得来的啊。你应该考虑，亚里士多德没有说过你那样的话，他说的是：矛盾律是一切证明的基础。现在我问你，这句话对不对吧？

郭：对，矛盾律是一切证明的基础。

王：那么，"一事物不能同时既是又不是"，即矛盾律，这是什么呢？是逻辑吧。

郭：对。

王：你说要给逻辑找基础，你不是在为矛盾律找基础吗？这样不就是又回到亚里士多德所批评的观念上去了吗？！

郭：对，所以，亚里士多德把对它们的得到归为理性直觉。其实这里还有一个问题就是，您是否认同："客观事物在其发展过程中的相对稳定性和质的规定性，就是同一律、矛盾律和排中律的客观基础"？

王：我是反对这些说法的，你后面说的这些东西，我基本上都是反对的。首先，我觉得，我们可以谈理性直觉，没问题。但是，理性直觉是什么东西？你说先验的东西得自理性直觉，这显然没有道理，凭什么说先验的东西就是理性直觉？说不清楚什么是理性直觉，凭什么说先验的东西跟理性直觉有关系呀？或者，它们有什么关系呀？

郭：我们对"先验的"的理解，除了如您所说，它是与经验无关的；还可以理解为是不证自明的。正如弗雷格所说"如果可以完全从本身既不能够也不需要证明的普遍定律得到证明，真就是先验的"[①]，理性直觉的，是不证自明的，因此，是先验的。

王：先验的就是不证自明的，这话是谁说的？根本不对的。什么叫理性直觉？理性直觉也是不清楚的。"理性"是一个修饰词，这里的重点不在理性，而在直觉上。直觉跟先验后验没关系，直觉中很多东西可以是经验的。关于这一点，康德做过比较清楚的说明，我们就不用多说了吧。

---

① ［德］G. 弗雷格：《算术基础》，王路译，北京：商务印书馆，2009 年，第 13 页。

此外，事物是什么？一般来说，事物是我们能看到的那些东西，我们能感觉到的那些东西。比如，窗户外边的树。先验的东西是与认识相关的，因而是在人脑中的。外界哪有这样的东西呀？没有，所以可以说事物有稳定性，那是关于事物的描述，是依据经验的说明，与先验的东西没有什么关系。

还有，为什么要追求确定性？这里，哲学的本质就显示出来了。因为哲学是关于认识本身的认识。而认识的本身最重要的是什么？是认识的方式。人们不是想认识雪是白的，人们想认识的是那个认识的方式，所以像矛盾律、同一律这样的东西，人们才重视它，所以像演绎呀、归纳这样的东西，人们才重视它。人们希望能够在这里挖掘出一些东西，希望借助这样的东西能够对认识做出一些说明，这样的东西才是人们所追求的与认识相关的东西。

郭：至目前为止，我感觉您所谓的"先验"就是我们在说的时候把它带出来的那个东西，所呈现出来的那个东西，与经验没有关系。

王：所谓"带出来""呈现出来"，都是一个说法。你可以做最简单的理解：与经验没有关系就是先验。字面上理解就可以。"先验"这个词不重要。你认为基础的东西应该是先验的，因为公理、前提是基础的东西，它们应该是先验的，基础的就应该是先验的。我不这样看。基础和先验是两回事。基础的不一定是先验的，先验的也不一定是基础的。

郭：王老师，事实上，对逻辑的基础问题我还在进一步思考中。

四、关于反对意见

郭：近些年来，对逻辑先验论有一些质疑①，也有人提出关于逻辑的基础的讨论，比如 Gila Sher 提出"逻辑既基于心灵又基于世界"，约特兰（O. T. Hjortland）

---

① 普莱斯特在论文 "Logical Disputes and the *a Priori*" 中，对康德、怀特（C. Wright）等坚持的"逻辑的基础是一些显而易见的、先天的真——这些真构成了我们'基本的逻辑命题知识'（Basic Logical Propositional Knowledge），即坚持"逻辑是先天的"的必要性，表示了三点质疑：① 关于明显性的现象论；② 逻辑与循环；③ 方法论上的不可预测性。其中关于① 可简单概括为：明显性只是一个心理学概念，而不是一个逻辑概念。那个所谓明显的东西可能对别人是不明显的或者正好是错误的，也可能是内化于当事者心中的"民间理论"（folk theory）。（参见 Priest, G.: "Logical Disputes and the *a Priori*", *Princípios: Revista de Filosofia*, Natal, v. 23, n. 40, 2016, pp. 47-55. ）

等人提出的逻辑反例外论（anti-exceptionalism about logic）等观点。这些讨论涉及逻辑和科学的关系，逻辑的可修正性、先验性和特殊性。您对这些问题如何看待？

王：问题有些多啊。这样吧，我就整体谈一谈我关于逻辑基础的看法和关于反逻辑例外论的看法。

咱们先谈第一个问题。确实有些人想给逻辑找基础。这个问题其实不是 Gila Sher 首先提出来的。国内就有很多人持这个观点，比如很多搞马哲的人主张反映论，认为万物和世界是一切认识的基础，当然也就会认为它们是逻辑的基础。一些搞西哲的人认为逻辑只是一种工具，并不是最基础的东西，比如邓晓芒老师就说过，形而上学为逻辑奠基。西方哲学家也有这样的人，比如海德格尔写过《逻辑的形而上学基础》，国内有人很推崇这本书。但是在我看来，逻辑是关于推理的认识，它属于人的认识范围。逻辑既然属于认识范围，它就一定是仅仅属于人的思维活动的范围。人的思维活动与认识相关，依赖于语言的表达。就是说，人们通过自己的语言表达把这样一种思维活动及其方式呈现出来。人们关于认识的这种表达有时是日常的，有时是科学的。无论如何，它们含有一种特定的东西，这就是我们说的论证。所谓论证就是当我们对事物状态有了一种认识和描述以后，我还要对它做出解释，或者说做出进一步的说明。也就是说，我们要为自己的认识寻找理由、做出辩护、反驳不同认识，指出他人认识中的问题。简单说，一个认识可以是一个句子表达的，关于认识的辩护是由多个句子表达的。借助句子图式可以看出，一个句子是表达出来的，它有语言层面的东西，有语言所表达的东西层面的东西，此外它还带有一些东西，比如真假。句子是组成推理的成分，因而包含在推理之中，比如可以是前提，也可以是结论。真及其相关的东西是句子表达所带有的东西，因而也是推理结构中所带有的东西。也就是说，在表达推理的时候人们会说，如果……则……，因为……所以……，假如……那么，等等，这里就有一些推理结构，有一些与真之条件相关的东西。所谓逻辑可以有两个意思，一个是指这种推理和论证的能力：这个东西不需要专门学习，我们自然而然就掌握了，所以我们都知道要符合逻辑，我们很容易很自然地就做到符合逻辑。即使不知道，我们通常也是符合逻辑的。另一个是指推理和论证中有一套东西起支配作用，而且这套东西自成体系。经过学习我们可以认识和把握这种东西，并借助它来工作。从学科的意义上说，亚里士多德把它搞出来了，使我们获得了对它的认识。弗雷格又把它搞了一遍，使我们获得了对它的新的认识。我们称这样的东西为逻辑，我们借助逻辑来认识我们的思维活动及其方式，特别是依据逻辑来分析我们的语言的表达方式，并由此去描述和说明我们关于世界的认识。结果我们发现，我们的认识与世界有关：既与外界的事物有关，同时又与内心世界的东西有关，比如与情感、感觉、断定、信念这样的东西有关。所以我们的认识是经验的。但是我们的认识中有一种东西只与认识的方式相关，而与经验没有关系，而且非常清楚，这种东西不是外界的，也不是内心的。它是认识中的。所以我认为，在认识中的，它就是最基础的东西。

第二点是逻辑例外论。一些人认为逻辑好像跟其他科学不一样，比如跟数学不一样，跟自然科学也不一样，因此人们觉得逻辑这门科学好像有一种特殊性，因而是例外的。现在的反 - 逻辑例外论（anti-exceptionalism about logic）就是反对以上观点，认为逻辑和其他科学应该是一样的，应该是其他科学的延续。我觉得这种说法不是完全没有道理。因为把所有的科学都看作认识的话，逻辑也是一种认识，从认识的角度来说，逻辑跟其他东西应该是一样的。在这种意义上，我认为逻辑并不例外，也就是说自然科学是一种知识、数学是一种知识、逻辑也是一种知识。但是，我还要问，逻辑跟其他科学有没有区别？逻辑的认识跟其他科学的认识有没有区别？我认为是有区别的，这种区别最主要的就在于逻辑的先验性，而且逻辑是与认识本身相关的一种东西，这是它与所有其他科学相区别的地方。而就认识本身来说，逻辑又只与推理相关，是关于有效推理的认识。明确了这一点，我不知道怎样才是反例外，如何才能反例外。

郭：逻辑反例外论的核心观点是：（1）逻辑理论、逻辑方法与科学理论、科学方法都是连续的；（2）逻辑理论是可以修正的，且基于与科学理论一样的理由／根据予以修正；（3）逻辑不是先天的，逻辑真也不是分析的。

王：逻辑反例外论认为逻辑是科学，其他学科也是科学，所以有延续性。但照这么说，所有科学不用区别了，你可以说物理学也是化学的延续，或者化学也是物理学的延续。但是不能不承认区别吧。许多人都说逻辑是其他学科的基础。我现在真是觉得这个说法有问题。所有的学科都用逻辑，这没有问题，但这是用人脑中的逻辑，那种与思想相关的能力。但是，真正使用我们所说的这个逻辑的，大概只有形而上学，没有第二个学科。大概自然科学是不会用的，社会科学一般也是不会用的。数学可能会用逻辑的表达方式，比如全称量词这样的东西，但是现代逻辑系统搞出来的那些东西，数学基本上是不用的，亚里士多德的三段论则是根本就不用的。但是从形而上学研究来说，离开逻辑是不行的，所以罗素说，逻辑是哲学的本质。这就是逻辑的作用，这就是形而上学的特点。这也就是我这几年强调的关于认识本身的研究的特点。对于逻辑，我觉得只要认识到这一点就够了。

总之，逻辑是关于前提与结论组成的推理结构的认识。逻辑是不是先验的，跟用什么句子作系统的初始公理没有关系。对逻辑的先验性可以不必当真，但是，如果当真考虑逻辑的先验性，就一定要考虑从前提到结论的推理结构，考虑真之条件，考虑保真的特征，而不能只考虑前提，更不能把前提当作逻辑的出发点。

郭：那您觉得逻辑的出发点是什么？逻辑的出发点若不是先天的，它又是什么的？

王：从观念的角度说，逻辑的出发点是它的对象，即有效推理。这是它要研究的东西。从理论的角度说，逻辑的出发点是推理和论证中那些具有逻辑要素的东西。从纯粹技术的角度说，逻辑的出发点是揭示和呈现这些具有逻辑要素的东西表达有效推理的方式和结果。这样的研究在逻辑产生之前和逻辑产生之后是不一样的。今天要容易很多，我们甚至可以明确地说，一阶逻辑就是我们的出发点，因为它是成熟的逻辑。人们可以寻找和发现新的算子，然后按照一阶逻辑提供的方式去做，比如构造语言、设定公理、进行系统证明等等。

郭：那这些就成经验的了。

王：你选择什么样的表达式做公理，这完全是根据你个人的认识，当然是经验的。

郭：那这样的话，我们既然说逻辑是先验的，它又怎么能有这个出发点是经验的呢？先天的不就是与经验无关？但是我的出发点又是经验的，这不又与经验有关了吗？

王：但是你选择的命题表达式，比如 A → (B → A)，其所表达的东西却是先验的啊。比如其中那个→，意思是"不能前件真而后件假"，这就不是一种经验的认识啊。我一再和你说，你自己构造一个系统，你选择什么样的东西当作它的出发点，那是你自己的事情，那是你的经验，跟别人没关系。那和我们所说的逻辑是先验的也没有关系。但是你构造起来的逻辑系统，无论是公理的还是自然演绎的，它们所刻画的性质都和经验没有关系。也就是说，你选择什么表达式做公理是经验的，但是你所构造的公理系统所揭示的东西却是先验的。

而你的意思是说，既然我这个系统的公理都是我自己选择的，与我个人经验相关，所以我做出来就是一个经验的系统，是这意思吗？

郭：是有点这意思。

王：这就不对了。还是说矛盾律吧。你选择矛盾律做出发点，你的选择是经验的。矛盾律本身是先验的，但是你把它学会并变成你自己的知识之后，你的知识可以是经验的。逻辑可以是人脑中的逻辑能力，也可以是咱们共同所说的那个逻辑理论。所有的学科都可以用逻辑，但所用的是人脑中的逻辑能力。科学家要是不讲逻辑的话，那就没法做了，但他可能没学过逻辑，也就是说，我们说的这套诸如公理系统、演绎定理、可靠性、完全性，人家不知道，也不会拿这些东西去工作，但是人家照样出成绩。你能说他们做的那个里面没有逻辑，他们不符合逻辑吗？不能。科学家是有论证的，所有的实验报告都是要论证的。他们的表达和论证都是用语言表达的。对照句子图式，他们的第一行、第二行是清楚的。第三行是他们不考虑的，却同样是他们的表达所带有的东西，就是说，他们的表达带着逻辑呢。句子图式是把第三行呈现出来给大家看。为什么？因为我们与科学家不同，我们所研究的也与他们研究的东西不同。我们要谈论认识本身，我们要利用第三行的东西，要借助逻辑来谈论认识。这里我们可以看到逻辑的作用，只有在这里逻辑才有用。所以不要老想着到世界中去找逻辑的基础，那里不会有逻辑的基础。

郭：我认为，逻辑反例外论者试图说明逻辑是科学的延续，这样就可以通过指出科学不是先验的进而断定逻辑不是先验的。还有，逻辑反例外论者认为这些基础性的东西不能完全与经验无关，也是与经验有关的。我完全能理解您的意思，但是如果我赞同您的观点，那么针对逻辑反例外论的这些观点我们怎么能驳回去呢？

王：很简单呀。很多人会对逻辑提出质疑和批评。面对它们，一是弄明白人家说的是什么，为什么这样说；二是表明王老师说的是什么，为什么这样说。这两点清楚了，它们又是对立的，就可以借助一方来对另一方做出说明了。

其实我的观点已经很清楚了。第一，逻辑有两方面，即既有观念也有理论；

第二，逻辑的理论有两个方面，既有其理论本身，还有其理论的应用（即通常所说的逻辑的应用）；第三，逻辑的应用有两个方面，一个是逻辑在逻辑理论方面的应用，一个是逻辑在非逻辑理论方面的应用。第三点是最重要的。逻辑在逻辑领域内的应用，产生了相干逻辑、制约逻辑、模态逻辑、动态认知逻辑等等这些东西；逻辑在逻辑领域以外的应用，产生了所有那些物理逻辑、量子逻辑、自然语言逻辑等等，还有咱们所说的分析哲学这样的东西。这完全不一样。我认为，若以逻辑类型来说明这一点，那么一阶逻辑是逻辑的典型代表，模态逻辑则是最典型的逻辑的应用：模态逻辑是一阶逻辑应用到模态词所形成的结果，或者用弗雷格的话说，使模态词这样的算子适应一阶逻辑的框架。应用逻辑的理论和方法来研究逻辑问题，最终产生的结果一定会促进和推动逻辑的发展，这是完美的：其观念是逻辑的，问题也是逻辑的，最终的理论还是逻辑的。模态逻辑是最典型的例子。现代逻辑的理论成果很多，相比之下，其他的逻辑理论要差一些。

郭：那么怎么回应逻辑反例外论呢？

王：很容易啊。我就简单谈一下"逻辑理论是可以修正的"这个问题吧。我们可以问：逻辑的观念是可修正的吗？即关于逻辑有效性的认识是可修正的吗？修正以后还是逻辑吗？或者修正以后会是一种什么样的逻辑呢？一阶逻辑显然是逻辑理论，那么一阶逻辑是可修正的吗？它又该如何修正呢？模态逻辑与它是不同的，那么模态逻辑是对一阶逻辑的修正吗？我以前写过文章专门谈过这方面的问题。（郭：我读过。）那就不重复了。我认为有了这些认识和区别，反驳逻辑理论是可修正的乃是很容易的。反驳其他问题在我看来也是同样。

郭：关于"逻辑是先验的吗？"的这次访谈，不仅涉及对先验的理解，更有对逻辑是什么以及逻辑的观念、逻辑的理论、逻辑的基础等核心基本问题的多视角深度剖析。您今天所讲的内容信息量非常大，对我也很有启发，我需要反复体会和领悟，非常感谢您！

（郭建萍、王路：《逻辑是先验的吗？——与王路教授的访谈》，载《河南社会科学》，2023 年第 1 期，第 89-98 页。）

编　后　记

　　王路先生是我的老师。1998 年 10 月 16 日从我第一次见到王老师，迄今已经二十六年。在《求是与求真——王路学术思想历程》一文中，我把王老师的学术成就以及学术理念概括为两个关键词："求是"与"求真"。在王老师对我的教诲中，"进步"这个词是他的学问人生给我印象最深的第三个关键词。王老师也一直要求我们做学生的求是、求真、求进步。亚里士多德说过，吾爱吾师，更爱真理。可我觉得，这两句话的顺序换过来说似乎更贴切：吾爱真理，更爱吾师。

　　王老师在 1978 年进入中国社会科学院研究生院攻读逻辑学硕士学位，1981年留哲学研究所逻辑学研究室工作，在哲学所学习及工作了二十五年，为哲学所的"金岳霖—贺麟学术传统"留下了浓墨重彩的一章。2003 年年初，他调入清华大学重建的哲学系，承续和发扬金岳霖先生、沈有鼎先生、王宪钧先生和周礼全先生等前辈在清华的学脉，迄今也已二十余年。在近半个世纪的学术工作中，王老师出版了几十部专著和译著，发表了上百篇论文，其思想在学界留下了深刻影响。

　　近年来，学界诸多同仁陆续对王老师进行学术访谈。为迎接王老师七十华诞，我特意把这些访谈结集起来，以期全方位、集中地呈现他目前的诸多观点。记得小时候曾读过一首咏竹诗，说竹子"做一次总结，又向上生长"。确实，竹子"未出土时便有节，及凌云处尚虚心"的品质，正是王老师为人为学的真实写照。

　　编辑这些访谈的时候，征得王老师本人和各位采访者的同意和支持，本书体例与各篇访谈发表时略有不同：每篇都删除了副标题、被访者名字、摘要和关键词，小节标题有所改动，部分访谈在发表时由于篇幅等原因而有所删减的内容则按照原稿做了补充，个别访谈的题目也做了简化——发表时的信息都附在各章最后。在大家共同努力下，每篇访谈都配了一幅访谈者与王老师的合影。整个访谈集按照主题大致分成了四个部分，在每个部分之前，我都简单写了几句概括性的话。做完这些工作之后，我和马明辉又对王老师做了一个访谈，放在这个集子的前面作为序言。

　　衷心感谢发表这些访谈的刊物、公众号、责任编辑以及采访者们在这部访谈集的整理和出版过程中所付出的额外努力!

　　衷心感谢清华大学出版社、感谢梁斐老师为访谈集的出版所付出的辛苦工作!

　　希望大家不嫌微末地接受我的谢意!

刘新文

2024 年 2 月 15 日，记于建国门内大街 5 号